曾文正公手寫日記

（二）

咸豐九年正月初一日

寅初刻起即在建昌府衙門拜牌同行禮者為李次青李少荃雷西垣曾省三厲蟠王霞軒太守李少岩太令及潘壯奎何敦五等武職則彭山屺喻吉三及建昌營游擊守備禮畢各員弁來賀巳酬至黎明畢旋陪同幕諸君宴午刻寫家信澄沅洪一件又見客五六次九弟畫屋樣子余逐一細批寫牧雲信一件洪秋圃信一件羅寅伯晴峰信一件與次青少荃等久談論辦大局江南岸應屯萬五千人於饒州湖口彭澤等處江北岸應屯三萬於宿太湖英等處以篡進可以攻退可以守余當駐九江與湖北江西合籌下游之局其南贛一帶須江西自為防剿余不能兼顧

初二日

早清理文件飯後寫王人樹信歐小岑信添一二葉旋出外拜李府孫游擊等衙門午正歸見客約五次是日未刻至彭府孫

送喜神來此 沅甫弟信來欲余畫一祠堂圖余因畫圖略仿儀禮
圖而參以五公卿大夫近年修廟規制 是日派人送家信 內有澄
沅洪一件 紀澤一件 牧雲一件 小岑人樹各一件 洪秋圃羅曉屏
各一件 朱南桂一札 左腳板生瘡疼痛 不能做事 又天雨愁
悶 稍閱梅伯言文集一卷 是日接湖中丞信 內有 祭迪庵
文一首 希庵信 暫不能燬 仍駐黃州

初三日

早清理文件 飯後請決事 占駐札九江不吉 占凱章 攻
景德鎮 吉 久未接湖南信 心頗懸系 午刻請鄧孫〻
來吃中飯 酉刻畢 旋改遵○○旨通籌全局一摺 至三更未
畢

初四日

早清理文件 飯後建昌營各武弁 來送喜神 見客四次
改遵○○旨通籌全局摺至酉刻畢 稍會雷西垣 与談事 仙屏

諭旨接年　○○廷寄係十一月廿六日所發摺批四件　日內因未接湖南
江西信　紀澤兒在長沙亦無信來　心亦懸系

初五日

早清理文件　飯後見客五次　王霞軒　太守談頗久　天陰熱
悶　下半日試寫宣紙二張　旋閱惜抱軒集二卷　是日做丸藥一
料　計鹿茸四兩式錢五分　高麗參八兩五錢　桂元三兩　亦蜜糖
二兩　茸即撫中丞所送之半　參則九弟所送也

初六日

早清理文件　飯後見客二次　旋閱惜抱軒集　小睡　寫對聯
十餘付　中飯後剃頭　王霞軒　黃冠北來久談　極　仍看姬傳
集

初七日

早清理文件　飯後接九弟廿日信　旋見客三次　寫季高信一件　意
城信一件　又寫家信一件　亦述日因景德鎮賊勢尚旺　我軍未能得

事又言後川太遠調度不靈轉運不便心為鬱鬱又因久住建昌意
思拔營至江邊亦有鄱陽被陷不能奮飛之意

初八日

早清理文件飯後擬十日拔營至湖口待朱品隆等來此吩咐一切
於王太守必達王明府廷長來此挽留紳士黃家駒亦來挽留
遂改期於二十日起行又見客五次盛四項家取親弟家信一
件左郭信各一件日內因久住建昌無所作為故欲拔赴湖口
又恐閩賊來竄撫建進退兩難寸心終日紛擾屢次占卦亦猶
略不定故不能審定全局確有定計

初九日

早起鬱鬱若有所失又占二卦飯後見客與王太守等來商
我暫不拔營也巳刻接胡中丞及雪琴信寄迪庵優卹〇〇
諭旨并溫甫弟卹典余欲為迪庵溫弟各具一摺因緒
未及為之是日始改迪庵一摺至二更改畢午刻接者

中丞信亦留余暫緩建昌其詞尚懇切是日見次青詩七古一

章氣充詞沛才人之筆

初十日

早清理文件飯後見客四次王霞軒坐極久中飯後作溫甫弟

殉節一摺至更初畢校閱李穆堂文集係金溪李生傳時所送

日內因軍事久無頭緒心殊鬱悶又念溫弟不得確耗其運命太

苦余於手足之間抱媿多矣

十一日

早斟酌摺稿又改片二件一係奏明暫不移營并調饒廷

選一係奏調健銳火器營三四品官五六員并調郭雲仙李申甫榕

飯後出城至各營一看未正歸中飯後李少荃回江西省令其專人

至潁亳一帶招勇五百試操馬隊如其可用再行續招三千申

刻發摺三摺二片見客二次閱吳子序所為釋夢批之擬作李迪

庵挽聯加王鈐峰張凱章信各二葉

十二日

早清理文件飯後寫信與左季高六葉會客二次寫挽聯及各對聯申刻寫致中丞信燈後畢　接寫家信日內心緒不佳凡事均覺憤鬱閱沅甫信亦鬱悶不舒添沅甫信一件　勸慰之、派伍少海至黃州送迪庵奠儀

十三日

早清理文件飯後見客二次添籲門中丞及雪琴希庵信各一件　下半天小睡申刻接奉軍機處咨蒙　內賞福字荷包等件閱彭昱堯子穆文集是日專人回家寄十一日所發三摺二片稿湖北所奏迪庵卹典一摺一單及　諭旨溫甫卹典奏稿　諭旨等件　又寄信與霞仙并瀛寰志略徽六所書墓志夜閱張凱章各營紅廿七日之戰陣亡至九十人之多深為悵惘

十四日

早清理文件飯後與次青談敘一切閱李臨川續文集連日
因肝氣鬱抑目光昏蒙不能久視不克讀書坐廢此日而天
陰多雨於營務操演諸事又不克盡心請求改信稿一件約二十餘
件中飯後與次青營喻吉三營官凌蔭庭專人來請示吳國佐
不能撤散亦專人請示當批責之仍令其撤散又凌營自另
招新營夜寫手卷約四百字

十五日

早各處官營官等拜節地方文武亦至午正應酬始畢寫
莫祥芝手卷約千餘字至酉刻畢祥芝之兄名友芝字郘
亭吾友也故書此贈之是日中過節略備酒席請諸友
久不接長沙信紀澤兒亦無信來不勝懸系

十六日

早清理文件飯後占卦因昨夜夢右手指刀削見血占之添張小浦
王春岩黃莘農諸人信剃頭下半日閱經義述聞閱諸經粗閱

讀書雜志史記 是日未刻接奉〇〇硃批是去年十二月十一日所發
正摺奉〇〇硃批覽奏均悉所擬尚屬妥協 又因病請假一片奉〇〇
硃批另有旨 同日奉〇〇諭旨賞假一月在營調理 另的黄霧欽所
買張樗寮金剛經搨印尚早 又渠買玉篇黄綾紙因以余所買
一部與之先換

十七日

早清理文件 飯後閱讀經述聞畢 午刻聞景德鎮一軍於十
一日又挫 是夕賊圍老湘營之第五旗扎牛角嶺者自亥至卯撲
撲營盤 十二日又圍吉左營力救得全 聞賊將由浮梁繞樂平
抄截我軍後路 殊可危慮 心緒焦灼 占二卦 尚平穩 或平江
兩營十五到防 又可站住腳跟亦未可知 夜寫左季高信 彭雪
琴信 李筱泉兄弟信 是日寫扇二把 是夕徹夜不寐

十八日

早清理文件 飯後擬作聖哲畫像記 見客二次 午刻閱劉

勝祥榮赴景德鎮照料 接家信正月初三所發澄弟二件沅弟一件 夫人一件 紀澤一件 叔父之病尚未全好 正月又說話不圓 殊可危慮 下半日与次青仙屏論文 因心緒惡劣 是日大雨雪寒風侵人 睠念景德鎮一軍 拳拳懸懸

十九日

早清理文件 飯後与次青談景德鎮軍事 雨雪不止 作聖指畫像記 至未初寫畢 未正請客王霞軒 恒少岩 鄧彌之 張子衡 何竟海五人 燈後邀甘子大來久談 二更去 摺差劉錫崑自京師歸 接雲仙信 知已入直 南書房 又接何廉舫鏡芸信 是日午刻見朱品隆 閱張凱章 又派三旗札 牛角嶺尤為懸系不置

廿日

早清理文件 飯後作聖指畫像記 見客三次 囑建昌府王太守籌保甲 以查奸細 未刻請客雷西垣 甘子大 張伴山 曾佑卿 黄冠

北曾筆田齋正稟 敦接張六琴 郭意城信 擬仍作畫像記未畢
精力倦乏 亦以久不接景德鎮信為慮也

廿一日

早清理文件 飯後作聖哲畫像記 至燈時畢 意多而不能貫
串 不能割愛 故文雜冗長 至二千餘言 不能休 接李筱泉兄函
信 勸我速移營湖口 余與次青熟商 現在湖口并不緊急 景德
鎮尚未打開 而此間官紳又挽留甚切 三者無觀 有不能遽
移營之勢 申刻與甘子大久談

廿二日

早清理文件 飯後寫手卷 共二千五百餘字 又寫五大篆字
至亥刻寫畢 倦甚 酉與李次青 甘子大久談 接張凱章等稟
十一日之仗 言第三旗又扎牛角嶺 心甚懸系

廿三日

早清理文件 飯後會客三次 將昨寫手卷換寫前七八寫

鄧意誠信 寫家信寄 賜福 寫書家又寄 聖哲遺像手卷
又寄 內賜棗栗餅麵等回家 添駱中丞信二葉 接凱章十
七日信 知平江西營已到官兵均站得住 稍爲欣慰 連日陰
雨泥濘 天寒殊甚 廿二夜大雷雨 本日雨不息 入對愁悶 率閱景
德鎮官兵安穩 較放心也

廿四日

早清理文件 飯後見客四次 添寫黃官中堂信二葉 胡中丞信
六葉 袁漱六信四葉 李筱泉信二葉 與次青 論文琹玄筆所買
玉山書至二萬餘卷之多 亦可快也 接王文瑞信 知景德鎮
官軍漸已站穩 夜閱戴東原集

廿五日

早清理文件 飯後會客三次 閱戴東原集 開書目交莊壽頁晉
省買書 中飯後寫橫幅一約五百字 贈甘子大 夜與次青 仙屛久
談 因目光久蒙 夜間不敢看書 是日接省信 知筠仙於臘月初八直

南書房已解火藥万斤至張凱章營矣是夜大雨傾盆念
軍中將士極辛苦也

廿六日

早清理文件飯後寫郭雨三信又添澂六信開書籍單託澂六買之
寫張筱浦信添劉星房信二葉閱書經述聞校溫古文辭類纂
第二卷

廿七日

早清理文件飯後見客三次南城生員胡梓常其子來見
獻詩四章極作揚之辭年七十三對之有媿未刻吳子序同
年來與之論文頗暢談至亥正二更後接胡潤之中丞告溫
甫弟忠骨已尋得內附靈山王大令自錄渡(?)余信一件楊名
聲楊鎮南等三人禀一件劉步瀛寄李(?)信一件劉步瀛專
差息馬標前迪庵處忠骸見之其所尋得者次又尋得溫
弟忠骸及吳浣溪王落尸也閱溫弟遺銑得還為不少十

中〻一著而先輸〻甚允又為著中〻一大不幸 与子序湊
談將至三更 枕轍恍不眠

廿六日

早与子序子大談 飯後閱戈什哈子翁已初畢 与子序圍
棋兩局 發輪字家信二件 弗父一 三弟一 寄外信四件 胡中丞一 王月松靜一
楊名聲一 劉步瀛一 專人送成限初十到廿五還營 又寄胡中丞信一
件楊名聲信件 添王自齡信二葉 未刻請子序子大將孫〻
便飯〻後又一圍棋 燈下接何廬州信附七律十章 寸人〻羨
人〻嘆賞不置 極飯後清理文件

廿九日

早清理文件 飯後与子序圍棋 寫李君梅袁徽六信 託徽六代銀
二百兩与李仙九師 又加朱伯韓唐鏡九唐家渠何頑船等信
乃未刻作七律五首和何廬州詩次韻同和者為李次青三吳子序
甘子大許仙屏等數人 而王霞軒鄧孫〻何敬海等亦將和〻

余因見廬陵詩手軒畢，西耆駢文樂府皆有可觀，惜其闔家殉節，因意欲和詩一二章以慰勞之，未竟之意次韻如何子序，次壽洲君皆次其韻，余遂勉為之。

三十日

早起作次韻詩，至二更四點止，共作八首。中間會客一次。是日至四弟五弟來，接家信。澄侯二件，沅甫一件，紀澤一件，劉正八爺一件。叔父病勢略加，心甚懸係。紀澤字大退，遠不如七年寫高腳牌之時。

二月初一日

早至各員弁賀朔，巳正畢。又作詩三首，十六章畢。中飯後鄧彌之來，與洪君論詩。余在軍中，頗以詩文廢正務，後當切戒。是日接胡中丞信、李希庵信，胡公又寄示袁午橋、勝克齋都官保信，言調察哈爾馬隊事。

初二日

早清理文件飯後與子彥次青子大仙屏海人談詩連日校蕭作詩
精神疲疲蕭後川解俘件來共偽印四十三顆旗幟五百八
面內大赤一百六十八面辮髮七百餘件 敘功當多可慰也下
半日至霞軒 太守來亦送和詩極看子彥所著書經說帶
典至暮看畢 同子彥次青仙屏三人論詩批之

初三日

早清理文件 飯後見客三次 發家信 王孫至極始畢 天雨竟
日不止殊覺鬱悶 是日接家信言澍父病略好但六弟便卽於
二十七八可以到家不知澍父與六弟婦能自排遣否 沅接信
言王四在家盜銀多也 黃唐是極重責之 與子彥圍棋一局
看杜牧之集

初四日

是日為 先大父忌辰兩周年大祥之期 五更起行禮禮畢
黎明於小睡片刻 因祭菜請鄧 孫 何鏡海早飯 巳正發大雨自

夜至三更不止遣人送家信内附陳湜文翼札各一件
與季高意城信各一件 約十餘字酉刻接蕭浚川信知正月二
十日敗挫陣亡二百餘人傷一百餘人南路賊勢浩大殊可危慮
夜因眼蒙不敢看書

初五日

早清理文件飯後見客三次甘子大由省城依依有情臨別言
將來須放手於九江彭蠡開大局面等語寫信數行與子序
下棋一局核定蕭啓江在新城獲勝仗摺稿 連日大雨鬱悶
殊甚本日又閱張凱章在景德鎮二十八日小挫尤切懸系核咨
稿十餘件 棋與子序圍棋一局因連（批）日閱連城眾潰之信意
欲移營撫州占卦不甚吉利

初六日

早清理文件 飯後寫胡中丞信希庵信雪琴信共八葉見客
三次吳國佐自貴溪來見面斥責之 寫片移營撫州一則以去

景德鎮近八九十里去南安亦近百許　里一則與省城及鄰縣師
相聯絡而建昌四面皆鄰可救心也　王守王令來留未應申刻
張元龍來請示數旦營務師是否宜駐撫州因令其即日
來撫核定安仁一案保舉摺并單　植與子存圍棋一次閱郭
筠陵詩

初七日

早清理文件　飯後見客四次　復胡中丞李希庵彭雪琴
信　俱交張元龍帶去閱看承先劉景德鎮亦交其即送核定
謝溫甫布優郵○○恩摺稿核定各營陣亡傷亡病故請○○
卹摺稿并單　核定鄂輔綸捐船議敘一件　寫扁字二十餘
字墨扁三幅對聯十餘付寫毋橫披半幅　即寫昨作七律詩
八首本日莊木生寫信寄書一箱內有五代史記注毛詩古音考
屈宋古音義盧刻國策紀效新書唐詩紀事等書外附徽
墨二匣皆收存景德鎮正月廿六日失挂　王文瑞於本日率援剿湘

營營務處共損三十餘人閱老湘營損百餘人皆精銳之卒可
惜也張凱章至今無片字殊為懸系

初八日

早清理文件 飯後見客三次 與子序圍棋一局 中飯後
再圍一局 接揚名聲等人來信 言溫甫弟處元楊鎮南
張玲再去尋覓 渠一人先送靈柩回湖南 讀之慨然不自
勝 因批令一人先為植與子序卷敘 言讀書之道 朝聞
道而夕死 殊不易之 聞道者必真知而篤信之 吾輩自
己先不能自信 心中已無把握 焉能聞道

初九日

早清理文件 飯後見客二次 旋寫節孫之手卷畢 寫對聯
數付 扁二塊 中飯後見客一次 接左季高信 言閩寇多 復閱
五代史馮道等傳 是日已刻發摺 張運蘭攻景德鎮一摺
蕭浚川勒南安一摺 謝補字〇〇恩一摺 為溫甫弟請〇〇卹

恩一摺　彙案請各路陣亡傷亡病故弁勇卹一摺　安仁案保舉一
摺鄧　補編捐票一件　接王文瑞等婺源於初一日克復敗
賊歸併景德鎮恐其猛撲張凱章心為懸懸

初十日

早清理文件　會客一次　飯後會客六次　南雲、潘令　造碓車一具殊
不合用　核定各信稿　中飯後閱各文件　胡潤帥　說帖一紙言
我師以四千人改為陸兵上下飄忽使賊備多而力分　寫左季高信添
陳季牧信　日來思胸襟廣大宜從平淡二字用功　凡人我之際須看得平　功名之
際須看得淡　庶幾胸懷日闊

十一日

早清理文件　飯後添寄丹信一件　李少泉等信三葉
飯後見吉中營各弁一次　王霞軒鄧彌之來拜老師　王
以手之激賞到處延譽而相識　鄧以手之兩次集捐捐省
道員而相識也　肆之不羈於又見客四次因余明日拔營前

米送來也建昌紳士送萬民傘五把牌十對府縣卒紳士十一人送來於有生員張希華送詩四首係張晴帆太史之交族裔中飯後出外拜客歸則在霞軒署內坐談餘俱親拜畢來寫條幅對聯至燈初畢擬查核報銷七種清單係李蔭泉原開余一一注明其下示以報銷之法收拾行李一切明日莫論晴雨皆當拔營

十二日

早清理各件飯後見客二次旋起行出城府縣送至清水鋪備有公館余未坐已住營盤是日行十五里陰雨迷濛到營後雨更大直至燈後始息是日接王文瑞信知婺源賊竄祁門浮梁之經克復養素初五大獲勝仗景鎮之局從此應可穩矣溫史記外戚世家楚元王世家伯弟管晏列傳

十三日

是日因天雨泥深扎住一日飯後王霞軒至少岩來談午刻接到

硃批係正月十一日所發各摺。溫弟殉節一摺，奉○○諭旨一道，辦矣。○○賞
給從二品卹典，並未知前此已得一品卹形次也。李迪庵殉節一摺，
奉○○諭旨一道。通籌大局摺，奉　廷寄一道。奏調錢達選一片，
奉○○旨已議。劉玉麟德即令來營。奏調健銳火器營各支，
及調文員片，奉○○旨健銳營、火器營及京三省人員令都
興阿指名奏調。鄂雲仙已隨僧王赴天津。李榕即飭來
營。另有○○諭旨一道。又奉通飭○廷寄一道，係禁止接濟賊
營硫磺火藥。又寄○○諭湖北撫、督官、巡撫、將軍、都護一道，
係為奏撥察哈爾馬匹之事。官帶來，於昨日送到矣。未刻接
甫浚川信，言克復南安府城，即請次青草奏，自行核改。仙屏於
是夜寫畢。寫家書一件，計十一葉；復左季高信一件，計二葉。
溫史記荊燕世家、陳涉世家、齊悼惠王世家。是日府縣及縣有公餞，
余未去，住帳棚，寒冷異常，地下極濕，竟日着木屐也。

十四日

早拔營起行 天色放晴久不見旭日得此為之開懷行二十里打茶
尖行二十里至界山關內打飯（寫灣地方）係南城縣岩大令辦之差也 又行廿八里出
關至臨川境大路驛地方駐扎 王霞軒太守步岩大令送至此地
清理文件 温甫弟來 ○○首賞給 林父從二品○○封典具摺叩○○
恩聲明林父曾受兩次馳封誥軸則祇領新綸頂戴則仍
從舊秩核定摺稿 又核定片稿 擬移營撫州 植温甫何
世家服蒙殊恩次韻又作懷人詩十二首 再用何廉昉原韻 緝齋
遒勁寸人之筆

十五日

早拔營起行 至東館早飯 係臨川縣令所辦 又行 三十里至荷浦
地方駐營 是日共行六十里 撫州府李太守蓮璋 臨川縣令桐來
迎 府經縣丞等皆到 是日卯刻發摺 克復南安府城一摺 謝林父賞二品
頂戴恩一摺 移營撫州一片 由撫州至南安 昌九江湖北 之密
咨中丞信一件 論郭師援閩陸戰 多接家信係曾恒五由家帶來

淡衣一件沅甫[redacted]一件 紀澤一件均詳明

十六日

早拔營起行凡三十五里至撫州府城見客九次楊名聲 自湖北帶來言六弟之骸辦識甚誤刻木肖形與六弟相似 雪柩於正月廿日到黃州住買舟中胡中丞李迪希庵議欲致祭殊為可感二月初二日自黃州開船由湘鄉胡中丞派都司姚安忠李希庵派親兵四人并楊鎮南張吟芳等護送沿途當可妥慎接何廉昉由信再和詩十六章而致函也日內眼蒙神困殊甚 溫曹參世家張良世家

十七日

早清理文件飯後会客四次旋拜客李鳳翀元雲衢兩太守處拜会由東門出城過文昌橋至河東一看形勢旋至南門外公寓領看新扎各營盤即往拜耿光宣鄧孫之高碧瀾等扎營之處旋繞過西門進城由公館見客三次添寫胡中丞信四三葉核寫雪琴信 溫陳平世家與次韓侯傳其作軍中劄記分門別類為之

十八日

早起略晏見客一次飯後至文昌門外坐三板船至蕭公渡一看即宜黃崇仁河與建昌文匯之處撫州城東門外為建昌河即盱江也北門外為宜黃崇仁河又落汊數多難於安營守城者東北兩門易於為力不實賊之圍攻也南門外玄靈觀一帶可以安營即前年鄧孫之等駐札之處西門外牛角灣附近可以安營即前年李次青等駐札之處守城者只防北西兩面耳 未刻歸見客三次謝子湘同年之昆謝布禎姪布由還來見久談送唐宋詩文醇各一部 寄邵蕙西張小浦史士良信共八葉又核定信稿五件 核讀理新到文件

十九日

早清理文件 飯後見客十次 加王人樹蕭浚川信各三葉中飯後寫匾字十餘幅對數付本寓後有高樓可以眺遠因寫此樓風韻四字以房主人姓吳也 核閱唐宋詩醇陸劍南集

二十日

早清理文件 見客一次 早飯後添信五人共十二葉 見客五次 中飯後寫手卷 姚姬傳詩十首 燈後曾葦田來見 久敘 校閱姬傳文集

附記

張光明 雄峽井人 鄧章之族姪孫 年二十六歲 癸巳生 初在璞山營 四年在羅山營從攻武漢九江等處 六年二月受傷兩□ 至沅浦處當哨官 八年署代理營官四个月 目秀 頗聰明 母沒父存

二十日

早清理文件 飯後見客二次 寫手卷約千字 傳見吉字哨官張光明 胡松江二人 中飯請雷西垣 張伴山 何希遜 鄧彌之 何敬海來赴席 酉正散 登後園高樓眺覽 極與許仙屏談詩 寫信復彭雪琴 因閱營中勇丁與錢店爭鬧不休 飭糧台自開一錢店 以平市價而息爭端

二十二日

早清理文件 飯後見客五次 寫雪琴信 胡潤之信 看九弟信 下半日又寫雪琴信 劉傑人信 囑其堅守湖口 接沅甫弟信一件 言家中一於二月初六日宣[illegible]首為溫弟成服 十五日起道場 十八日散 沅弟於十二日起行 晉省迎接溫弟靈柩 旋為仙屏看詩 日中剃頭一次

附記

賀湘溆 湘潭人（江干）年三十八歲 在湘潭開絲綫店 咸豐四年被吾出至羅山營當勇 後開前營當護哨 今在朱家處當哨官 鼻梁太削 鼻左有小斑目 有淡光

廿三日

早清理文件 飯後見客一次 即出門拜客數家 即至營盤看墻子 未刻歸 見客二次 傳見吉營哨官二人 中飯後見客一次 寫家信并寄初九日發摺一件 十五日二摺一件 福田家 又寫九弟密信一件 是日接王人樹信 係十七日所發 尚為迅速 晡日与次青 仙屏步後園樓 久談 習字二紙

附記

周湖賢 蔭浦 樸実 桂平人 丙午舉人 歷署保知縣 選安徽英山縣事 多改太湖縣 人尚

廿四日

早清理文件 飯後見客二次 写信左季高一件 又楊李小泉各一

片 傳見哨官三人 王桂堂 黃正大 李禎祥 皆吉中營者 下半日接沅

甫弟信 易芝生 郭意城 馮樹堂皆有信 湖南桂陽與寧永興等處

連失数縣 人心驚慌 沅弟於十六日至省城矣 中飯後溫史記絳侯

梁孝王五宗三王等世家 穰苴列傳 是日早發家信第八号

附記

張光明 中前哨 凱章之姪孫 曾代營長 明白

胡松江 花石人 中右哨

黃東南 大邑縣人 麻子 中右哨 似文童之棄者

熊從武 中右哨 沅之妾姪 聰穎 明白

廿五日

早清理文件 見客一次 飯後見客二次 傳見吉中營哨官熊從

武黄東南六人習字二紙 小睡 改信稿十件 中飯後接左季高信
沅甫信 知桂陽州又已失守 湖南局勢日壞 心殊憂灼 寫沅弟季高信
添駱中丞信一件 見客二次 温史記老子韓非列傳 孫吳列傳
校與次青仙屏等觀鄧彌之吳竹莊和韻 竹莊韻牢騷噴薄而
出不忍卒讀 蓋其中鬱抑深矣 是日巳刻派郭意誠一信專
人送至湖南

附記

周玉堂 太子圩下庄 中營哨長 用

劉湘南 甲午生 居近蓮花橋 中營哨長 可愛 祖母在 母在

李昇平 溆浦人 沅州協守兵 四年隨楊昌泗出 五年至平江營充先鋒 湘潭案保把總 貴溪案千總 岳州案守備 年二十六 父母兄弟 眼有黃光 兒平平

二十六日

早清理文件 飯後見哨官二次 寫胡中丞信 彭雪琴信 又添官中
堂耆中丞信 約共二千字 又習字二紙 葦田來與談家事 温史記伍
子胥列傳 仲尼弟子列傳 校與何鏡海久談救援湖南

一節又景德鎮添兵一節令其審處熟計

二十七日

早清理文件 飯後見湘鄉討營哨官成立福賀湘溪 又見客三次 加王雁汀信二葉 金竹虔信一葉 郭兩三信一葉 約共六百字 又習字兩紙 小睡片刻 未正請李鳳洲元霽衢鄧嶧峯三人便飯 酉刻散 在營 辦文信一件 澄沅季信一件 溫史記商君列傳 洗澡一次 日內因溫甫弟靈柩將歸 景德鎮官軍已穩 心氣稍定 而因賊竄湖南 恐其擾 受害家居不甯 又不免刻刻懸系

附記

黃芳清 寧鄉七都灰湯人 二年在張石卿處充壯勇 三年隨岷樵救江西 曾打廣西土匪 罕 正月在郴州入迪營 父母沒 四十歲 一弟一姪 無妻子

沈寶成 新梁鋪人 去黃潭遠四十里 抬子 兄弟四人 其二死潭頭堡 三死崩東 清而有情 去年之考語也

二十八日

早清理文件 飯後見客二次 與元守論弓箭 渠言如用筆然 以合

一手為貴輕重大小初莫定式為力不同科也寧張筱浦信一件 未初見何鏡海與之暢論時賢因言傲為凶德驕為敗徵 鏡海誧三陽明言毋常兩均亦不逞一傲字習字二紙溫蘇集列傳 接胡潤帥 彭雪琴信 內有京件 言時事頗詳 改信稿十餘件 接各處文件 數多日內作一聯云取人為善與人為善 憂以終身樂以終身 上二句見孟子下二句見余所作聖哲畫像記 又思戰陣之事須半動半靜 動者如水靜者如山 又思兵須不得已而用之常存不敢為先之心須人打第一下我打第二下也

附記

接收派查城委員

東門程增慶 縣丞　南門潘貽恩 典史

東西南一門張棠 府經　東南街邱秉為 典史

西北街陳乃尉 縣丞

接收城內居民數

東南城　鋪戶二百七十三　住家二百四十三 又補二十四戶

西北城　鋪戶一百五十一　住家五百七十五

陶日昇 寧鄉人 去白箬鋪二十里 二十四歲 四年在田家鎮入彭三元營 六年四月入朱品隆
營 父母沒 兄弟四人長在家種田 次在前營當勇前哨 三弟在黃州陣亡 日昇
第四 鼻小 腰挺 伶俐有情 亦靈其滑

胡暉堂 廿五歲 聰明伶俐

廿九日

早清理文件 飯後寫易芝生信一件 見客三次 見哨官二人 中飯後
習字二紙 寫掛屏十二幅 登後樓遠眺 看溫張儀列傳 是日因
水退 戰船退扎下游

三月初一日

早各員弁賀朔 見客絡繹 至巳正止 倦甚 旋清理文件 傍見
強中營哨官二人 小睡 寫郭雲仙信四葉 中飯後鄧彌之宋餅川
留其暫住數日 習字二紙 接各處文件 清理畢 寫掛屏八幅
登後樓小憩 是日辰刻申刻兩登樓 看各戈什哈射箭 看清
理文件 寫紈扇一柄 約百餘字 溫樗里子甘茂列傳 日內頗
好寫字 字亦略進 余生平以無恒之故 百無一成 所寫字一律

用力亦不少，而時進時退，時好時不好。時慕歐柳，時慕趙
董，趨向無定，作輟靡常。學書則趨向略有所定，亦以不
常作之故，卒無所成。每用悔嘆，人而無恒不可以作巫醫，俾
益是之言也。

初二日

早清理文件。飯後寫信郎中丞一件、雪琴一件、吳翔岡一件。
添吳竹莊四葉。見客二次，一張與仁號棣南，新任建昌知府，將到任
去；一朱品隆，補竹山協副將，來此也。傳見哨官二人。劉長吉、胡亞元。是
日戈什哈等因把子未收拾，故未射箭。中飯後習字二紙。寫摺扇
一柄，寫對聯六首，至後樓與次青、仙屏談。敘溫史記穰侯列傳、
白起王翦列傳、孟荀列傳。接家信澄侯一件，紀澤一件，係
廿一日所發。紀澤信內夾賀丹麓墓誌一分，係左季高所撰，紀
澤所書并篆。

附記

吴水梅 平江龍門廠十四五 廣信入營由散勇親兵升先鋒帶一隊 八年十二月吳蘭蕙告假代中哨之官 年二十五 母存父沒 兄六人 身長目小而有情 滿面堆笑

蕭賞謹 平江長壽司 蘇官渡入營 貴溪升什長 撫州升哨長 父母皆存 藍翎把總 兄一讀書 弟一耕田 耕作為業 武人而有儒雅氣 身段穩秀 鼻正眉疎 似有用之才 中哨之長

初三日

早清理文件 飯後見客二次 出城至護衛軍營盤 見新招之營哨屬較高 又至朱品隆營 又至岳字營 歸至擬峴臺 午正歸 見哨官二次 中飯後見客二次 寫家信 澄沅洪一件 紀澤一件 約共千三四百字 又習字二紙 夜接雪琴信 言撫州失守 衡州六營遷徙 是日核信稿六件 核公牘稿十餘件

附記

黃菊亮 平江西鄉去縣二十里 父母亡 兄弟四人行二 兄在家 弟當前哨護哨 三來投効 五年春入營 在胡益甫部下 六年九月十三在崇仁充哨長 鼻扁目小 色白 面不大 前哨之長

彭瓊英 上年十月廿六見一次 前哨之官

初四日

早清理文件 飯後寫馮樹堂信三葉 添易丹信二葉 見哨官二次 日中偶作小睡 中飯後習字二紙 寫掛屏四幅 又寫一幅 讀史記廉藺傳畢 後樓晚眺 夜溫田單傳 魯仲連鄒陽傳 是日辰刻發家信 限四十二日到 申刻接沅甫弟在孫城所發信 係朱惟堂專差丁送來 廿三日在湘鄉衡叔岩黃鄭 王人樹已去 意甚可保全与

附記

彭（載）壽福 平江北鄉 去縣城三十里 三年隨林源恩 四年隨蔣益澧 在九江隨余至江西省 平江立軍即在左哨 初充掻鎗 在貴溪唐蔭官手拔哨長 父五十七 母五十六 弟四人俱在家 男學生 五敦子身材 面常哭 左哨長

毛全陞 左哨官 十月廿四日見

初五日

早清理文件 飯後見客三次 傳見哨官二次 寫信唐竟文者 中丞張小浦各二葉 核稿十餘件 習字二紙 中飯後寫掛屏五

張溫史記刺客傳屈賈傳不韋傳梧棲雲琴信　知李寧人業已殉難亦足憫念

附記

李佑厚　平江東鄉去瀧門廠五十里　五年二月入營　六年三月在撫州升哨長　七年三月在樟樹升哨官　五短矮身材　目黃鬍　身粗　鬍濁　父六十五　母五十五　兄弟三人　兄在家　哨先鋒　東王下哨散勇　初在左營家哨長　婁益原所帶　丹長　後哨官　至今未告假

潘先前　平江西鄉去縣二十里　三年蘇官渡入營　八年在衡州升哨長　一東殿官　父母皆五十四餘　五短　種田營生　平臉面

初六日

早清理文件　飯後見客二次　核信稿數件　寫信一件　小睡　見哨官二次　中飯後習字二紙　寫挂屏八幅　扁一對　二溫李斯傳蒙恬傳張陳傳未畢　是日接左季高郭意城信　二十五日所發　岑在永興家來　新田等處未至衡州　或可黃憲劉印渠於廿四日自家起行　三月初一二可至衡州　爲之一慰

附記

張恒彩　平江東鄉人　年三十三歲　曾隨胡潤翁　五年隨余入江西　旋在次青中營當藍旗　七年貴溪升先鋒　八年衡州升哨長　母五十五　酒保營生　兄弟四人　次在達武營當

桐頭 三四 在家小貿 目精光而勁 小有聰明 不甚可靠 右哨長

唐順利 右哨官

初七日

早清理文件 飯後見哨官二次 綫記各哨履歷 小睡 寫李季高郭意城信 申初習字二紙 旋溫魏豹彭越傳 英布傳 傍夕登樓一眺 旋因眼蒙不敢作一事 接劉騰鴻信 知其弟騰鶴於二月廿八日在望德之雲鳳嶺陣亡 騰鶴字傑人 本在扎防守彭澤 乃自欲以剿為防 進攻建德 猝至捐軀 殊為憫悼 其兄峙衡於七年七月十三陣亡 今才一年 本月其父母當在堂 何以為懷

附記

哈必發 塔軍門之親兵 五年八月調至南康 為蘇官保之前營 旋派至青山 補入寶字營 後至平江老中營 現帶新田勇四十名 潮勇二十九名 鼻濶 目有清光 似吃洋烟 滑 九兩

李廷鑾 新田人 五年三月入新字營 十一月隨周鳳山至樟樹 六年冬革 李新華撥新字營交峙衡 七年三月隨赴貴溪援福浮喜麾下 七月瑞居鵠 八年至衡州 八年告假在家 十一月十四日新田招以來 三十一歲 未取妻 父母故 目動 面歪 心術不正 打仗或可 亦兩

劉烈 潮州人 有老母 年三十一歲 咸豐十年來江西投効 總帶潮勇廿八 目深天廷高 面有五色

初八日

早清理文件 飯後見客二次 至後樓看戈什哈射箭 黄天人於
見哨官三次 午正接奉〇〇硃批諭旨 係二月十五在大路游府
發之二摺一片 温弟之子紀壽奉〇〇旨於及歲時帶領引〇〇見
未初寫家信片文一件 三弟一件 專人送〇〇恩旨回家 申刻
赴∥限十六到家 見客四次 寫胡潤帥信一件 習字二紙 温韓
信 傳極思相人之法 寫十二字六莫六要 莫共曰長要昂 一除穩
稱惡共曰村醫也 動急遜

初九日

早清理文件 飯後見客四次 傳見平江老中營先鋒三人 寫信與雪
琴一件 與甘子大李篆吾一件 日中小睡 後寫哨官履歷 中飯後習
字二紙 温韓五信 盡 繕傳田僖傳 酉刻接奉〇〇硃批諭旨 係二
初九所發之摺 安仁新城保舉摺 附淮 新城 景德鎮 捷勝仗摺奉〇

覽奏均悉西洋○○恩摺均奉○○批知道了新城獲勝仗摺奉○○
旨一道 請卹摺奉硃批 鄧輔綸捐輸片奉硃批 夜因眼蒙不
敢看書

附記

李祥 和 湘潭人 廿秋 對料 二十八歲 充市公人 張開銓保後曾充幫帶官
母七十 眼有光而浮 心思明白 靈甚滑

初十日

早清理文件 見客一次 飯後見客三次 旋傳見平江營先
鋒官三次 宜黃拔貢吳鏕來見 庚戌朝考曾取頭場也 核改信
稿十件 中飯後習字二紙 接家信 澄弟 沅弟各一件 紀澤
一件 條廿八九所發 維時衡郡尚安靜 或可保平安耳 溫樸
鄧滕溪傳張意信 沅弟付所刻溫弟請卹諭旨奏章各件
一本 覽之不勝感愴 看經義述聞 似尚能得王氏父子之
意 為之忻慰

十一日

早清理文件　飯後見客三次傳見哨官三次寫朱堯階張廉卿信習字二紙　中飯後溫傅靳蒯成傳酈生陸賈傳劉敬叔孫通傳吳子序來談　夜洗澡一次

十二日

早清理文件　飯後見客三次後傳見各哨官三次寫左季高信郭意城信習字二紙小睡中飯後溫史記季布欒布傳袁盎鼂錯傳張釋之馮唐傳　酉刻與子序次青在樓久談是日風雨極大兩月二月十四以後天晴彌月農夫望澤甚殷得此雨大慰矣

十三日

早清理文件　飯後與子序圍棋一局旋見客一次又圍棋一局至後樓看戈什哈射賞二人罰一人寫家信一件與三弟紀澤所問各書即附告於信末傳見先鋒官三人用白綾寫履歷習字二紙申正寫家信畢　又與子序圍棋一局夜溫萬石君傳是日做丸藥一料　鹿茸四兩三錢五分呈伯順所送也陳皮八兩五分何鏡

之所送也 桂元二兩 二小蜜糖二瓶 近日常服參茸丸 而精神并不甚佳 僅三萬行而已 年未五十而早衰若此 深用愧赧 是日派湯盤謝為翰宋元魁三人考射 每人加薪水二兩 湯名下派學生六人 何名下派學生十八人 宋名下派學生十六人

附記

東南城外　住家二十七户
　　　　　店鋪三百二十户

初六日李太守送册

十四日

早清理文件 飯後傳見平江營先鋒三人 白綫識 旋至校場看操演 指字營新招未久 而隊伍頗整齊 府縣隨同在外看操 縣令鄧澤峰送豬十只備賞 余又自賞錢百千 旗十面 中飯後習字二紙 溫史記田叔傳扁鵲倉公傳 傍夕與子序鄭後樓閒談 買書畫譜 是日交劉茂家信十二號 申刻剃頭一次

十五日

早各員弁賀望 至巳正始畢 清理文件 為次青題福壽二字 係乾

隆年間宸翰書在建昌市肆購得不知何家之賜物流落在外也
中飯後寫胡中丞信 習字一紙 溫史記吳王濞傳 是日與子序圍棋
一局 早見客太多 日中倦甚小睡

十六日

早清理文件 飯後寫雪琴信一件 看信稿數件 見先鋒長
三人 抄白續記多時 見客二次 中飯後習字二紙 溫史記田竇傳
韓安國傳 極眼蒙不敢看書 閱子序談養氣章末四節 言孔子
之所以異於伯夷伊尹者 不在高處而在平處 不在隆處而在汙
處 汙者平也下也庸也 夷尹之聖以其高隆而異於眾人也 孔
子之聖以其平庸汙下而無以異於眾人也 宰予子貢之論堯
舜以勳業而隆孔子以無勳業而汙 子貢之論百王以禮樂
而隆孔子以無禮樂而汙 有若之論他聖人以出類拔萃
而隆孔子以即在類萃之中 不崇拔而自處於汙 以汙下而同於眾
人 此其所以異於夷尹 此其所以為生民所未有也

十七日

早清理文件。飯後與子序圍棋二局。寫官中堂信一封，加李霞軒信一件。見先鋒官三人。白綾抄謄記入。見客二次。中飯後寫對聯八付。又與子序圍棋一局。習字二紙。溫史記李廣傳、匈奴傳一半。是日申刻接家信、澄沅各一件。沅論家事甚詳。即廿四日在營撥所派去之二人，初四日到家，初六到縣。沅弟在縣接溫弟忠櫬，尚未知初六抵省之信故。是日大雨，久旱得此甚慰。

十八日

早清理文件。飯後見府縣一次，看操一次，黃大德一人。與子序圍棋一局。見客二次。傳見哨官三次。用白綾抄謄記，申核改信稿十餘件。請黃冠北、程秀夫、謝希遲兄弟三人中飯，申正散。又與子序圍棋一局。習字二紙。溫匈奴傳，僅三葉。看文書十餘件。是日李少荃自省來，與之談二次。

十九日

早清理文件　飯後寫耆中丞雪琴希庵信三件　見客二次圍棋一局中飯後習字二紙寫小橫披絹箋約四百字見護衛軍哨官二人温史記匈奴傳畢　倦極小睡核讀批子序文二首眼蒙不敢看書

二十日

早清理文件飯後見客一次於出教場閱護軍營操中有常山蛇陣最為可觀賞錢百千旗十面午刻敦帥　見客二次看信稿十餘件中飯後見客二次與子序圍棋一局習字二紙核温游俠傳　是日王霞軒太守自建昌來久敘傍夕與子序暢論古老年用功不可有驕氣暮氣

二十一日

早清理文件飯後會客三次與子序圍棋二局傳見哨官二人加黃莘農史士良萬篪軒信各二葉中飯後王霞軒來久談習字二紙核温儒林傳申刻寫祭幛字及對聯　遊閱江浦三口

克復六合六已合圍下游大有轉機賊勢或日衰乎

廿二日

早清理文件 飯後寫左季高郭意城信 添駱籥門信 圍棋一局 傍見哨官二人 未刻請王霞軒太守便飯 在後樓上設席 申刻溫史記司馬相如傳子虛上林 習字二紙 接家信 澄弟一件 沅弟一件 紀澤一件 澤寄書譜一本 内有叔父溥信稱如獲至寶 溫弟靈柩於十五日到家 紀壽○○恩旨於十六日到家 或可少釋家中之憂慮乎

廿三日

早清理文件 飯後看操 賞五人 子序作詩六首 因昨日在後樓讌飲 用何廉昉將進酒體新作六首也 旋送子序歸去 寫劉霞仙信 寫家信 澄沅季一件 紀澤一件 三共千五百字 傍見哨官二人 下半日見客二次 核溫相如傳喻巴蜀檄並未

廿四日

早清理文件 飯後會客四次 傳見哨官二人 至府學看王右軍墨池 即曹子固作記者也 至城外拜王霞軒 坐舟小敘 中飯後核改紀壽引〇〇見恩摺稿 習字二紙 溫南越傳 循吏傳 太史公所謂循吏者 法立令行 能識大體而已 後世專以慈惠稱 或以煦煦為仁者當之 失循吏之義矣 因思為將帥之道 亦以法立令行 整齊嚴肅為先 不貴煦嫗也 是日原封蘇家信 附寄易芝生掛屏四張 宣紙二大張 趙書楚國夫人碑 八張

廿五日

早清理文件 見客一次 飯後見客二次 傳見哨官二人 寫胡潤之信一件 批許仙屏詩五首 又核景德鎮兩月以來攻剿情形摺稿 又核片稿一件 中飯後習字二紙 大雷雨 溫汲鄭傳 又酷吏傳 夕未溫畢 寫小屏四張 接家信 即福四兩歲 作之四壽也 澄侯一件 沅甫一件 紀澤一件 知溫弟患瘧 於十四日到家 乘龍車日行六七十里 深可嘉也 澍父病尚未大好 不知得紀壽〇〇恩旨後可略好否 紀

澤兒寄臨書譜一本、臨崇福寺碑一本，因請李少荃批閱。

二十六日

早清理文件。飯後見岳字營哨官三人。出門拜李太守、元太守二處。
出城至振字營、護軍營、湘前營，未正歸。在外遇雨。各營氣象尚
屬整齊。中飯後習字二紙。閱各處私緘公牘。接左季高信，知收
級大獲勝仗，城圍立解。是日發摺五百里：景德鎮兩月以來攻剿情
形一摺，紀壽及歲引〇〇見仰〇〇恩一摺，老營添勇俟南路稍鬆再
赴景德鎮一片。溫酷吏傳畢，及佞幸傳。

二十七日

早清理文件。飯後見客二次，傳見哨官三人。接家信，澄侯一件、沅
甫一件（係初八送紀壽信之回音）。細閱四書一遍。用白綾寫論語孟子中最足警吾身者約二
十餘章。中飯後習字二紙。溫滑稽傳，極溫大宛傳，未畢。思人心
所以擾擾不定者，只為不知命。陶淵明、白香山、蘇子瞻所以受
用者，只為知命。吾涉世數十年，而有時發起計較之心，甚

信命不及此深可愧也

二十八日

早清理文件 飯後看戈什哈操賞五人 寫白綾帳簷畢 繙閱陔餘叢考 中飯後習字二紙 溫大宛傳畢 大雨 雨後樓看 與李少荃久談 極倦甚又以眼蒙不敢看書 日中精神不振 殊有懷安之意 巳刻傳見哨官三人

二十九日

早清理文件 飯後見先鋒官三人 寫彭雪琴胡中丞信 見客一次 閱陔餘叢考 中飯後習字一紙 溫淮南衡山傳 於寫大字數幅 酉刻 雨後樓 燈後溫貨殖傳數葉 因眼蒙不敢多看書

三十日

日內念不知命不知禮不知言之三者 論語以殿全編之末良有深意 若知斯三者而益之以孟子取人為善與人為善之義 則庶幾可為完人矣

早清理文件。飯後見先鋒官三人。寫張小浦信、段信稿五件。接何廉昉信，寄作俱佳，係愁之音溢於言表，才士不遇，讀之慨然。倦甚小睡。渕頭一次。中飯後習字二紙，温《貨殖傳》畢。接孫芝房信，告病體垂危，託以身後之事，并請作其父墓志，及刻所著書十卷、《河防紀略》四卷、散文六卷。又請邵位西作墓志，亦自為手書別之，託余轉寄芝房。於去歲六月面求作其父墓表，余已許之。十一月又寄近作古文一本，求余作序，余因循未及即寄。而芝房遂病，道山負此良友矣。悵何極。芝房十二歲入縣學，十六歲以鄉舉，廿六歲入翰林，少有神童之目，好學屬文，同輩所欽。近歲家運極蹇，其胞弟鑾溆生、季弟孝廉相繼下世，又喪其長子婺孫，又丁母憂，又喪其妻，又喪其妾，皆在此十年之內。憂能傷人，遂以殞生。如此美才，天不假之以年，俾成大器，可悲可憫。因憶道光二十八年劉蕉雲將死之時，亦先為一書寄京以告別，請余為作墓志，凡內傷病神氣清明不亂，使生者愈難為情耳。

又接意城信，告芝房死矣。

四月初一日

早起自升賀朔見客至巳正始畢 傳見哨官三人 寫何廉昉信請渠來看次青病 中飯後習字一紙 溫史記太史公自序 申正畢 寫對聯條幅 夜眼蒙不敢看書 至次青房久談 問渠病狀 清理文件 日內思八法側勒努趯策掠啄磔八字頗難 須略趯如斯參之躍 即田間跳蝨 所謂趯趯阜螽者也 磔如磔石之磔 必右手反揭向上一擲 㨝用之 橫末亦可用之

初二日

早清理文件 飯後見哨官三次 見客二次 寫左季高、郭意城信 倦甚小睡 中飯後溫東越傳 習字二紙 又溫衛霍傳 後樓晚眺 是日核稿數件

初三日

早清理文件 飯後出城看各營合操 吉中營為中路先鋒 護軍右營為接應 湘前營為左路先鋒 岳字中營後營為接應

強中營招字營為右路先鋒 招副營昇字營共為接應
余主中路之後護軍中營古營及戈什哈等排列護之各營皆
派隊在前裝作賊隊与官軍對敵迴合數次之後皆撤作圓墻子
凡撤十一處各放排鎗三輪然後捲墻收隊 中路古字三營先收
護右營次之余次之護中護左又次之右路湘前營先收岳中次之岳後又
次左路招營先收強中次之招副次之昇營又次之午正歸見客二次
中飯後寫家信澄沅洪一件 友人一件 史士良來久坐二刻許 又見客
二次 圍棋 腹泄數次 核稿數件

初四日

早發家信 添寫澤兒信一件 計三信 奏章一本 紀澤字二本
日記一本 飯後清理文件 見客二次 見哨官二次 圍棋 腹瀉未睡
小睡 至未刻 溫西南夷傳 朝鮮傳 未正請客史士良 李鳳洲 張伴山
便飯 酉刻散 棋 習字二紙 接家信 澄沅各一件

初五日

早起飯畢至教場看湘前營強中營操演午刻畢賞錢百千旗十面豬十口皆營務處所備也坐見客二次傳見營官三人中飯後清理文件史士良來辭行久談約二時許旋[illegible]樓困甚在習字一紙是日覺身不爽快蓋陽氣不足晨初熱天氣又以看操會客等事頗困疲日內腹瀉亦不免每頓稀飯禁油葷早睡

初六日

小病晨起早飯後因病不見客旋清理文件閱書畫譜中飯後習字一紙溫日者傳龜策傳倦甚小睡旋溫項羽本紀十葉是日禁食油腥

初七日

因病晨起清理文件早飯後溫史記項羽紀畢接胡中丞及雪琴信內附京信二件倦甚小睡中飯後溫高祖紀至二更未畢是日為病禁油葷傍夕至樓後歇涼念吾在江西數年五年在南康營

家眷皆六年在省城，亦以徧地皆城圍為多，精神心不舒適。此外四年在九江月餘，七年在瑞州月餘，亦甚佳，與去年住建昌五个月，雖年為最苦，而意興較好。本年在撫州，所居何氏宅頗寬，後有高樓，俯臨城闉，外瞰盱江，境況較昔年遠勝矣。

初日

早清理文件。飯後溫高祖紀三葉。見客二次。倦甚，小睡。中飯後溫高帝紀，至二更畢。見客陶仲瑜，來久談。寫字對聯、掛屏共約四百字。燈後請理來文數十件。習字二紙，日內頗好寫字，而筆老手鈍，毫無長進，故知此事須於三十歲前寫定規模，自三十歲以後只能下一熟字工夫，熟極則巧妙出焉。筆意間架，梓匠之規矩也；由熟而得妙，則不能與人之巧也。至於三四十歲時，規矩未定，故不能有所成。人有恆言曰：妙來無過熟。又曰：熟能生巧。又曰：成熟。故知妙也、巧也、成也，皆從極熟之後得之者，不特寫字為然，凡天下庶事百技

皆先立定規模後求精熟即今所以為聖人亦係先立規模
後求精熟即顏淵未達一間亦只是欠熟耳 故曰夫仁亦
在乎熟之而已矣

初九日

早清理文件 飯後至後樓看操黃五人寫雲棻信件 核
信稿六件 中飯後習字二紙 寫掛屏四幅 溫史記三十二后紀 是日護軍
營有勇在河東湯姓村內被百姓打傷 及百姓前來喊冤等語 審而訊
問之未畢 派將弁至六臨川差人二 親兵二人往湯村取回所捉之勇
該村又將換兵及差与兵等捉留至夜始捐來 鄉間刁風亦可惡也
日內癬瘡頗癒 仍禁葷腥

初十日

早清理文件 飯後見客二次 溫五帝本紀夏本紀殷本紀 倦
甚 在床上看書 志不能帥氣 老而不變可愧也 未刻請客 曾長甫 康
常 陶仲瑜太守 曾種家 傳貢至 酉刻散 在外散步 在習字亭

擬作晚霞樓對未就

十一日

早清理文件，飯後寫郭中丞信、李希庵信，見客二次，午正倦
小睡，接魯霽信、織梭信、稿六件。中飯後寫對聯、條幅，會客
一次，習字二紙。申刻出門，送陶仲論之行。接王人樹之信，言東安
失守，新甯、寶慶均警，焦急之至。石逆在祁陽，意若窺寶慶，
踵失則湘鄉亦自可危。江西、湖北各營之湘勇不安之心，內顧之憂，所關甚
大。植盛甲來，接家信，尚平安。六弟廿七日葬上峯，廣吳溫甫未能
五葉

十二日

早清理文件，飯後寫郭意城信、袁漱六信，加胡中丞信二葉，共約
千五百字。中飯後習字，夜寫對聯、大扁，極倦，甚精神昏頓之至。年
未五十而早衰如此，蓋以年來不學而又百憂擾擾，歷年鬱鬱不平之
斫損。此後每日須靜坐二次，庶幾等一線於湯藥也。

十三日

早清理文件。飯後看戈什哈操演。寫鄧瀛生信。旋小睡。又添澂侄信、位西信。中飯後寫家信，令紀澤勿來營。旋寫扁對，戌正畢。極倦，甚早睡。日內意興索莫，精神困頓，不克振作，蓋老境侵尋之故。是日見客一次。

十四日

早清理文件。飯後見客三次。派人至鄧位西處、澂侄之寓。派人送信回家。倦甚，久睡。與次青敘談。中飯後習字二紙，寫紈扇一柄。溫周末紀畢。是日胡中丞派人送菜餅九二瓶來。接家信，澄弟一件，沅弟一件，紀澤一件。

十五日

早各員弁賀望。辰正初早飯。飯後見客六次。寫胡中丞信、沅甫信。中飯後見客一次。何廬州太守自河口來，與之久談。習字二紙。又添胡中丞信二頁。與次青、少荃等談。讀張文端公聰訓齋語、文和公澄懷園語。

此老父子學問心以知命爲蘇一家在洗澡近若一大盆盛水以多
洗澡後，披衣蠲適，東坡詩所謂於槽漆斛江河傾本來無垢洗更
輕，頗領略得一二。

十六日

早清理文件，應正聲書，爲沈易丹聯姻訂康健，余與李少芬爲大媒，次
書後聽兩席，午初散步，寫雲岩信一件，中飯後核信稿六件，增字
二分，寫對聯條幅數件，檢溫集本紀三葉，洗澡一次。

十七日

早清理文件，飯後看挂扁等，又見客二次，核信稿數件。
中飯後翻閱，因讀東坡但尋牛矢覓歸路詩、陸放翁斜陽古柳
趙家莊詩、杜工部黃四娘家花滿蹊詩，念古人胸次蕭洒曠遠，
毫無渣滓，何其大也。余能歷世故而胸中總不免計較將迎，
又何小也。沈吟玩味久之。倦困小睡，酉初何廉昉來久談，因爲余診脈，
言須服燕菜以滋陰補水。在與二李久談。是日巳正出門拜何

廬昉雷西垣二生如

十八日

早清理文件 飯後看孫賞二人 巳正畢 見客二次 核信稿二件 天氣鬱熱煩躁之至 未刻下雨 申初大雨傾盆 直至夜分不息 中飯後習字二紙 温叢本紀畢 孝文本紀 戌初小睡 初更後與李少荃 許仙屏言團練之事 益於辦賊 直可長慶 然必欲團練則不可不少假以威權 午刻閱白香山集閑適詩 又閱後集格詩 夜閱望溪文集書後各篇及各書讀

十九日

早清理文件 飯後見客四次 傳見梧字營哨官三人 核信稿數件 温孝景紀 孝武紀未畢 未正請客何廬昉 雷西垣 曾佑卿三人 飯後至晚霞樓看雨 酉正散 夜習字二紙 洗澡一次 觀何廬昉書之扇頭小字 倜儻權奇 自成風格 余年已五十而作書無一定之風格 屢有遷變 殊為可愧 古文一事 寸心雖有定之風格

而作之太少不足以自讚自勵至於居家之道治軍之法与人酬應之方亦皆無一定之風格傳曰君子也者人之成名也又曰君子成德之稱余一無所成其不足為君子也明矣是日接湖南信賊竄郴寧恐江忠烈公家不免於焚掠心極懸懸

廿日

早清理文件　飯後見客三次　傳見哨官三人　添陳季牧王少岩張鏡淵信各一　二葉寄郭雲仙信一件　中飯後寫許仙屏冊頁八開　小睡　旋溫孝武紀畢　擬將孝武紀与封禪書核對未畢　申刻習字二紙　正值大雨傾盆　門牕皆閉　書冊狼藉　是日竟日雨不息　至次早辰後少息

廿一日

早清理文件　飯後見客五次　見哨官二次　寫許仙屏冊頁十三開　寫紀澤兒信一件　示以讀書之法　宜求博觀約取　開列韓柳及王氏父子所考正書目　是日大雨竟日不息　寫字

略多，困倦殊甚，眼花而疼，足輭若不能立者，說話若不能高聲，其衰憊之狀如七十許人。蓋稟質本薄，而濱病憂鬱多年，纏綿既有以戕其外；讀書學道，志亢而力不足副，識遠而行不逮，又有以病其內，故不覺衰困之日逼也。是日未看書習字。

廿二日

早清理文件。飯後見客一次，傳見哨官二次。寫仙屏冊葉七開，約千六百字。寫臨之良八信。中飯後習字二紙。天熱甚，極倦。午手習字約三百餘。洗澡一次。天氣鬱熱，與溫甫談八卷談。午正睡。閱柳文三篇。

廿三日

早清理文件。飯後寫仙屏冊頁三開畢。人極困倦。寫家信，在新橋靜坐。中飯後寫對聯六幅。傍夕靜坐。燈後接沅甫弟在跳馬澗所發信，又接意城信、牧雲信，知魏喻義等敗挂衡城危急。因派寫家信一葉。日內精神困頓，萬無生趣者，又因湖南局勢日迫，心中焦悶，益覺難於振作。夜閱今年會試題，色難、有為者題、今夫天三題，焉能使予不遇哉詩題，高車立馬。粗得溫字

二十四日

早清理文件。飯後見客二次。旋看姬傳先生尺牘，倦甚，小睡。中飯後見客二次。寫吳竹如信二葉，又寫九弟信。習字二紙。又閱惜抱軒尺牘。寫匾字數十个。夜閱惜抱老人尺牘畢，覺於德性、學問略有長進。是日早發家信，寄高麗參一斤與澄季二弟，又紀澤一件，西錫一件。

二十五日

早清理文件。飯後見客五次。剃頭一次。添袁午橋信一葉，周子佩、郭雲仙各信二葉。中飯後習字二紙。旋寫匾額、對聯十餘件。接家信，閱江忠烈之太公墓誌域所茂

不勝憤悒。又聞楊安臣打一敗仗，不知在何處也。是日派委員伍華瀚、戈什哈曹德麟往衡州坐探，帶勇十八名，每三日送信一次。

二十六日

早起。早飯較常日略早。飯後拜發○○萬壽賀摺。派戈什哈彭述清送進京，令其出京後繞赴天津一行，送郭雲仙親家信。至校場看書字中營操演，隊伍尚整齊，賞錢百二十千，豬十隻，旂十二面。午初酒會客二次。劉岳陽言湘後營另以劉連捷、李寶賢、蕭品元三人為三營，另立營務處，以綜理各勇。劉岳陽亦在營務處，營務處即與劉連捷共扎一墻子也。中飯後見各哨官，雪亭之子。雨極大。寫對聯數付。夜讀伯夷列傳，朗誦之，不誦書已近一年矣。是日聞勝帥招降捻目張元龍，收復鳳陽、臨淮關，又收復霍山、六安，從此皖北可望稍順。又聞江浦失守，揚州被圍，張殿臣小挫，江南可慮。少鈍。

二十七日

早起即早飯，飯後拜客，先至雲家道喜，喜後至團練總局，次至城外拜各營：湘後三營、湘前營、強中營、護衛軍，均步坐，未初始歸，困甚。且飢餓，吾母江太夫人昔年亦患此疾，每飢餓，思食不可須臾少緩，余亦如此，蓋稟母體也。於食零雜點心，会客張六琴、何廉昉，久談。酉初中飯，飯後沅甫弟到，略談片刻，弟出城至營盤住。於閱諸文件，內有胡中丞寄到筱仙信一件，憂甚，未能作事。是日應酬頗勞。

二十八日

早清理文件，飯後見客五次，沅弟來久談家事，未初小睡，次弟請吃飯，同坐為何廉昉、張六琴諸人，酉初散席，與沅甫暢論家事，直至夜分，三更睡。是日酷暑，又以說話太多，不能成寐。

二十九日

早清理文件，飯後與九弟暢談家事，於見客二次，午刻小睡

未初寫對聯十餘付 紈扇一柄 申初請客 何廉昉 張心棐 黃冠北
曾佑卿 謝莫芥 楊及九弟共七人 酉初畢 熱甚 於出門送何
曾張黃三人 夜熱甚 竭坐乘涼於習字處 困倦不能振作
二更三點睡 亦不成寐

五月初一日

早各員弁來賀朔 至巳正畢 於清理文件 又見客二次 初熱倦甚
困睡約時許 中飯後習字二紙 於寫掛屏八幅 對一付 是日刻淵
深宵穆四字大扁 余守看匠人為之 雖閒甚而汗不止 蓋體
極弱耳 於清理文書二十餘件

初二日

早清理文件 出城至九弟營早飯 久談 午刻至昇字營 歸
寓極熱 困睡時許 中飯後改信稿四六一首 寫左季高 郭意
城信各一件 夜接胡潤帥及各信 是日熱甚 汗多 不能作事 看
工匠刻扁 夜二更即睡

初三日

早出城閱岳字營操，已正畢。見客一次。午刻九弟來久談，寫家信一件。清理各文件。中飯後寫掛屏八幅，熱甚，堂後樓小憩。稍涼，復與九弟久談。十二日為外母羅夫人五十一壽辰，寄壽羅一疋、夏布四疋、燕菜一匣、洋帶二根，交此次送信者帶去，添王少岩信一葉、周發甫信一葉。

初四日

早寫紀澤信一件。飯後與九弟遙談一切。中刻送弟到營小睡。加王少岩信一件。中飯後寫對聯、掛屏數幅。是日大雨。下半日寫字。天黑，復接家信、澄侯信一件、紀澤一件，澤兒付有新刻心經一部，字體略似褚河南西安聖教序。又夫人信一件。吉澤覓姻為是日辰刻，派人送家信，并寄外父外母壽禮。所寫閔深甫碑一扁刻成，是日墨搨二付，自監守工匠為之。日內天氣炎熱，應酬頗繁，又九弟新至，遂談久，不溫書習

也

初五日

早受文武賀節至巳正畢 清理文件 午刻九弟來寓談宋正宇飯 即幕中諸友與九弟過節備酒席也 飯後與九弟談於見客之次 熱甚 至後樓小睡 在早睡 腹泄痛 日內怕熱殊甚 又因數飲太多 怕癢 體弱 實難過夏也

初六日

早清理文件 飯後見客 次寫胡中丞 彭雪琴信 熱甚 小睡 中飯後尤熱 九弟來久談 於寫對二付 在寫家信 澄侯一件 夫人一件 申刻習字二紙

初七日

早清理文件 飯後閱各賀節復信稿 未刻畢 中飯後劉星房來 其子慈民孝廉侍之以行 十年舊交 得一抱孫 甚為欣慰 久談至酉初 於寫對聯十餘付 在後與星房談 倦極

初八日

早出城至九弟營中早飯之後至朱唐两營岳字營
護衛軍送行 午正归見客二次中飯後見客二次与星房前
輩大談作禫服文一首定禫服禮儀沅弟来明早共談
祭行釋服禮也 夜与沅弟論為人之道有四知天道有三惡
三惡之目曰天道惡巧天道惡盈天道惡貳貳者多猜忌也不
忠誠也其恒心也四知之目即論語末章之知命知禮知言而更
加以知仁仁者恕也己欲立而立人己欲達而達人（恕道也）立者發奮以
自立也達者四達不悖遠近信之人心悅之詩云自西自東自南
自北無思不服禮云推而放諸四海而準達之謂也我欲足以自
立則不可使人無以自立我欲四達不悖則不可使人一步不行此立人
達人之義也孔子所云己所不欲勿施諸人孟子所云取人為善与人為
善皆恕也仁也知此則識大量大不知此則識小量小故吾於三知
之外更加知仁願與沅弟共勉之沅弟亦深領此言謂欲培植家

運須從此七者致力也

初九日

早五更起行禮服禮盥洗上香後復位三跪九叩首於門三獻禮送
神又三叩首徹大清通禮中品官祭禮儀注而小變之与沅甫
升降拜跪皆同之惟上香獻爵二事余以長子專之贊禮者為易
潤壇劉春執事者為李仁俊陳鳴鳳讀祝者為劉崧進饌者韓升
在籬外史連城在籬內接之陳鳴鳳又接置神案祭畢為唐甫
穆齋哥於小睡早請星房前輩飯飯後見客十餘次皆以釋服即吉同城
文武官僚前來致賀也未刻小睡困甚申飯後清理文件酉刻与星房
元楊談夜習字二紙又習大字百餘日內熱甚多汗精神困乏本日
天氣乍陰乍涼而因早起行禮日中会客太多亦覺困倦

初十日

早清理文件飯後見客二次作字手卷將初八所与九弟所說之三然四知
寫出一卷与九弟帶去中飯後出城送九弟行與楊談諸務進城拜

客十餘家 惲尚星房前輩久談 極困倦殊甚 二更即睡

十一日

早派盛四往送沅甫 已成行矣 飯後試寫擬峴臺記字 如桅大 因平日不能勉肘 字不能佳 清理文件 倦困之甚 覺說話不出 有似肺萎者 因以燕窩熬糯米稀粥飲之 稍又一飲之 上半日屢〻睡 中飯後見客二次 與星房前輩久談 觀其家科名一單 自太高祖以來已中舉三十三人 中進士廿一人 翰林三人 皆在五服之內 其稍疏遠者不過二三人耳 可謂簪纓盛族矣 星房又言桐城張氏自前明以來中舉六十六人 中進士十一人 較劉氏恰多一倍 特歷年較久耳 余近日困倦之病 何虛舫診脈以為肺氣太虛 每日提氣不上 至於不能說話 肺之怯顯然 恐非藥物所能補攝 仍宜靜坐養之

十二日

早清理文件 飯後寫信寄制軍一書 李希庵一件 雪琴一件 張筱浦一件 倦甚 小睡 中飯後與星房前輩暢談 見客一

次挂寫屏二付幅在宇高華山作碑讀書之道杜元凱稱若江海之浸膏澤之潤若見聞太寡蘊蓄太淺譬猶勺之水斷無精相潅注潤澤雲蒸之象故學不可以小道自域也是日精神較昨日微好而氣仍不能提起

十三日

早清理文件飯後見客二次寫家信一件閱張皋文易經倦甚小睡中飯後寫扁字三十餘个寫挂屏八幅字甚長大至戌刻畢夜與次青談是日雨大竟日不息念沅弟及各營焦灼甚苦至夜雨尤甚傾盆而下天氣寒冷有似秋末冬初

十四日

早清理文件飯後寫胡中丞信件見客二次因右目紅疼不敢看字下半日寫紀澤信一件添胡中丞信一片核信稿數件與至房久談夜目蒙殊甚與次青久談思夫人皆為名所驅為利所驅而尤為勢所驅當孟子之時蘇秦張儀公孫衍輩有

排山倒海飛沙走石之勢，而孟子能不為所撓，若豪傑之士，足以
振厲百世者矣。

十五日

早與文武員弁賀望。巳正清理文件。寫郭意城、歐陽牧雲
信，又加陳季牧、劉為章信各一件。中飯後大雨傾盆，念九弟及
各營弁兵苦殊甚，為之懸懸。接勝克齋信，報皖北尚平安。
接李竹浯信，深情篤摯，不忍釋手。溫孝武來，紀澤壽禪
書與武紀校對同宴之宴。夜溫南海神廟碑。日內右目
紅疼，不敢多看書。本日試看之，尚無大礙。夜四五更大雨如注，
懸念各營單帳棚不足遮蔽，下又無草，甚可憐恤。

十六日

早清理文件。飯後寫信與九弟。見客二次。午刻寫劉意民掛屏
一付，吳子序掛屏一付，各四葉。又另寫掛屏對聯。子序名鑑，己酉
宜黃拔貢，曾取朝考，故以門生禮來見，此屏頗稱意。有米

老風味。目紅痛，因寫字多，又加紅而中飯後吳子序來，與之久
談。酉刻接家信，洪弟一件，紀澤一件，試帖出在寶慶湘鄉團練
對聯易也。澤兒以手卷臨書譜一本，擬請徐柳臣批閱是
日因右目紅痛，自未後不復作字看書。

附記

劉衍　南豐人，歲貢生，以訓導歸本班儘先選用，不論雙單月選缺
秉彝　焯　斯禧　五十三歲

十六日

早清理文件，飯後因目痛不敢作一事，竟日閉目酣睡，未初
見客一次。中飯後寫九弟復信一件，李少荃復信一件，與子
序、子序略談，復與吳書談閱陳雲生乃澍病故，年三十六歲，
在臨川縣丞任內，宦況蕭條，身後僅餘銀三兩、錢一千，亦足憫
也。夜閉目不敢作，乃本日與子序言聖人之道亦由學問閱
歷漸推漸廣，漸習漸熟，以至於四達不悖。因戲稱曰鄉人有
終年賭博而破家者，語人曰吾賭則輸矣，而賭之道精矣

也從古聖賢未有不由勉強以幾自然由閱歷悔悟以幾成
熟者也程子解孟子苦勞餓乏拂亂動忍等語曰若要
熟也須從這裏過亦與賭輸而道進精之義為近子序咲之
之

十八日

早清理文件 飯後見客一次 旋因眼蒙 酣睡至未刻乃起 中
飯後寫挂屏八付 至後樓與子序暢談 至燃燭時始下 旋因眼蒙
仍不敢多看書

十九日

早清理文件 飯後寫三通 首葉河東刻通典通考補咸求
要首也 旋寫零大字數十 因目疼尚未好 不敢看書 中飯後
改信稿十餘件 至酉刻畢 夜與墨莊子序暢談 温張署臺
志 申刻接九弟信 又接郭意城信 知寶慶近日尚未少鬆 湘
鄉有團練雖爲認真 如賊果入竄 恐屬可虞

二十日

早清理文件 飯後寫郭意城信一件 目蒙指甚不敢作字
午正小睡 中飯後寫九弟信一件 以目蒙之故 中心煩燥 是日盱江
大行李橋饒校臣鎮軍 新到在河東不能過渡 薪頭一更後与
星房久談 於寫應字百餘 予序 至營久談

二十日

早清理文件 飯後添吳竹莊胡蔚之廿子大易堂生各信一二行
寫郭雨三信約共五十餘字 中飯吳子序談 後廣陵劉星房也 饒
校臣鎮軍來久談 於又見客二次 熱甚 與星房久談 夜閱湯書作
古文一首

廿一日

早清理文件 飯後見客二次 於出城送劉星房前輩 又
回拜饒鎮軍 至陳家弔喪 歸 當眼蒙不敢作字 中飯後
寫對聯三付 熱甚 目大蒙 戈什哈黎興自廣東回 閱葉嵩
軍已死 吏人禍甚 以姚銀蘋之溥不懷 桁中丞已死 江方伯已集

請開復等語

二十三日

早清理文件 飯後見客二次 寫張筱浦信 因目疾小睡 繙閱明史嚴嵩傳 未刻請饒校臣中飯 熱甚 又以目蒙不敢作一字 夜接沅弟二十日信 因桑葉洗眼 酉正至後樓乘涼 与子序論敬和二字 因言天先乎地 君先乎臣 男先乎女 吏亦當先乎民 所謂天下濁而先明也

二十四日

早清理文件 寫沅季弟信一件 飯後寫沅甫弟信一件 接沅弟及紀澤十三四日信 知蕭浚川於初九日自衡起程 十四日可至寶慶 大約桑梓可不至為寇害 莊思永自省來 其父莊木生送宋詩紀事一部 初印王伯申經傳釋詞一部 朱彬經傳攷證一部 楊文定集一部 因閱朱彬書其訓詁考證亦与王伯申先生相仿 其言書經大字皆多語助辭 則前人所未發也

中飯後寫對聯九付 天熱目疼未敢多作 夜倦甚以藥
葉洗目早睡

二十五日

早清理文件 飯後見客三次 巳刻饒鎮軍來辭行晉省 余出
城送行 寫雪琴及胡中丞信 中飯後習字二紙 溫史記年表月表
與子序談經史訓詁頗多相合處 夜寫紈扇二 與次青論姜瀛
大通事 是日核奏稿一件 片稿三件

廿六日

早清理文件 飯後寫雪琴信一件 見客一次 旋小睡 困甚
中飯後習字二紙 寫掛屏對聯十餘件 溫史記年表二 禮書
一 熱甚 夜作擬霞樵對一 溫平淮西碑 接胡中丞及雪
琴信

廿七日

早清理文件 飯後因新買大筆 寫極大匾字十餘個 作[illegible]

芝房之父母墓表 未正與子序圍棋二局 天氣極熱 念九弟與各姪
在景鎮極辛苦也 傍夕浴後樓歇涼 夜作孫太公墓表 至三
更未畢 蓋久不作古文 機軸生疏

廿六日

早閱戈什哈戰箭 罰二人 革四人 飯後圍棋一局 旋將墓表
作畢 見客三次 中飯後見客二次 寫對聯條幅十餘張 圍
棋一局 夜北風大涼 夜後擬久坐 是日午刻閱梅伯言文
集二卷 申刻接胡中丞信 季洪信

廿七日

早清理文件 飯後寫九弟信一件 將季弟及各處信一并示
摺等件 第去一閱 於小睡中 飯後習字二紙 寫對九付 閱梅
伯言文集 夜與子序圍棋一局 接湖南信 均平安 [illegible]
惟寶慶尚未解圍耳 是以派員解銀五千與蕭浚川
營中

六月初一日

早各文武員弁賀朔至巳正應酬畢閱後漢書文苑傳儒
林傳小睡中飯後與子序圍棋二局於寫對聯扁額十餘
件余近日常寫大字漸有長進而不甚貫氣蓋緣結
體之際不能字字一律如或上鬆下緊或上緊下鬆或左
大右小或右大左小均須始終一律乃成體段余字取勢本係
左大右小而不能一律故恒無所成推之作古文辭亦自有體勢
須篇篇一律乃爲成章推之一字亦自有體勢須字字一律乃
爲成推言語動作亦自有體勢須日日一律乃爲成德否
則載沉載浮終無所成矣夜閱梅伯言文集眼蒙不敢
注視洗澡頗多甚爲快是日酉刻閱親兵操演

初二日

早清理文件早飯後寫雪琴信一件胡中丞信一件季洪信一件
見客二次小睡中飯後寫對聯六付習字二紙接九弟信知二十六日

洒勝獲仗在接家信紀澤慶相拮据故家中諸多平安在與子序圍棋一局寫紈扇一柄

初三日

早閱戈什哈操演飯後寫家信一件與沅甫又與雪琴與元甫共十餘件旋小睡中飯後寫對聯八付掛屏一付禮部主事李榕申甫到營即正月十一所奏調者四川人壬子翰林散館改部與之久談天陰雨悶悶燈後接在閱梅伯言文集

初四日

早清理文件飯後與子序圍棋二局傳見升字營哨官二人天大雨如注通屋漏溼念景德鎮官軍太苦竟日雜看閱梅伯言文集中飯後又圍棋一局寫掛屏八幅其四幅係爲祺所求頗得意也接九弟廿八夜信寫家信澄侯一件沅父一件夫人一件三共約千餘字至夜畢與何竟海談帶勇之法用恩莫如仁用威莫如禮仁者即所謂欲立立人欲達達人也待

毋勇以待子弟有望其成立望其發達之心則人知恩矣禮者而謂無衆寡無小大無敢慢泰而不驕也正其衣冠尊其瞻視儼然人望而畏之威而不猛也持之以敬臨之以莊無形無聲之際常有凜然難犯之象則人知威矣孟子曰君子以仁存心以禮存心守是二者雖蠻貊之邦可行又何慮勇之不可治哉復讀誦恭壁雄至三更止甚有會悟

初五日

早清理文件 蔣家信 飯後見客一次 傳見哨官二人 李申甫來見久談 小睡 中飯後寫對聯三付 挂屏四幅 日內肝氣甚鬱非在接京寄諭去住兩難念天下之多艱思身世之蹇蹇難以自立殊覺鬱鬱久久在園傍孫樹目光尤蒙早睡

附記

寬十号論高

初六日

早清理文件　飯後傳見晴官二人　與子序圍棋二局　加耆中丞信
三葉　派戈什哈王福送着多多函商密事　又寫九弟信一件　专人
送呈總統　又寫澄侯信一件　不采發　是日大雨　殊慮傷稼　又念多
路官兵極為辛苦　不知何以淫霖久不止　聞西北甚旱　直隸山
東皆不能下種　天心尚未厭亂耶　中飯後看梅伯言集　因大雨
悶極　諸事不能作　夜看左傳僖閔成公畢

初七日

早清理文件　飯後傳見晴官六人　與子序圍棋二局　見客二次
批說觀察信一件　寫大字三十餘　中飯後習字二幅　寫極五尺
大字八個　溫史記樂書　靜坐四刻許　夜溫莊子達生篇　倦
甚　不能作事　目亦極蒙也

初八日

早清理文件　飯後見客二次　傳見晴官一次　請李申甫中飯　加
何彩舫信各一件　接九弟信二次　知鮑韋初二日小挫　陽情形　是日

淫雨不息 李申甫至燈時方去 本日身體不爽快有似瘧疾初起
之象 夜看文選甘泉賦及天台山蕪城等賦 精神不甚振作 日内思
家鄉寶慶可懸念湘鄉殊可危慮 又以景德鎮久不得下 又以
賊勢恐將趨蜀者之懸懸 心緒煩擾不安 又以久雨不止身體
疲困殊覺鬱悶

初九日

早五更起拜牌 萬壽即在本公館行禮 隨班者文職知縣以下武
職守備以上凡補缺者至黎明皆散去 飯後見客二次 是日因倦殊甚有似
瘧疾 與子序圍棋一局 旋送之歸建昌 中飯後寫五尺餘大字八個 寫
九弟家信一件 傍晚時尤病目脹頭暈 早睡 旋起看書二篇 夜初四更即睡

初十日

早清理文件 飯後見客三次 寫大字十個 皆經五六尺不等 天大雨 草草
歇 煩悶之至 午後小睡 中飯後復睡 日内似瘧非瘧 似病非病
常覺不自振作 一切煩悶 夜寫九弟信一件 閱日知錄易經

有曰易六十四卦三百八十四爻一言以蔽之曰不恒其德或承之羞讀之不覺愧汗

十一日

早清理文件 飯後天氣漸晴 兄什於朱長甓自江浙回接郭任西信并寄孫芝房墓志銘一篇 又並贈我以書籍十四種 內有世德堂莊子 莫刻韓文 古今逸史及知不足齋叢書等種 皆難得者 接澂六書 近有痔不甚詳也 寫大扁字十个 見客一次 中飯後閱韓文 將任西贈本題識首頁 莊子亦題首頁 粗閱古今逸史多種 伊逕黃新刻周易合程傳朱義以東萊音訓為一 亦甚可愛 粗閱一遍 是日謝希還送通典通考各五部

十二日

是日恭逢 先太夫人忌日 五更起行禮 齋戒一日 作孫芝房芻論序一首 約九百字 至三更始畢 老年作文頗覺吃力 而機軸全不湊泊 想由少作太生之故耳 是日見客三次

十三日

早清理文件。飯後看戈什哈弓箭，賞四人。閱信函，送各種書

溫書經廿頁。午刻見客二次。倦甚小睡。未正請客，高蕙生等四人。申正

散。與李申甫久談，至戌刻散。夜寫沅弟信、紀澤信。信寫畢，

與之論古文尚書之偽

十四日

早寫紀澤家信畢。飯後寫雲渠信、胡潤帥信、季洪信、沅甫信

倦甚小睡。看書經中。飯後寫耆中丞信五葉。看戈什哈送省城

甚。在營閱信。西新送之知不足齋叢書，又買古文尚書疏證一部

日內因雙目蒙，不敢多讀書。沈深求多，甚暢快

十五日

早看湘後營、李寶階營之牢籠礮，不至巳初畢。（黎明起）飯後見客

三次。李鳳洲太守送生童甲可充戈什哈者一單，凡三十七人。余

前因臨川府試考生童喧，其留心送來十七。倦甚小睡，時許未

刻寫對聯六付　中飯後見客罷　習字二紙　申刻溫史記律書　曆書　傍夕剃頭　夜溫韓文許公神道碑　本日熱甚　及酉戌以後稍涼

十六日

早清理文件　飯後閱玉臺新詠　射挑選八人　充當戈什哈　眼蒙不能作字　寫冊頁七開　易昀陔求寫者　久睡　中飯後復睡　目蒙　選放翁律句中可爲對聯者抄之　次書是日作宜黃縣儒培筆傳一首　因與之論文　夜接星房前輩信甚詳

十七日

早清理文件　飯後見客罷　眼蒙少睡　改摺稿　酉正畢　即奉○○旨防蜀邊要之件　中飯後寫掛屏六幅　對聯五付　眼蒙殊甚　不能作字　夜與次青論古文之法　次青天分高　成就當未可量　是日思白香山陸放翁之襟懷澹宕　殊不可及　古文家胸襟

雖淡泊而筆下難於寫出思一為之以寫淡遠之懷否所謂一生心冰雪文字也

十八日

早閱景德鎮堯溪各路文武來道喜見客凡十次早請高蔥生便飯中飯後寫郭意城信劉霞仙信上半天寫示行書扇一柄寫家鄉照常於洗澡一次甚快困下日未申間遊觀也讀震川文數首所謂風雲中讀之一似嚼冰雪者信為清潔而波瀾意度猶嫌不足以發揮奇趣

十九日

早清理文件寫澄弟信一件紀澤信一件午刻寫沅甫信一件中飯後又添一葉寫季洪信一件已刻派劉澤一送信星承申刻派人送信至湖口交季弟上半天見客四次李申甫談最久未刻寫字二紙接家信又接各處文件　清理約一時許夜與次青談調遣大局

廿日

五更起，黎明至校場閱升字營操演，辰正閱畢。見客一次。眼蒙不敢作事，日內積閱信件漸多，是日上半日在床渴睡，不能成寐，精力之倦，頗自厭然。中飯後熱甚，遲於翁請作五七言對聯。接各處文件，清理一遍。

廿一日

早清理文件，飯後改信稿六件，覆張筱浦信一件。日中熱甚，小睡。中飯後清各處文件，核改摺稿一件，作稿一件，閱天官書一遍。夜極熱，四更不能成寐。是日定計派張運蘭一軍回援寶慶，余率六千人西上，駐荊宜等處，保湖北之西路。蓋張運蘭等早心已搖，只得因勢利導，令其回援。

廿二日

早清理文件，飯後寫澄侯信，又寫沅甫信，甚長。午正發景德鎮克復一疏，又來信三件。見客三次，改信稿四件，內有件與

鄧寅皆論兒子讀書看讀寫作四者缺一不可 接李仙九鄉丈
子信及胡中丞左季高等信 清查審案本文 夜看書約時
許 是日倦甚不能作字

廿三日

早閱戈什哈操演 責二人罰[illegible]人 辰飯後寫沅弟信 於寫官帥
軍信 胡中丞信 彭雪琴信 見客一次 是日倦甚 移至後樓下 小睡
總覺極倦 閱世說二卷

廿四日

早清理文件 日中因眼蒙不能作一字 閱世說以消永日 寫扁
心乃舒个 中飯後溫唐宋詩醇中(詩韓)一本 夜倦極 洗澡一
次 目內眼蒙特甚 殊難耐也

廿五日

早清理文件 飯後見客五次 寫劉霞仙信 駱中丞信 是日五更
起 看湘後營操鎗砲 至巳刻畢 中飯後 習字二紙 寫扁字二

十餘人 傍夕鬱熱悶甚 許仙屏談及勒少仲〻〻言雲麾亦與夫子廟堂碑 筆法備盡前而二王及六朝諸賢智永禪師後而歐褚顏柳用筆長處無不包蘊其中 可謂然矣 日內眼蒙殊甚 午未間小睡 夜亦不看書作字

二十六日

早清理文件 飯後拜客四家 三家俱会晤 劉星房 郎位西 信熱甚 未刻小睡 中飯李申甫在坐久談 約二時許 酉正將去 夜目蒙不入房 即在院中乘涼

廿七日

早清理文件 飯後見客二次 旋作林君源恩殉難碑記 至戌初畢 清本日新到文件 夜與次青談 因渠日內瘧疾甚重也 熱甚 眼蒙 本日作文稍快 亦機軸漸熟之故

廿八日

早清理文件 飯後見客二次 寫沅弟信一件 李少荃

信一件 接家信 知縣〻二姪於六月十四日殤亡 寶慶城守郭

改改信稿數件 又將昨日所作文略為修改 中飯後閱莊說

酉刻閱戈什哈操刑〻大半七八 夜熱甚不能作字 亦不能睡

五更漸睡 亦不甚酣適

廿九日

早清理文件 飯後與次青久談 渠瘧疾少輕 又為一慰

寫九弟信 改信稿五件 熱甚目蒙 不能作字 因在床假寐

中飯後見客三次 是日楞舟自京師歸 接雲仙信 知天津

海防於五月廿五日大獲勝仗 夜閱丹元子步天歌

卅日

五更起 閱湘後營操槍砲 巳刻畢 早飯後寫四寸大字

二百 對聯三付 小睡 中飯後寫左季高信 郭意城信

夜寫沅弟信 閱丹元子步天歌 是日眼蒙殊甚 不

能作字

七月初一日

早飯後弁賀朔至巳正畢 寫大挂屏三頁 字徑四寸 約三百字 中飯後沅甫來 與談一切 至更初散 是日剃頭一次 洗澡一次

初二日

早清理文件 飯後寫家信 專人迎季弟 寫大挂屏二頁 撰峴臺記 寫畢 午刻核營官南安保單 日中小睡 申飯後見客二次 與九弟談一切 曾浩麟自永豐來 接王冠珪外甥信 湖南均平安 夜與九弟談至三更 一天極熱 不能成寐

初三日

早沅弟之瘡疾復發 痛頗不輕 接澄弟澤兒等家信 熱極不能作事 見客三次 中飯後寫凱章信一件 寫對八付 又扁三幅 九弟病竟日不愈 深為焦慮

未好夜間在大廳宿因房內太熱之故

初四日

早清理文件飯後與九弟談見客三次小睡是日極熱不能作一事申刻至撫峴慶紳士公請於此二更二點宴罷頗疲困已甚然今歲當此盛暑尚能終日歡讌較之往歲已覺身體略好些

附記

劉廷選 候選縣丞 六年七月准保知縣 六月請續保

初五日

早清理文件飯後查南昌保舉案內多單見客四次熱甚小睡片刻至撫峴慶赴宴府縣請餞行也是日早至城外一次尋林秀三詢雜之地將立碑於此同往者為鄧嶸峰何鏡海及紳士曾祺鄉司李昇平是日送府縣各匾一塊對聯一付送紳士曾春甫康常程儀百金紳民亦出送万民傘及旗匾之

類

初六日

早出門拜客辭行 巳正歸見客七次皆來送行 步楷

寫胡中丞信一件 雲琛信一件 剃頭一次 與九弟鬯談

務何廬蔭自河口來送行 張六琴黃冠北穉秀丈等自建

昌來送行 是夕應酬頗忙

初七日

黎明早飯 飯後起行 紳士十餘人在街上擺酒餞行 二十五里

至凱塘打尖 又二十里至雲山宿 天氣極熱 夜在山上歇涼 小睡 二

更末始回寓

初八日

黎明早飯 飯後行 四十五里至進賢縣住宿 進賢城內有小

河 由水路門出 通城外一湖 是日奇熱 傍夕坐舟至城外玩月

二更歸宿 臨川縣令送至進賢縣止

初九日

黎明早飯飯後行三十里至羅溪早尖尖畢過河北面寬二里許
又行三十里至樟樹住宿南昌界也進賢縣令魏送至此止李
小泉黃印山自南昌來接吳子序自建昌來送是夕申刻同
至河岸一店內乘涼戌初下雨少涼矣

初十日

黎明早飯飯後行二十里至圭陽渡早尖又行四十里至省省
中丞以下文武皆出城迎少談片刻旋至公館仍住陶家花園
去年亦寓也見客七八次燈後沈幼丹來鬯談至三更去是日來
趨謁者多夕小雨未正日又雨也覺涼快而因應酬太繁亦覺困倦

十一日

早見客數次飯後出門拜客接藩臬糧鹽道皆會晤餘親拜
十餘家未正歸見客六次接沈幼丹來久談接奉硃批即廿二日
所發摺余以克復景德鎮請優保敘沅甫等百以營員開

十二日

早清理文件　飯後會客十餘次中有詩芬丹霞軒諸人便飯季齋自撰擬來此坐談寫沅甫信一件　接探報湖南寶慶於廿九日解圍　夜與季南久談

十三日

早清理文件　飯後出門拜客至未正始歸見客五次申正倦甚酣睡至燈初始起　夜寫家信澄弟一件　夫人一件　與季南坐談是日接　寄諭一道命派兵越境幫勦皖南午刻拜徐柳臣前輩　語及紀澤草字深蒙許可　且言集所見之人未有廿一歲能及此者余以不能沉雄深入為憾柳臣言作字如學射當使活動不可使拙滯顏柳之書被石工鑿壞皆蠢而無禮不可誤學者言也

十四日

早清理文件　發寄紀澤信一件　沅甫弟信一件　見客五次中

飯後寫對聯六付 天氣酷熱雜於治事中刻少睡季洪
弟下河先行程與沅甫丹墀敘是日接家信紀澤二件並
生牧雲各一件

十五日

早飯後摺望旌見客五次午刻寫梯雲信雲琴
信王孝鳳信三件 中飯後劉蓉素未久談旋出門拜
行耆中丞及蓉素處拜岳舒親翁過沅甫處小坐極熱
甚不能作事是日剃頭一次洗澡一次明日將起行本日多有
送禮者或收一二色或四色不等惟耆中丞送禮八色全收
內如徐柳臣送陳墨四錠劉石庵橫披一幀最可愛李
輔堂送（姚石樵名）墨四十八笏箋信二匣皆適於用 又吳坐山去年送
寶晉齋一套五本寄存渠處本日取來亦甚佳也

十六日

早起即飯飯後見客二次旋至鹽局小坐辰正起程拜樸齋宗

文武送至滕王閣正開船行十里因逆風泊二時許申初開行酉正至王家渡灣泊李小泉坐中甫二人炊後始到久談至二更二點散去三更復開行卯正行至昌邑山約夜行九十里日間行船不甚熱而夜間卻熱

十七日

黎明自昌邑放船至吳城南風甚順午刻已到同知蔡芥舟錫青迎至署內小住見客甚多中飯二席同席者胡蓮舫李筱泉因在吳城開局為余辦報銷皆局中人也申正至報銷局赴會胡李二公之外又有陶仲瑜甘子大張小山鄧少卿諸人夜熱甚洗澡一次

十八日

早清理文件旋見客四次巳刻至望湖亭赴宴蔡芥舟觴余於此共二席湖光山色清風徐來為之一快未初將開吳城報銷局所造各冊及江南湖北各底冊申正閱畢夜

芍舟筱泉諸人來久談

十九日

早清理文件，飯後見客數次。辰舟開行，西南風極順，已正過南
康，風利不得泊船。星子縣令胡蔚之來見，因送至湖口，未初
已至湖口。楊厚庵軍門先自黃石磯來至湖口迎会，見
客十餘次。夜困倦甚，氣短不能多說話，又甚受暑氣。
此睡夢朦朧，不甚清了，夜早睡，徹夜不甚安恬，
蓋體弱畏暑畏熱之証。景德鎮調來參營，朱唐
喻張俱札毀窯，据字營札小池口。

廿日

早寢起見客四次，旋至厚庵處，雪小坐，坐甚久。睡未正，雪琴備席
宴会院香別墅二席，余與厚庵、晉欽、曹胡蓮舫、李幼泉、彭
許仙屏、李申甫、胡蔚之諸人與予同至昭忠祠，五席，各營官委員與雪琴蓋
雪琴所修昭忠祠中廳，為各營官哨官神主，在其後祠為各勇神

主在寺西一所為扶慈禪林僧徒所居其後為觀音閣中一層為鍾馗樓，樓之西為坡仙樓刻東坡記於壁東一所為浣香別野中一層為聽濤聽雨之軒 後一層為芍藥亭，亭之後身為且閒亭，亭下有小池有假山石洞穿洞而出登山為鎮江亭 余去歲及今過此皆值芍藥開 中飯後日入見客三次 是日北風季帥乘風先上黃孤去矣 午刻接 寄諭一道飭普鎮出境進攻建德

廿一日

早清理文件 飯後見客四次寫胡中丞信 莊衛生方伯信中飯後與雪琴遊歷亭臺暢敘一切 是日聞戈什哈等在吳城有騷擾地方情事心為不懌 日內大北風漸有秋意各勇受熱病者甚多 或藉涼風可少瘳乎

廿二日

早清理文件飯後大嘔吐 蓋自六月底七月初大熱受病頗深近又受涼昨夕大風停舍之所致也 竟日困臥不食 傍夕始出室外

與厚庵雲臻久談吃飯少許

廿三日

早痛尚未愈飯後至河下各處拜客歸見客數次久睡中飯略吃小碗許 下半日朱洪章黃長勝營來 寄澄侯信一件 寄雲臻扇一柄 夜與厚庵久談 厚庵欲回黃石磯老營留之多住數日

廿四日

早痛略愈 寄九弟信一件 飯後見客三次 改摺件二稿一半 到署子諭旨謝（覆奏摺一）恩摺未刻改畢 中飯後寫對聯條幅十餘件 見客四次 夜閱步天歌 是日巳刻派潘文質帶長夫六人送家信並銀二百兩 以一百為紀澤置田之用 以一百為五十姪女嫁奩之用 又葛布縐紗縐袍褂料各一付 為紀澤婦衣之用并綢裏 又大呢套料羽毛裙料各一丈 為五十婦衣之用并綢裏 是日吃飯仍不多 無好半

廿五日

早清理文件 晨後寫李希庵信左季高信陽牧雲信見客四次 未刻簽摺 即昨所改寫之二摺也 中飯後寫大幅二紙小屏四幅 頗得意 与楊彭諸公久談 寫匾字四个 夜寫扇一柄 閱步天歌 日內病體漸愈 本日飲食已不復作嘔 而仍禁油葷 蓋葷腥點滴不入口 病自易除也

廿六日

早清理文件 飯後寫鄧雲仙信三大葉 見客五次 添者中丞信二葉 吳竹莊信二葉 与少泉雲琛等久談 是日頗倦 因思古人成不拔 皆當有庖丁解牛 蚼蝼承蜩之意 況古文之道 亦大且精 豈可以淺嘗得之 而業其可成乎 夜睡不成寐

七月廿五日

早清理文件 飯後厚庵來坐談二刻許 寫胡中丞一件 季洪弟信 添何孫船信 有六月信久未發 今與雪仙信並交湘 此等午初 見客四次 中飯後寫對聯條幅十餘件 接李批摺 西前七月初六在撫州所發者 內所保舉 二員係舉 俱照准 與楊彭諸人久談 旋與筱泉商 多寄貨去留

廿六日

早清理文件 飯後寫雜筱浦信 見客四次 中飯後寫對聯條幅等十餘件 見客二次 此風吹雨 與石鍾山寫音閱 蒲盤已有秋意 書聯一付 留於廟內 撰句云長留不吹江月落寒樓 還吸將雲來 閱歐陽文集遺粹 錄 即部值西形選者 共文二百首 佳篇多不錄乎此 而姬傳先生所選古文辭類纂中為文粹 遺粹所不錄也 即碑誌一類 已有十二篇 故知陳氏所選 亦未為盡

當人意。夜与李少荃、少鶴談，早睡。

廿九日

早起，清理文件。飯後寫字，挂屏、對聯數件。見客六次。中飯後觀陽半門，与李申夫對奕。傍晚与雪琴棹小舟至石鐘山下，觀石洞絕壁之下，有洞口，口外有昔人珍玉壁四字。攀洞口而入，可數十丈，仍由東大石下出洞口。大石即東坡記中所謂可坐百人者也。石鐘出山巖中者，其形如鐘。東坡記噌吰之陋，不知坡亦誤也。上鐘山之下亦有深巖，余未見及。遊燃時頃，夜閱書大熟。

八月初一日

早，各員弁賀朔者、送行者，共見客千餘次。飯後至厚庵處少坐。辰正起程，至雪琴舟次少坐，旋坐舟開行。是日東北風順，厚庵送至十八里，別去。未初至小池口，小泊。坐岸，觀城，還所築新城，甚不堅，且塌卸矣。旋至九江城西，泊龍開河。

見九江知府福綿談，餘客見六七次，寫摺中密信一封

是日風順，本可再行三四十里，因雷西垣千里來送，未

得一見，不得不在九江少候。夜与雪琴少 自郡中來 送談

閱步天歌

初二日

早清理文件，飯後与雪琴少 自郡中來 往謁周子墓，墓距九江府城十

五里，在石塘鋪之東南。五里辰正起行，巳正到其地，發脈于

廬山之蓮花峯，東行至江濱，繞折迤邐，皆平岡，逶至

西頭入脈，結穴條鉗，穴兩鉗本沙環抱甚緊，坐北向南，

近案為一金星，遠朝即蓮花峯，所謂迴龍顧祖也。濂溪

溪水流出激墟，在午外沖大少耳。墓為咸豐五年正月羅羅

山所修，墳頂結為龜形，約高六尺，徑一丈四五尺，羅圍高約

三尺，羅圍後身碑三通，中為羅山所撰碑文，東為周以

舊碑，西為太極圖。墳之南為小牌坊，亦碑三通，中為仙

居縣太君（鄭氏）周子之母也。東為周子墓，碑係羅山所書。西為縉雲縣君陸氏、德清縣君蒲氏，周子之配二夫人也。申初還，坐見客二次，頗困倦。雪琴作詩一章見〔接〕。澄侯弟信件自永豐發，季洪弟信〔附〕自萬安發。將歐公文為姚姬傳所選而文集〔粹〕遺粹所不收者清出，將抄補於遺粹中。

初三日

早清理文件，見客二次。飯後進城，拜客五處：福太守、繆霞舫拜會，餘親拜。旋至塔公祠少坐，祠為李迪庵所修，尚堅實整齊。午正歸。未刻與雪琴、少泉、申甫三人遊山，謁岳武穆王母姚太夫人之墓。墓在九江南四十餘里，坐船行四十里至沙河鎮，上岸又陸行八里許。墓上地名株嶺，山勢粗頑，非佳域也。在山上已更初矣，執燈歸船，二更始至。所坐船為後營蕭輝廷之長龍。

船即在此住宿由第鋪至此其地去沙河驛二里去李
鹿苹方伯之宅一里許

初四日

黎明起飯畢再入山謁岳武穆王之配李夫人墓墓去沙
河鎮十二里許去株樹嶺姚太夫人之墓之西名曰太陽山坡
坡向南墳下二丈許有陳岩叟墳岳夫人墓上不知其初
所據明宏治九年辛某修郡志以為葬在此厥後嘉靖六年
何某修志以為不葬在此係與姚太夫人合葬株嶺也嘉靖
十年陳氏墳遂葬於下方至崇禎六年岳陳二家構訟
遠
至朱明康熙雍正訟百餘年久不決至乾隆五年江
府知府楊君廷翰判斷實為岳夫人塞葬在此陳氏墳因其太
久亦不復遷二姓依永禁進葬遂為定案詳巡道李君振雲
批亦以辛志為斷今詳文并批皆刻於碑石東一碑係
乾隆十年孫令禁樵牧告示并有古柏皆乾隆中所禁

近年亦枯竭。巳正登舟，舟行出沙湖，申刻至九江老營，熱甚。酉正西風作，始漸涼也。見莫之渙在與雪琴此泉琛久談。清理文件。是日接季洪弟信，於將回湘鄉義勇。接胡宮保信，知皖北軍事日壞。閱京報，亦以定遠失守，勝翁被交部嚴議也。閱生天歌。是夕思作書宜臨帖一家帖，作文作詩皆宜專學一家，乃易長進。然則作人之道亦宜專學一古人，或得今人之賢者而師法之，庶易長進。

初五日

早清理文件。飯後將歐陽文忠公全集清檢目錄，共百五十二卷，附錄五卷，至未正清畢。擬派人至江蘇。接陳作梅來營之信一件，自添一葉。夜寫袁漱六信一件。閱炳田錄諸語筆說。駱中丞寄來京信一件，知勝翁互相計議，翁自定遠失守，兵餉無所，所處之境甚窘。

初六日

早寫澂侯信畢，飯後寫季仙九先生信一件，派戈什哈朱
長彪往溧陽迎接陳作梅，寄途費銀百兩，李少泉亦派
一家丁同去。巳刻起行，余亦即於巳初開船，見客二次。是日風色
不甚順，自九江以上須得東風泝流乃順，本日北風甚微，行
三十里至陸家嘴泊宿，與雪琴久談，登岸散步，行半里許。
天氣甚熱，與少泉、雪琴坐久，後閱次青代雪琴所為昭忠
祠記，將一二不穩處批出。

初七日

黎明開船，逆風逆水，以十餘人曳縴而上，未刻至隆平
國，黃翼升來接，園勇沿江岸迎送。灣泊二刻許，復開行。
傍夕至武穴，廣濟縣方令來接，方名大湜，巴陵人，附生，
保舉今職。黎壽金等公稟，李宗濂、胡漢禎、蹇煥藻、黃翊、
曾紀鑽[illegible]來見。燈時始泊船，與雪琴、少泉久談，夜大東北

風。是日發信稿二十餘件，寄張小浦信件，夜閱步兵歌。羅接九弟在袁州所發信，係七月廿日寄，號中營便勇帶來者。又有方榮咸者，安徽人，上年避難來鄂，鄂中巡派其在武穴當差，本日忽來見，據稱何子永懷僚，公年四月在黃山天花坪被賊擄，七年赴潁州太和縣教諭，戴澤翊雲堂。是日閱書經顧命等篇，有所悟。

初八日

黎明自武穴開船，大順風，行三十里至富池口對岸，即無風。無至田家鎮，拉縴行四十里至蘄州，是日共行四十八里，申正即到。因無所事，自船業到局，故不可獨行也。蘄州知州數慶鯉來見，都司咸恒來見，帶湘勇者歐陽正墉、王載驥自陳德園來見，帶鄂勇者楊錦魁自張家墻來見，外又見客三次，與雪琴久談，夜與李少荃、申甫等久談。是日寫掛屏

四幅對聯一付　作湖口水師昭忠祠記未畢　接都中
函信　內有京信一件　係東人於何振興筆處求
久甚恭順可喜

初八日

未明自蘄州開行　余以多輜負舟尚未趕上　今其少息　辰
刻渡開行　六十里未刻至道士洑　少灣泊　渡過江　行十
五里至散花洲　灣宿　是日共行七十五里　風逆水遲　鋪
張行多　重負舟總趕不上　在舟中將昭忠祠記作畢　又
寫挂屏五幅　合昨日共八幅　寫豐樂亭記送都中　送程
寫信一件交胡署看親兵帶去　並帶屏幅　程寄彭李
諸公　遲後　是日接家信　係沅弟八月初一在宿河所寄
送來　共內澄弟一件　沅弟一件　歐陽夫人一件　紀澤兒一
件　并付余甲辰作(附)五歲丙午所作原本稿來　屢讀如
逢故人也　核閱步天歌　是日思古文之道謀篇布勢是

二段夜在之支書經左傳每一篇只寡數多寡數
少前面較多正面較少精神注於肩背目光不可周
身皆須到處皆目也綠索尋如蛛絲馬跡纔不可
過粗跡不可太密也

初十日

黎明自散花洲開行風逆頗逆艱行午
正至西福寺下巴河灣泊是日熱甚在舟中不能
做一事僅會客六次陸黃州營官及現扎巴河之
朱品隆等多營之官四武昌黃岡兩縣亦來接候
會見也亥刻船中忽掉轉舟李來會唐伯符自省城至
孝鳳自武昌來談久談至四更三點方散

十一日

黎明開行巳正至黃州即住黃州府署內船中距住縣西
之雪堂相去約一箭許見客廿餘次圍棋一局對上席

三更始散天氣極熱與六月無異余素畏熱又怕蚊
熱不可蚊擾難耐

十二日

早起見客三次飯後見客四次午初出門拜客會曾園宦
庫太守寫家信復沅弟一書紀澤兒一書共千餘字
申正少睡酉戌刻入席更初散與胡中丞談是
日尤熱異常心頗煩悶

十三日

早見客三次飯後小睡未刻寫對聯數首申刻
畢中飯與胡中丞厲伯符談至遲談夜漏甚若
將嘔吐批札早睡是日核信稿十餘件

十四日

早清理文件飯後見客三次與胡中丞遲談寫對聯
掛屏十餘件小睡一時許黃翼府兩送席酉刻入坐戌正

散夜與胡中丞鬯談丞三更末方散訂定十八九晉鄂省之行

十五日

早各員弁來拜節拜胡中丞潤芝各幕友員弁等皆來拜節余亦至各處回拜忙至巳刻方畢寫官帥信件看信稿數件申刻會宴入座年戌正方散夜接馮樹堂信數卷是日應酬太繁意趣倦甚

十六日

早清理文件飯後與胡中丞鬯談寫挂屏六幅寫對聯十餘付天氣極熱夜早睡是夕思德行以謹言慎行為要而敬恕誠靜勤儉六者闕一不可學識以三經三史三子三集爛熟為要而三家亦須提其要而鉤其玄藝成以多作多寫為要亦須自闢門

徑亦依傍古人格式功成以開疆安民為要而
亦須能持人能之法能是二者雖不拓疆不澤
民不害其為功也四者能成其一則足以自怡此
雖近於名心而總為得其正

十七日

早清理文件飯後寫掛屏對聯十餘條與士中
丞二李雲琹洪君巷談中飯後復寫掛屏 夜洗
澡一次天氣苦熱三更三點睡

十八日

早起雲霧登舟負東送行本公館幕友等亦多送行應酬冊許
飯後下河將至省城一行會商古物軍以進止故中丞及
營官等均送至江干 行三十里至七星洪地方泊宿因逆風
逆行難以上行 是日天熱甚心中煩悶 酉刻與李申甫談
申甫以余識議極高李西垣前輩相合 夜困倦殊甚若

久病在身北壯

十九日

早清理文件 是日大西北風緊不能開窗 飯後寫掛屏條幅對聯十件 午刻小睡 未正中飯後又寫對聯數幅 李少銘送對筆一支 試之甚好 旋看天官書畢 今年溫史記已大半年 尚未及三分之二 自撲卻拔營後至今未一寫日 似此焉能造古人之堂室耶 傍夕詢李申夫述其師西溫先生掌教錦江書院事甚詳 夜閱古文辭類纂蘇明允易論等篇 兼閱文選三撇 是日巳刻寫左季高信一件 葛睪山信一件 約八百字

附記

未明即起看星

天明斂心對聖哲幃 危坐 旋寫日記

△小飯後看古文寫信一二封 寫應酬字 對聯條幅之類 或臨帖

午正靜坐休息或少睡　未初二刻中飯

中飯後看書極少十頁極多不過三十葉

日入休息行時或少睡

燈後讀（温）熟古文一篇千字以内共十遍千字以外共五遍

二十日

早風少息開船行三十里申刻至葉家洲地方泊宿雪琴之船已赴上游去矣寫掛屏一幅寫易芝生信一件甚乏憚作古文中飯後与少泉申甫談旋看書録書河渠書夜温古文答李翊書等篇

廿一日

早風少息開船行　二十里申刻至陽邏地方泊宿巳刻寫霞仙信一封午刻小睡中飯後寫小楷字數百看平準書至夜方畢接　廷寄一道言不復防蜀令剿皖中之賊寫胡中丞信一件官制軍信一件夜温韓公祭張員外文

廿二日

早未明起江夏縣備轎來接余擬起早行走因家人輩
觜馬又天氣微雨路滑泥不便而就户又言陽邏渡上
轉一灣即順風於是仍由水路行走行三十里申刻至
青山因大風不能行即在青山泊宿是日夜寫白張廉卿
來見久談留其飯江夏令鍾令來見約明早來接起
是日寫胡公信一件澄沅洪公信一件沅甫信一件
共千餘字見客七次方張及李雨蒼與之久談也午刻
接沅弟初十日信知是日開光　姚舊塋將改葬余微見
權之好為之大慰因以雪琴所送之書畫之扇二十柄寄
沅弟以致甚痛

廿三日

早清理文件飯後在青山起早行三十里未初至武昌
省城四家公館即主考之公館也會客至酉正稍歇夜

閱又会客三次是日接家信澄沅二弟及紀澤兒各一書
夜又接季洪信余寫一信復洪弟將以明日專人送家
是日應酬太多倦乏殊甚

廿四日

早会客早飯後会鄧寬亭親家語及蕭之殉節之烈為
之悽惻旋出門拜客官制軍孫衛生嚴渭春處訪張仲
遠鄧親家二處拜会又会鄧親家舒紫觀拜何安未正歸午飯後
会客六次夜会客三次因倦殊甚余若中氣不足不能多說話接
会客略多頗為之緯終日不寧是日申刻專人回家寄信及易首
劉氏七件附寄翠山掛屏四幅

廿五日

早復胡中丞信一件会客二次飯後会客五次倦甚未
刻小睡申飯後会王梅村屠鐸續學士江寧人康子峰人
出胡中丞門下江寧城破陷賊中年餘後逃出至續溪山中去

曾胡中丞請之至鄂署，著讀史兵略一書，其學精於輿地，曾補畫水經注圖，又精於小學，又曾作南北史補注。其師友為胡竹村培翬、胡墨莊承珙、陳碩甫奐、徐星伯松、張石舟穆之屬。又言胡墨莊亦稱胡竹村儀禮，及焦理堂書、經室定園自著書最好，雅。又會客罷，再會張廣卿、方子白、劉彤階等。張送去，又四點，精進可畏，方送，二點甚遲。步與廣伯符、彭雪琴久談，三更睡，不甚成寐。是日申刻寫挂屏四幅，剃須一次。

廿四

早清理文件，飯後會客六次，寫對聯六付，小睡，中飯後至彭軍門公讌，二更四點散，復與彭李諸君談。是日寫郭意城、李筱泉信各一件。

附記

郭階 容齋 徐雨三字

廿七日

早清理文件 飯後會客五次 劉冰如 嚴渭春 官中堂久
坐 未刻出門拜學政俞奎垣 龍雲副都統舒保輔廷 略會 又至
撫署會汪梅村 張廉卿 酉刻至藩署公讌 東家五人 藩司[illegible]衛
生 臬司嚴渭春 糧道張仲遠 鹽道恩錫 冊因當眉 書到芝府
如冠九 至二更三點散 與衛生仲遠芝及芝憶伯作字之法 筆須
倒右鋒 乃得中字 大字則兩邊倒側 與余平日見解相合

附記

袁万璞 號鏡庵 澂六之弟

廿八日

早清理文件 飯後寫胡宮保信一件 添寫丹信一葉 會
客五次 與張廉卿談最久 午刻到將軍署內便飯 廖伯符在坐
署內樓遠瞰大江 申正畢 至火藥局看造火藥之法 以銅為輪 以
鐵為碾 圓地為大磨盤 以牛碾之 盤大徑二丈三尺 周圍七丈許

每盤用四牛每牛連曳兩輪盤外周圍漕溝約四寬八寸許以藥
在漕內牛行漕外馭牛之人行漕內每牛以一人馭之每兩牛四輪之後
則有鏟藥出入隨之執銅鏟於漕內鏟動底藥遍之後以藥
不粘太緊也凡大磨盤十座皆用此法又有小磨盤磨礦與磨麥
相似僅用一牛又有櫃以篩礦以篩炭其法絕精非圖說不能明晰
稍爲倦甚小睡夜復王雁汀信件 與曹葆伯村久談

附記

到英數後○專人至東台鄭親家處專人
○專人至江西送劉生房銀至撫郡送醫研銀
○專人至家送丸藥陳心壺銀曾蔚亭銀
○專人至平江李家送壽禮

湖南人官游此者

文希范 任吾
鍾謙鈞
文蘭邨 湘浦
周開錫 壽珊
羅愷瀛 仙舸
李修梅
汪敦仁 子誠
周樂 笙西

唐景皋 筆九　熊啓詠 韵臚　吳炳崑 貞階
李續宜 希庵　唐方訓 義渠　唐際盛 印雲
張秉鈞 崙　鄒棟 台亨　孫振銓 梅人
張開雲 曉峯　邢高魁 星槎　黃益杰 子山
趙萬慶　唐協和　賀懋檀 月樵
余恩詔 賢如　吳瑛　劉廷彪
陳文炤　方大湜　易光蕙

廿九日

早清理文件　飯後寫家信一封　交李鏡庵帶去　鏡庵激余隨帥
代余送書箱二十餘口將至湘鄉也　寫對聯條幅十餘件　會客六次
申刻出外辭行　如寬九郭筠仙處　雨露清見餘未會成　刻將廣見
客六次　寫王雁汀信一件　俞學璞信一件　張仲遠信一件　夜與唐
彭詠公久談　是日葛湘楷自戰中進場相見悲喜　文集既就下
遊戲情曲未詳問

九月初一日

早多負升增相清理文件　飯後將起行　雪琴少泉中丞已催冊行

李偕下河等官制軍在布政司衙門等候司道亦在彼守候將出潯陽
門相送余坐船至鱖魚套風大不能開至潯陽門因進入請制軍
及司道諸公各回東署余將於鱖魚套下河旋渡因大雨不克啟
行制軍及司道偕來公館送談至未正方散中飯後小睡於客挂
屏四幅戲刻漢小睡複閱恩宣賦與雪樵伯符久談

初二日

早清理文件飯後寫挂屏四幅寫扁五塊寫對聯
數付以送官制軍扁一曰五福堂聯一[illegible]送莊衛生
扁一曰實不虛挂屏四葉送張仲遠曰經術世家挂
屏四葉送恩秋舫萬歲將多聯一軒刻小睡未正至官
制軍處於扶彭蔚之中論至張仲遠處中飯莊張
二人為主制軍和在坐及余與彭麗二李黃子宮二主一
夏四點散後寫是覆接家信澄弟一件沅弟一件紀
澤一件知先考妣改葬日於八月十四日自縣里起行十五

日午刻至貓面形山內十八日午下刻葬 諸事已辦理亦甚協此心爲之大慰 沅弟之爲功不小矣 并寄穴土一塊來看土似石非石色似硃非硃不燥不潤應爲安吉也

初三日

早飯即出望山門下河 官紳萬年及張芑恩等送至河干 嚴方伯衛生因病未出城 遣人送對聯二付挂屏四幅 辰刻開 遇逆風行二十里至沙口 以候廣伯荷溪至 青山因病不能至沙口一晤 午正又開船行一百一十里至大磯洪 夜泊 張廬卿於午刻及夜間來船痛談 古文辭章學之可同志也 甚慰甚慰

初四日

早起行四十里至黃州 胡中丞迎至江干 於是上岸至雪堂盤桓一日 閱石牌已打開 是謀皖一極好機會 都直夫將軍於是日巳刻至黃州 在雪堂一會 日中會解甚悉 未可深

臣為余買法帖十數種內有西平王碑尚好 面劉至都將
年需要撥金陵糧餉 舟鄉中巫送至舟次 談至三更始去
方子白駕廬卿來舟次談 又是日說話略多 夜不成寐三
更後漸漸睡是日甚倦

附記

安慶賊目 歷天安張朝爵 延天燕楊
梱天福陳 戴天燕陳

池州 欽天福侯淋錢
宣天豫韋志俊

建德 老國宗楊輔清

太湖 浩天福
愛天福葉
臨天豫楊雪拔 湘鄉人

石牌 星天福唐 道州人

初五日

黎明開船，辰正至巴河，清理文件。接見巴河各營官。巳正登岸，入陸營住帳棚，又接見營官十餘次，與張裕釗談文藝。未刻至河下，雪琴邀飲，至酉初始歸。剃頭一次。戌刻倦甚。夜見客一二次，孝鳳兄弟來談。二更後清理文件。

初六日

早清理文件。寫家信一件，寄京茸丸二瓶，每瓶重八兩，一寄岳父大人，一寄內子，將派戈什哈送去，於以蕭營餉尚未擬稿，改次日送去。請客雪琴及王孝鳳兄弟、張廉卿小宴。帳劉國斌自常德來，與談。午正小睡。申飯後寫對聯、挂屏八件，內沒書之母夫人壽聯一付。夜與李申夫論營務處之道，一在樹人，一在立法。有心人不以不能戰勝攻取為恥，而以不能樹人立法為恥。樹人之道有二，一曰知人善任，一曰陶鎔造就。申夫似能領悟，蓋高明而有志於樹者也。

初七日

早清理文件 会客二次 飯後見客三次 疲倦甚 小睡 午正習字二紙 寫次青信一件 專人送銀三百兩封付至渠家為其太夫人壽 又專人送家信 中飯後小雨 見客一次 張廉卿來 與之論古文數語 燈時去 夜閱古文 傍閱康熙字典 頗有裨於小學

附記

湖北開湘營舊章 每百人月發油七十斤 燭四十二斤 逢夏
全燭多耗化不發燭 加油三十斤 自四月初一起至九月廿日止
余定蕭營章程 每百人月發油六十斤 燭四十斤
湘前營 每百人月發油七十斤 燭四十三斤三兩

初八日

早清理文件 張廉卿來久談 飯後為張廉卿寫手卷一 書字一軸 平日所作五箴 又寫掛屏與方子白 午初小睡 中飯後與廉卿論 國朝諸大儒優劣 中飯後寫吳子序信 批評渠所作古文三篇寄還 又寄銀壹百兩 另送廉卿去 廉卿進日好

中學不倦作書亦極精進余門徒中殆可望有成就者
端推此人臨別依依余尤篤愛不忍舍去求為其祖作墓志
近日當應之也溫史記齊世家至夜方畢溫伯夷列傳誦
十徧

初九日

早清理文件飯後寫對聯挂屏約廿餘幅巳正胡中丞與
丁果臣來暢談中飯後清理文件夜與胡中丞暢敘至四
更徹丁果臣為余買法帖五十餘種內有柳公權數種頗
佳夜睡不成寐

初十日

早與胡潤帥丁果臣暢談余言三代以下不矯激不足以得
英名不要結不足以得民心早飯後潤帥回黃州清理文
件巳正小睡中飯後習字一紙溫史記魯世家夜溫孟子荀卿
列傳

十一日

早清理文件 飯後寫信四件 旋寫對聯十二付 日中小睡 中飯後改摺稿一件 閱史記燕召公世家 夜溫羽獵賦 日內秋意蕭索 甚有倦意 而精神短乏 每作一事不竟 擬舊起功 蓋興會不濃 則凡事都有退志耳

十二日

早清理文件 飯後擬作張廉卿之祖墓表 久未下筆 昨夕睡不成寐 神亦昏倦 中飯後李雨亭來 久談 申刻下筆作文 至二更三點畢 遂草草成藁 全無精采 余近日作文 患在心血日虧 思不能入 較之甲辰年所作五箴 戊申年所作送劉茮雲序 乃遠不逮 此十餘年中荒學廢甚矣

十三日

早清理文件 飯後倦甚 小睡 蓋有病態 日內天寒 夜間二更後涼 上半日久睡 閒在床上偶看文選 中飯後試筆 申刻寫摺中

巡信加官書平信 見客二次 夜溫長楊賦 於古人行文之氣似有所得

十四日

早清理文件 飯後見客二次 旋出門拜各營官 拜至湘後營 因病不能久坐 仍回小睡 未刻請客便飯 余在坐陪客而不能飲食 申刻客去 與李少荃久談 復胡中丞信件 夜溫書立政篇

十五日

早各員弁賀朔望 至辰正畢 飯後寫家信二件 午刻加書澄侯信三葉 郭世兄信一葉 專二夫送家信 申刻接九弟信 係八月廿所發 見客二次 清理文件 是日身體欠爽 不食油葷 夜溫韓宏碑 甚覺清愜 三更睡 竟夕不能成寐 在牀上展轉思念 天道三惡之外 又覺好諛而不能渾俗 亦天之所惡也 思書經呂刑 於句法若有所會

十六日

早清理文件，飯後病困，雖作字，時在床偃息。中飯後復於中丞信三葉，旋與少荃論莊子。申刻困倦小睡，夜二更三點即睡，因感寒，屢醒屢睡，五更後早覺病勢少愈。是日讀擬信中有云：惟忘機可以消眾機，惟懵懂可以祓不祥。似有意焉，而媿未能自體行之。

十七日

早起稍晏。早飯後清理文件，旋習字一紙。身體不甚爽快。中飯後會客一次，閱史記管蔡世家、陳杞世家。腹泄，小睡。夜溫韓文柳州羅池廟碑，覺情韻不匱，聲調鏗鏘，乃文章中第一妙境。情以生文，文亦足以生情；文以引聲，聲亦足以引文，循環互發，油然不能自已，庶漸漸可入佳境。

附記

春霆之營與將帥之營相反者三：調營援　撐勢　分兵救危

十八日

早清理文件 飯後習字二紙 寫李希菴 郭雲仙信各添二
件 中飯後溫史記衛世家 宋世家 至楚世家 務雲西久談 夜与少
荃久談 溫石徂徠墓志 本日病出汗未愈 每頗殊甚 不
克治 夜腹泄二次 身熱 蓋人難處冷也 竟夕不能熟
睡 蓋老境日臻矣

十九日

早清理文件 飯後病甚 不能作字 旋習字二紙 小睡 閱文選
古書徵 中飯後見客二次 旋閱江西主考吳邢甫 周年 至河
下回去 一与瑩談 燈後方歸 夜閱左傳閔公 僖公數頁 余看書
病在無恒 今老而不能改 可愧也 久雨悶甚 本日放晴 睡覺
舒適 巳刻至朱正泰等二營一敘

廿日

早清理文件 飯後習字二紙 邢星槎 孫樹人 夏吉齋來

久談旋下河與畢彤甫談至未刻又拜張偉山李小山申正始歸
日將帳房下腳築牆三尺歸寫帳房升高約二四尺察後
與作梅王少泉雲仙與邵綠夏三人叢談至二更二點倦甚日內
精神困倦腹泄目之蒙花日增夜早睡不得與諸君劇
談也 枕上夜思凡人涼薄之德約有三端最易觸犯聞人有惡
德敗行聽之娓娓不倦妬功而忌名幸災而樂禍此涼
德之一端也人受命於天臣受命於君子受命於父而或不能
受命居卑思尊日夜自謀置其身於高明之地譬諸金躍
冶而以鏌鋣自命此涼德之二端也胸苞清濁口不臧否者
聖哲之用心也強分黑白過於激揚者文士輕薄之習倡優風
切之態也而吾輩不察而效之動輒區別善惡品第高下
使優者未必加勸而劣者幾無以自處此涼德之三端也余今
老矣此三者切戒之

廿一日

早陪鄧星樓孫楷人夏吉齋早飯後會客鄧寶山世正家散接家信澄弟沅弟季弟各一件　又見客三次中飯後溫史記晉世家十三葉是日午刻小睡戌刻接郭中丞信內附左季高錢許信知耆九峯調廣東羅澹村調浙江為巡撫又知九弟於十六日自長沙起行矣　夜思君子有三樂讀書聲出金石飄飄意遠一樂也　宏獎人材誘人日進二樂也勤勞而後憩息三樂也　曾於五月八日告沅弟有天苦三惡人為四好之說茲又有涼德三端君子三樂之說　並識身體而力行之庶乎其免於大戾矣

廿二日

早清理文件　飯後清發各信於玉括字營二看又至吉字營坍與少荃談倦甚中飯後寫毛寄雲信一件專二弁至襄河以內迎接又寫九弟信一件專弁迎接溫晉世家畢

廿三日

早清理文件 飯後寫信一封與何中丞 巳正閱荀子 至夜共八篇
略加圈點 燈後溫莊子胠篋 馬蹄 又溫文選辯亡論 目光勞甚 不
能多看 夜睡不甚熟 腹痛 次早作泄 近日腹瀉幾及半月
向來所無之病 老境日臻 亦其驗也

附記

鬱極思伸 憶蒼蒼者天 往升無翼 或曳之淵

廿四日

早清理文件 飯後閱荀子四篇 至申初畢 旋寫家信澄
侯一件 紀澤一件 夜閱文選運命論 辯亡論 眼蒙作疼 不
敢多看 早睡 是日與李申夫言人才以陶冶而成 不可眼孔
太高 昧時動謂無人可用 與彭九峰言古家宰營責成渠
楷著叔叔 是夜思孔子所謂性相近習相遠 上智下愚不移 共
凡百嗜好 即以圍棋論 生而為國手者 上智也 屬學而不知局道 不
辨死活者 下愚也 此外則皆相近之流 視乎教者何如 教者高則習

之而高者，教者低則習之而低。以作字論，生而筆姿秀挺
者，上智也；學而抄似董字者，下愚也。此外則皆相近之
姿，視乎教者何如：教者鍾王，則眾習於鍾王；教者
蘇米，則眾習於蘇米。推而至於作文亦然，打仗亦
然，皆視乎在上者一人之短長，而眾人之習隨之為轉移。
若在上者不自修其本德之不足以移人，而徒執政嘅上智
之不可得，是猶執策而嘆無馬也，豈真無馬哉

廿五日

早清理文件。飯後閱荀子三篇。午刻小睡。未正飯後會客二
次。申初與李少荃同至黃翁上，永逢風，二更始到，談至四更睡。
竟夕不能成寐。

廿六日

早與胡中丞逕談一切。飯後與鄧星橋、衛靜瀾、劉開生三人談。又
與胡中丞久談。中飯後擬回巴河大營，適金可亭同年亦來

因與之暢談至三更睡後不成寐

廿七日

早本擬回巴河大營因大風雨水陸俱不能行遂仍留黃州與胡中丞可亭同年暢談一日午刻與劉開生久談午正小睡

廿八日

早與胡中丞小飲飯後過江遊樊口西山中丞及可亭同年少荃四人同行王孝鳳及希純迎接同至寒溪寺在懷忠祠中飯孝鳳為主飯後已酉正稍坐即由武昌縣下河回至巴河大營邀可亭同年來營談至三更

廿九日

早清理文件飯後見客客散擬將前數日清整之溫與可亭同年暢談中飯後寫對聯十餘付寫郭中丞信一件夜閱荀子二篇

附記

廖伯荇之子　張六琴之戚　周繼芬　水師中營

吳城局員　石芸齋　朱瑩委員

余均鑑　次書信　何應昉　次書信

卅日

早清理文件　飯後見客三次可言之事弟二人姊夫一人
請至營中早飯　早至營務處一談中飯後寫對聯挂
屏十餘幅　巳刻寫左季高一件發家信一件　即廿五日所
發之信因長夫在漢口過河沉失因令下人另謄一分　余
批牘紀稿後　又寫左季高轉寄霞仙中丞信一件　与
可言之事夜飯久談

十月初一日

早起騎馬出巡視營墻　頗為自負并增損至居正畢飯
後寫厚庵雪琴信各一件　午刻會客二次中飯後寫對

聯數付　於與可亭營談論　夕郭親家周儀來會　燈後接亭出巡視營牆　夜閱荀子二篇　於與可亭久談　核定馬隊營制章程　是日聞九弟於廿九日至武昌本日至黃州　接九弟信是早在武昌所發也

初二日

黎明出巡視營牆　飯後清理文件　寫胡中丞信一件　與可亭久談　午初小睡　請郭周儀親家中飯　親亭之三弟也　王孝鳳自武昌來　以石二塊屬余書　溫甫中宵歸　將鎮之武昌　祠內中飯後　九弟到營　應酬客久　兄弟夜談至三更四點　竟夕不寐

初三日

黎明出巡視營牆　與九弟久談　清理文件　巳正看兵操　鎮溪河溪辰州乾州四營共所操　子藥手罕人　抬鎗廿四人　小鎗八十人　刀矛四十八人　約二時閱畢　渡與九弟暢談　寫之扇一柄　見寫二

次剃頭一次倦甚小睡申刻至九弟營盤一坐至一更四點始回
巡視營牆二更後楊溫閱蘇文忠因目疼不敢久視

初四日

黎明出巡視營牆飯後九弟來久談閱荀子五篇是日聞
星岐錢副憲寶青萍矼與胡中丞將來營亦派伍松年
未開先後迎接余於申正至河干迎接到營已更初久談
至三更三點竟夕不能成寐

初五日

黎明出視營牆是日錢萍矼副憲及胡中丞在此久住
一日與之久談至夜二更余倦甚早睡錢胡及少泉諸君
羅又是日接季洪弟信已帶勇至羅孫處

初六日

黎明出巡視營牆與錢萍矼胡潤帥暢談已正至江干
送客歸至九弟營少坐午飯後閱荀子罷篇酉正王錫高外甥

墨來久談九弟亦來談至二更後去復閱荀子一篇

初七日

早巡視營牆飯後九弟來久談寫寄雲信一件 跋冊頁
後冊三十二開 書十五幅 畫十五幅 彭雪琴所送也 余因九
弟設葬之親有功家庭故以此冊贈之 九弟本日在余帳房
內封寄彌保舉單一件 時時坐談 中飯後作處奏摺一件至亥
刻畢 在閱藝文志書畢 是日見客共四次

初八日

早巡視營牆飯後九弟仍來坐談 核保單 因改奏稿
二件 寫胡中丞信 因厚庵言章志後按誠之事 見客五
次 申刻 季洪弟來與談至二更末

初九日

是日為先大夫七十冥壽 五更三點率九弟季弟行禮禮畢
天明請杜潤之早飯與九弟季弟坐談 已正毛寄雲同年來

數年之別一旦懽聚喜逾尋常 談至酉刻 清理文件
分寄三次 在核信稿二件 是日巳刻接袁薰生薇生信知
漱六親家於九月初三日去世 有志讀書期至於古之作者而竟
百不能償其一二 良可深痛 今年六月鄧雨三親家陳氏謝
又聞漱六之喪 中年哀樂觸緒生悲 感古人所云阮悲逝此行
自念也 核改稿三件 擬稿一件

初十日

早巡視營牆 飯後與壽雲同年 迭談 陳秋門前輩來
又與迭談 中飯後接家信 在寓復信 季弟在此同宿 因
說話太多 夜不成寐

十一日

是日為余四十九生辰 早出巡視營牆 又九弟 季弟及諸友員
弁來賀 於與秋門前輩 壽雲同年 少荃編修 及金子同年
蕭浮泗 邢星槎太守 同至九弟營中早飯 黃翼榮宋如 夏吉輿

黃子山先生、周父子、黃靈舟太守、吳朱九弟、梓生預備喫蒸雞
二席，於陰多寄至余營。叫中飯，飯後送客，寫寄雪岑函苗
此作瘧，倦甚，早睡，頭微暈，酣眠。

十二日

早出巡視營墻，旋與九弟、季弟談，寫官制軍、胡中丞信。
清理文件，與寄雲同年一談。胡潤帥寄示羅澹村父子、
袁午橋翁、翁藥房、嚴渭春各信，於西淮廉蔺不可收指諸公
之意，皆欲余率師北援河南，但未入奏耳。中飯後寫寄
雲挂屏八幅，又寫對聯數付。夜寫胡中丞信一件，與寄
雲久談至三更。是日午刻接家信，澄侯一件、澤兒一件，
九月十九所發。

十三日

早巡視營墻，飯後清理文件，寫胡中丞信一件，看乾鎮
河底四營兵操演，至午正看畢，與寄雲久談。中飯後寫

對聯數付 夜寫唐伯符信一件 申酉間與寄雲鬯談 是日莊衛生方伯贈余武備志一部 夜略繙閱

十四日

早飯後出巡視營壘 又至招字營一看 約行十里 飯後寫官制軍胡中丞莊方伯信各一件 旋與寄雲鬯談 中飯後寫對聯數付 九弟自黃州歸來 兄弟與寄雲敘談頗暢 擇拔營日期 定本月廿四成行 申刻清理文件 酉刻剃頭一次 旋與寄雲久談 李申甫自黃州歸來 稍論時事 余謂當豎起骨頭 竭力撐持 三更不眠 因作一聯云 養活一團春意思 撐起兩根窮骨頭 用自警也 余生平作自箴聯句頗多 惜未寫出 丁巳年在家作一聯云 不怨不尤 但反身爭箇一壁靜 勿忘勿助 看平地長得萬丈高 曾用木板刻出 與此聯略相近 因附識之

附記家中應作文

台洲阡表

溫甫墓志

家廟碑

星岡公神道碑

十五日

早巡視營牆 各員弁來賀朔望 至午 卸衣 辰正三刻

畢 飯後送毛寄雲同年至江干 午刻核批程文件 中飯

後九弟來送談 料理拔營事件 寫對聯十餘付 酉初

畢 賞明碑字 寫溫甫墓碑一 王孝鳳將刻之武昌縣城

懷忠祠 也在溫籍文志畢

附記

寫○封父節略 一日　回信 8 三日　作畢金科碑 一日

閱荀子 8 三日

十六日

早起巡視營壚飯後寫胡中丞信一件寫井父郎野二紙求作壽文小睡中飯後見客二次寫對聯十付與九弟營談晡時請寫至九弟營中小坐二更將午刻閱荀子二篇是夜睡至五更醒覺心境光明甜適或亦近日進境

十七日

早起巡視營壚飯後清理文件旋閱荀子數篇九弟來寫碑文與之送談中飯後寫馮樹堂信一件李次青信一件約千餘字寫對聯數付夜閱荀子三篇二更彙睡四更即醒作一聯云天下無易境天下無難境終身有樂處終身有憂處又至五更又改作二聯一云取人為善與人為善樂以終身憂以終身一云天下[illegible]無易境人生浚間樹處之境遇人生那有安閒的光陰

十八日

早起巡視營牆　飯後清理文件　見客一次　劉世仲湘北新科
舉人　業興之族姪　劉世偉俊夫之胞弟也　寫家信一件　又九弟派
人送湘看戈什哈秋季操演　午初畢　九弟來營與之鬯談
改信稿五件　李少荃請吃中飯　飯後又與九弟久談　夜閱
荀子禮論正名篇　不能了了　夜睡後四更未即醒　醒後心境不甚
甜適　未如於憂悔恩怨未能遣化　不如昨夜之清白坦
蕩遠甚　夫子所稱日用至焉　其或近似此乎

十九日

早出巡視營牆　飯後核改信稿二十四件　寫郭中丞復信
一件　中飯後九弟來營談　九弟欲為家族葬　祖父母料理
為家等事　余以此次弟來營為未滿周歲　遽又為去　實不安耳
反覆商酌　申酉正九弟回營去　又核信稿三件　夜核信稿廿件
九十兩月積壓各信　至是日始清　整理一次　凡百宜有恒　不可稍
有延閣於此　夜復九弟一信

二十日

早出巡視營牆飯後清理文件寄霞仙信小岑信李
筱泉信胡中丞信朱堯階信中飯後次弟來久談劉德一
自家來王金二外甥亦來甫田夜寫鄧寅皆信一件兩
日寫字稍多遂覺目蒙殊甚甚悔余本之不宜以理繁劇
也夜二更後與少泉久談三更睡五更醒夢寐之中全甜靜
意味是日傍夕寫對聯四付

二十一日

早出巡視營牆飯後親理文件旋至馬隊營中看支馬
圍四面每一圍之寬二丈深高二丈四寸進深亦二丈擇斜坡挖
之上支布棚與兵勇棚子相對午正歸寫胡中丞信中飯後九
四七八
弟來鬯談寫吳竹如信夜寫季洪信清理文件倦甚與王
金二外甥雜閱家中項目夜批各案清算稽核頗不易易

二十二日

早出巡視營牆，飯後清理文件，寫厚帥如將信三件。九弟來久談，中飯後剃頭一次，清理文件，閱荀子半篇，閱胡中丞將來送稿，因核偏。夕請客至江干，夜二更後始到，因同請客至營，談至三更三點，久不成寐。四更接奉廷寄　諭旨一道。

二十三日

早出巡視營牆，核將陰郡中丞送談，約周瀚寶生早飯。周潤山庵訪玉衡之子，余所取拔貢朝考門生，分發四川者世臣。午間與胡道送談，未正送客。申刻九弟來久談，決意告以余不以為然，而弟志甚堅，亦不復阻之。燈後閱荀子一篇。

二十四日

四更頭幫拔營，朱唐沈三營，湘後三營，岳字二營，振字營、霆營務處並參字一營，共五千七百人。黎明余起巡視營墻。飯後，余率二郎拔營，吉中營、三營、吉左營、長勝軍、河營、護衛營、馬隊共四千四百人，分紮九十里至張家灣扎營，已正即到，未刻始成營。陳金鰲專丁自常德送信來，言桃源有方逢澤之兵四營被擄，現在城中者為祝天豫等兵四千，在樅陽防堵，現已拿獲其母，擬即招撫，派哨官彭大興帶勇回劉松枝前來。劉松枝即在樅陽見過方逢澤、改名方學凱者也。余令哨官帶劉松枝及方學凱之母舅財，又同赴厚庵軍營辦理，擬求搭。且下半天九弟在此久談，夜寫信與紀澤兒一葉。早起之戒、無恆之戒不重。是日早閱邸鈔，知少荃新放延建邵道。

二十五日

早起，巡視營墻。是日在張家灣屯扎一日。思前鄂至此尚遠，中或擁擠也。飯後清理文件，閱荀子一篇，荀子至是日讀畢一遍。接家信一封，係澄侯十五日

在湘潭兩營挑沅甫弟來此一談申刻始去臥下河
回家季弟此次到營未滿一月而還寓居不安筆
田井自家來並及渠父近日肝火甚重怒鬱不
耐談至戌刻寫復申夫信一件附言軍中驕氣
則有浮淫之氣惰氣則有隨滯之氣須時時察看而
補救之

廿六日

早飯後卯正三刻拔營行四十里至麻嶺扎營在
棗子嶺之東六里離新城之西十六里也巳正即
到午正始成營壘未正中飯飯後小睡會客數次
孫令劉仲岑繁來見鄧彝民周中六來戌刻小
睡夜溫古文一首寫耆中丞信寫李申夫信畢
夜接左季高信二件酉刻與筆田井談家中
事頗詳

廿七日

黎明早飯，飯後行十五里至蘄水縣，在蔡家祠堂作公館。午小憩，與劉邑侯仲寧、郭舜民久談，旋回拜二處，在舜民處見董香光墨蹟十冊，鍾條雁眉作，而工力殊不可及。午刻復起行，行三十里至排子河駐札。劉仲寧送拙十六年古稿。師郭三親家自家中來迎，雨三之能來也。夜將古文抄一目錄，分為十一層，每層分陰陽以別文境。其一層之中為體不同者，又分為上編下編。

廿八日

黎明早飯，飯後起行，行五十里至蘄州之西陽驛駐札。復李申夫信。中飯後將古文目錄抄畢。夜溫文二篇，與少荃久談。竟夕不能成寐，老境日增，萬事無成，蓋可慨耳。

廿九日

早起，天雨，飯後起行，行四十五里至楊林鋪駐扎。去廣濟縣四十八里，午正二刻到。天雨泥濘，地極濕，帳房內潮甚。見客一次。廣濟縣令方大湜，係方稼軒之胞弟。又有彭金秀貝二人來會，其一湖南人，現在溫甫營；一名張樂一，河南人。睡略熟。

十一月初一日

早，多貝升來送帽翔。飯後起行，途次淋雨，午初至金盤英駐扎，去廣濟二十五里。與李少荃遙上談。接厚庵信，知下游事急，後之援誠之事不甚可靠。是日過廣濟縣城，其荒涼殊甚。下半日溫詩經，寫李申夫回信二件。夜與表弟彭毓橘談帶兵之道，勤恕廉明四字缺一不可。

初二日

昇黎明早飯，飯後起行，行四十里至一天門地方札營，
黃梅境也。黃梅覃令來迎，與之久談。下半日溫誦
經敬章，剃頭一次。寄胡中丞信、彭雪琴信、李
申夫信。夜思近日之失，由於心太弱，除無節制
意。以後作人當得一懸擬字訣，是夜睡時甚適。
余略得懸擬字意味，因未（無恩）習身能於十三字者用功，
為不失晚年進境。十二字者，謂三經三史三子三集
三實三忌三薄三知三樂三寡也。三經三史三子三集
三實，余在京師嘗以扁其室，在江西曾刻印章。
三忌者，即所謂天道忌巧、天道忌盈、天道忌貳也。三薄者，
幸災樂禍，一薄德也；逆命億數，二薄德也；臆斷皂白，
三薄德也。三知者，論語末章所謂知命、知禮、知言也。
三樂者，即九月廿一日所記：讀書聲出金石，一樂也；宏獎人才誘
人日進，二樂也；勤勞而後憩息，三樂也。三寡者，寡言

養氣寡視養神寡慾養精十二字書贈有察云

程先生索階收之索輸書乎

初二日

是日恭逢 先妣太夫人七十五冥誕因行禮 難辦酒席未

設祭祀祭作早飯飯後起行行八里至大河鋪黃梅令預備

茶尖小坐移又行二十里至黃梅縣城公館內小坐即石氏祠

堂也申末刻出城至東門外禮盤前縣令禮晴未見應

酬附許鮑鎮軍超自太湖來見程考高自安徽來中

飯後申亥未久談彭鍾楊秋未久談夜間寫家信一件寄

銀廿兩與湘雲之母、

附記

望江縣 設立局急水溝總局一 外附城及各處分局四 每田一畝

派錢一百米二升 均總局其各分局又另派若干

大約每田一畝出局費不下三百文救之平世究正

餉漕扐錢約五百文共此為叢少云　雇民夫每名
給錢三文車夫每名給錢五文其普可搬運之
日每夫給米一升錢四十文
宿松縣　該五局縣城總局一二郎河高家嶺荊橋涼亭河
分局四每畝派錢八十一切自去年十月至本年
十月派過六次共四百八十文
平日養夫之費
車夫每日米二升外四十文散
夫每日米一升半錢十六文如有多
之日再加腳價
黃開元　號春山江西金溪八年卯舉人宿松縣令
王鳳儀　號春帆江蘇金匱人兩次捐輸　和福保一次官郎
保一次遂至知縣望江縣令
黃梅縣該七局縣城一盧家嘴一胡思泊一孔壠一濯
港一亭前驛一獨山鎮一通縣共地丁正餉三万
餘兩每正餉壹兩約完局費多至三千少或二
千五六或二千、二極少一千八百不等此每年
之數也宿松望江於局費之外不征錢漕黃梅

則錢漕之外又索局費許多民力竭矣

初四日

早出巡視營牆 飯請鮑春霆鎮軍早飯 巳正飯
畢小睡寫左季高信一件 中飯後会客二次宿松望
江兩縣令來見詳問各局供應多鮑春霆軍之難 夜
與少荃及彭山屺先後談 閱文選多論 覺劉孝
標辯命論實為有所見 夜四更早醒 思聖人有所
言有所不言 有積善餘慶 其所言者也 万事由命
不由人 其所不言者也 禮樂政刑仁義忠信其所言者也
虛無清靜 無為自化 其所不言者也 吾人當以不言者
為體 以所言者為用 以不言者存諸心 以所言者勉諸身
以莊子之道自怡 以荀子之道自克
其庶為聞道之君子乎

附記

多隆阿統下 飛虎三營 中石清吉 左劉允勳 右王允昌

精選四營 中營雷正綰 前營楊朝林 右營王可陞

馬隊 西林布

由黃梅至陳德園 龍坪 江家河 楊丫坳 唐家山

七圓、、門坎山 毛家嘴 鷹風坳 蝦蟇灘

黃土坳 張家埼 童子坳 溫家壩

西河口

初五日

早出巡視營壘，飯後見客六次。鄭巘雲自太湖來，言多隆阿一年情形甚悉，鄭遂言之二字并其獅蔣潘人來久談。中飯後寫郵中丞信、李洪信，見客四次。溫史記楚世家數頁。夜見李申夫、宋雲巖諸人，屬至石牌等處看視形勢。是二更，奉看木星分外明亮。是日早接袁午橋信，孫讓余為欽差大臣而彼為封疆，籍不知余乃不敢來遂也。四更後接批摺條前

月十四七日兩發故也

附記

黃梅縣每十畝為一石田，約收毛谷二十挑，曬乾過風車，不過一石五斗，其斗即糧道之斛也。今年米價不過值錢九百文耳。每十畝約科地丁正銀六兩七兩不等，派局費約二百餘文。

初六日

早出巡視營牆，飯後見客四次，宿松紳士六人來見，略談。書人也。日中小睡，復胡潤帥信。有鄧崇衡者，癸貫進士，今官刑部，劉仙石之門生，來見，久談。中飯後閱楚世家、越世家。彭盛南營華回來久談，夜與張伴山談，繙閱左傳。

附記 立兩河口隄宅位　五祖山戌亥位　龍平山戌位

斷雲山酉位　四祖雙峯尖申位　排子山坤位

黃梅縣丁往　宿松縣乙往　下新河民修

初七日

早出巡視營牆飯後出門察看地勢先至柯家嶺
於至兩河口柯家嶺在黄梅繼宿太二路之中兩河口則
繼太湖路也兩河口至五祖山不過十二里共福馬約二
十里許殆途生轎十五里未能為會宿三次申刻請
客吃飯召張伴山張子衡及常世兄等飯畢巳日暮
矣在寓錢萍江信宦制軍信是日启劉寄胡中丞
信二更閱左傳數篇思身世際甚多抑鬱不
適於懷共一由舊港一由所處之想不得往也日
內札營在黄梅城外約四里許　用羅盤審定　縣城在午位
廬山亦在午位　玄營約百四十里　排子山在坤位　四祖山雙峯尖
在庚位最為峭峯　玄營約四十里　多雲山在酉位玄營卅餘里　小溪山在辛
位龍平山在乾戌位最為高峻　玄營約五十五里　五祖山在宗[illegible]

往吉營廿六七里。東山在壬位，綽壁鎮在子癸位，獨山鎮在寅位，馬尾山在卯乙辰巽巳位。東北一帶自綽壁至馬尾山〻皆平衍；西北一帶自四祖山至東山〻皆田高峻；惟南面為山，百餘里外過大江乃有廬山耳。

初八日

早出巡視營壘。飯後清理文件。派唐義訓、何應祺等至城內外察看地勢。見客三次。寫李希庵信一件。小睡片時。中飯後見客二次。雲三、雲忠一來營，皆房族表弟，恩一則晃四四舅氏之子也。讀史記鄭世家畢，復溫孔子世家。日內襟次不甚開拓，夜不成寐。本日夜睡味較美。細察相人之法，神完氣足，眉聳鼻正，足重腰長，聲〻相稱，此四語者貴相也，賢者相也。若四相反，則不甚足取矣。

初九日

早出巡視營壘。飯後清理文件。見客三次。溫史記趙世家

核信稿擬件　中飯後見客二次　溫史記　昨派李申夫及覆崔等往宿松看營盤　本日始來　又派唐家訓何應祺等去看　申刻眼蒙由殊甚　夜溫魏世家　本日曾榮來　接澄弟長沙所發信　九弟撫州所發信

初十日

早出巡視營牆　飯後清理文件　進城拜覃令　出城拜各營官　甫拜三處　狂風大雨至　汛營帳房被大風所捲　不得安坐　溫史記韓世家　中飯後溫田完世家　去年溫史記　至是始溫畢　一編中有數十處着批　有數十卷不着批　則又余之無恒也　夜溫古文數首

十一日

早出巡視營牆　飯後清理文件　辰正拜各營官　至午正歸　見客二次　中飯後寫胡中丞信　季洪信　蔣之純自太湖來　晤談一切　唐家訓等自宿松歸　具呈札營之圖　頗詳晰

夜溫蜀都賦閱荊王劉賈傳

十二日

早巡視營墻飯後見客數次是日作畢金科碑中飯
請蔣之純李師實唐桂生劉南雲便飯下半日作碑至
二更四點因見客甚多又清理文件亦有耽閣也

附記

殷盤 字錫洪 常寧人 訓營操練　　帥富樟 號小舟
蔡鍔 字朗軒 太湖令　　帥琢 號香士
覃瀚先 字石仙 黃梅令　　帥醲 號蘭九

十三日

早出巡視營墻飯後各營拔營前往宿松前幫於黎明
時均已成行後幫八營於巳初起行 巳正隊伍皆畢余乃起行
午正在獨山鎮茶尖未正二刻至宿松縣城內外居民放爆竹迎
接甚多四五里不絕聲 至公館見客六次 旋甚倦將畢金科

碑文畢日內精神疲倦癬瘡大作自腰以下幾無完膚古文一首平日自覺頗有心得而握管之時不克殫精極思作成總不稱意安得屏去萬事酣睡旬日神完意適然後作文一首以抒胸中奇趣

十四日

早清理文件飯後見客五次巳刻寫胡中丞信午初至城外察看營盤將護衛軍與吉字中軍改移一處餘俱照舊申刻歸見客一次寫家信一件又寫紀澤兒信一件將勝克齋陳情袁午橋擬讓一摺鈔寄家中

十五日

早多員弁賀望至巳刻應酬畢飯後清理文件寫胡中丞信官制軍信添懌中丞信一葉袁午橋信一葉朱正館超自太湖來渠因母病請假歸省余以陳四眼狗將率眾來援太湖未之允許留其在此小住幾日余親自勸慰

云云與之久談申正刻與少荃談夜又與筠仙談二三更均未睡着四更少睡夢畢金科尸驗海底下垂傷痕斷去三指蓋日內作畢金科碑文心常繫之耳

十六日

早起書之飯後清理文件見客四次陳金鰲到劉彤皆到午正至城外看營盤又看吉字中營營盤中飯後寫官帥信胡中丞信李希庵信與陳金鰲鮑超等談彭國南來與之言吉字中營近頗有騷擾之名昨日又有人跪道窮叫冤囑其詳細警戒夜寫易芝生信二更後胡中丞來一信又詳復之約四百字

十七日

早起飯後清理文件見客五次午正至城小睡接李希庵信請假六个月現值軍務緊急之際殊難為計中飯後

陳金鰲等辭回歸營　見客四次　溫左傳隱公至二更畢　在
接胡中丞信言援賊四股均大半上花鎮超所在寧請將
營二更將去　余復胡中丞信一件　中丞近日調度紛紛
不定余頗慮之計惟守之以靜不為率言所搖惑耳
溫左傳以余從年讀通鑑之法行之擇其可愛而又警
策者記之餘皆草草溫過

十二日

黎明早飯　飯後清理文件　午正出城看東營所搭帳房　未正將黎
壽民自松江西來　問來徽之後事頗詳　中飯後寫胡中丞信
一接家信澄侯一紙澤一　閱洪述信共知六弟十一日溫甫死矣　寫季洪弟信　在唐家渡渠來
錫談近日調度之不易二更四點去　胡中丞欲以近日調度唐家渡渠之
七營自帶之一營往守石牌　援賊四營文多都護統之出戰
多禮堂帶精選四營飛寬三營己閒化營帶兵及馬隊千二百
人進札潛山源　雪琴援賊　鮑春霆帶霆字六營亦由潛山源

擊援賊爲多，禮堂調度稍稍純，其湘勇八營由太湖至
天堂會合余際昌一軍，又欲余簡松一軍以七千人進札太
湖，留三千人札宿松東，日來三次手書，詞甚迫切，皆執此
議。余以黃明居江邊一路，又軍業統領，不欲分兵，故復信
未允行也

十九日

黎明清理文件。辰正請唐義渠早飯，巳刻義渠由太湖營次。陳
作梅自江南來營。午刻移寓城外黃家山嶺營盤。見
客三次。中飯後讀胡中丞信一件，清理文件。傍夕與陳
作梅暢談，夜溫左傳桓公、莊公，至楚子滅息止。何鏡海
上條陳數百，第一言須派統領，第二言選勇猛者爲選
鋒。是日午刻寄信與季弟，送口馬一匹、布帳子一床，
前一面用湖綢。總之氣太困也

廿日

黎明出查視營牆 飯後清理文件 已刻至馬隊及吉左營長勝營閱視 午正後見客四次 中飯後寫郭中丞信 於寫對聯八付 傍夕與李少荃久談 夜清理文件 將作黃楷人墓表 閱其行狀 尚未起草稿

廿一日

黎明出巡視營牆 飯後清理文件 已刻至朱唐劉將營 中閱午初後見客三次 中飯後作黃楷人墓表 見客五次 清理文件 寫郭中丞信 作墓表至二更五〔四〕點 尚未作得半 畢僅成三分之二 文筆平衍 無復昔章徽山岸勁折之氣 蓋衰境日增耳

廿二日

黎明出視營牆 請申夫陪作梅酒席 已刻 會客四次 中飯後清理文件 作黃楷人墓表 至二更畢 平鋪直敘 無出色處 郎任雲謂余碑版文似東漢人 亦矯其弊也 昨夜未得熟睡

本日煩勞皆倦

廿三日

黎明出巡視營牆　飯後清理文件　旋至湘後三營察看營壘　未正歸　中飯後寫莫友芝信一件　郭雲仙信一件　見客四次　夜閱五代史數首　是日接家信澄侯二件　紀澤一件　帶來通鑑一部　五代史一部　宿松紳士送來朱字綠文集一部　字綠名書　康熙丙寅拔貢　壬午舉人　癸未進士　翰林院編修　與方望溪　戴田有友善　其集望溪作墓表　田有作序　田有因南山集罗獲罪　其文字傳世者　皆改名宋潛虛　今集中序亦名宋潛虛也　又有方東樹序一首　東樹號植之　桐城名宿　姬傳先生之門人　末附白崖集一卷　字綠之子曙所撰也　是夜倦甚　蓋因騎馬逾二十里　稍覺勞勩耳　是日接朱德秋金檀信　知各書藏於下首屋內　尚有十餘箱在松江未燬　當設法接取

廿四日

黎明出巡視營牆飯後清理文件寫園子佩信閱桑代史
接家信澄弟一件紀澤一件係十一月十二所發中飯
後寫家信又添易芝生信一葉午刻寫劉霞仙信二葉
日申刻寫翁中丞信是日安排京信明早交元旦摺差
進京計還債銀三百長沙館一百陳仲鸞一百楊樸塘一
百共寄兩友二百二十兩內霞仙一百黃恕皆園子佩等五人
共百二十又買貨物百八十兩共七百金摺差派任祖文又
預備寄家信劉霞仙家奠儀五十兩王臨八外甥賀
儀十兩傍夕吃晚粥後因胃家不和大嘔吐約一時許
陳作梅謂胃有停飲是夕不成寐

廿五日

黎明拜表賀(元旦)壽摺出巡視營牆午飯後見客五次午初出
至梧字營岳字中後四營營務處查閱營壘未正歸

中飯後倦怠殊甚清理文件夜二更即睡黃翼升自安
慶來與之久談池州戴務識之子是日專人送家信
沅弟并紀澤兒一件霞仙一件芝生一件接季
弟信一封即前送帳子者之復信也

廿六日

黎明出巡視營牆飯後見客五次宿松紳民送猪三
十六只米七十二石受半辭半中飯後改信稿六件寫
對聯挂屏六件接許仙屏信又得渠所送書帖二箱
渠送書前日信來余遣戈什哈去江西迎接又得
渠此次中峰自告書信也夜與作梅談及近年讀
書之法渠為余看脈言本體甚足云云是日午刻
復胡中丞信夜不成寐

廿七日

黎明出巡視營牆飯後見客三次查許仙屏所送各種

書籍繙蔡君謨集文與可集寫左季高信中飯後
寫郭意城信李希庵信復寫錢萍矼信繙花史樵
歌五不借第一段不謂為茲不偽深可也何必斤斤自疏自解
哉夜不成寐是日丑刻寫告示一通發刻

廿八日

黎明出巡視營牆飯後見客四次李申甫來久談二時許中
飯後寫季弟信一件派人送去又附寄家信四封及火腿茶葉
豆豉等件寫許仙屏信一件 午刻寫官帥軍信唐伯存信
申刻寫彭雪琴信夜寫朱星檻信是夜修飾帳房住屋料
理一切為明日冬至拜牌 計申甫在此談文渠文筆所以不
甚進者為在己之禁令太多羈於下筆耳余勸其破除禁
令一以條暢為主凡稱可共先貴敷陳明暢也 自昨夕起至本日
大風如吼多營帳棚均吹破甚且吹倒者

廿九日

五更二點起，拜牌，黎明禮畢。早飯後，各員弁賀冬，至巳正應酬畢。午刻寫信一封。中飯後接胡中丞信，欲余派隊至太湖圍城。余寫復信一件，約千五百字，仍執前說，不肯撥兵往太湖也。夜與少荃鬯談太湖事，夜竟夕不寐。

卅日

黎明出巡視營牆。飯後請少荃下太湖看地勢，申刻來，久談二時許。中飯後，廣東舉人馮竹儒焌光來，與鬯談，亦請其來寫書啟之，幕中友也。清理文件。因昨夕未成寐，身形倦憊，夜繙閱李太白集。是日巳刻寫胡中丞信一件，比昨夕所覺活動，與申夫看，申夫以為可，不必發，遂未發也。

十二月初一日

黎明出巡視營牆，各員弁來賀朔，至巳刻始畢。擬改信稿二件。午初出門至錢家山、龍泥潭等處細看地勢。在錢家山用羅盤視之，龍泥潭在子位，縣城之來脈也。縣城在午位，河水自西面蘄州界來經鋪蓋山及縣城之西，自丙位流出，下入龍湖。一塔在丙位，所以鎮水口也。又一塔在巽位，所以培文筆也。蒙玉山在午丙位，即余現駐營之處。樣靠山在辰位，即湘後三營之外山。河西諸低山在庚辛之位。石家嶺山在未位。鄭家黃梅諸大山在河西諸山之後，亥壬癸下半日。繙倦，見客數次。複閱李太白集，寫目錄，核每篇之字。

初二日

早出巡視營牆。飯後見客十餘次，因各營浮保舉來謝，愚也。申夫來久談。寫復中丞信一件。中飯後寫吳南屏信一件，計千餘字。中與論古文之處。複與作梅、少荃久談。是日少荃自太湖來，談太湖諸軍形勢甚詳。

初三日

早出巡營牆。飯後清理文件，核信稿數件。寫朱雲青信。中飯後至營務處談。寫對聯二付。核改復黃筆農信稿。剃頭一次。複閱書禪文，比往日略有所會。是日於筋骨酸疼，不知何故。

蓋老境不耐勞苦 夜不成寐

初四日

早出巡視營牆 飯後寫家信一件 派人由九江奉新新昌陸路送去 合計九弟信三件 余家信一件 與親友信三件 又寄去人摺 地圖等 及目記奏稿之類 巳刻出外查前幫十營所掘濠溝 用竹竿量驗每營 與皆步行親查 至申刻始中飯 後倦甚思睡 夜寫胡中丞復信

初五日

早出巡視營牆 飯後清理文件 出外至各營量驗濠溝 後幫七營合馬隊為九營 親丈量畢 以掘至一丈五尺否 未刻量畢 始中飯 後寫家信 令俊四送書回家 即許仙屏送九弟之注疏也 見客四次 夜溫左傳

初六日

早出巡視營牆 飯後清理文件 核改信稿五件 於見客三次 夜溫

左傳莊公畢。中飯置酒請胡世兄振煌、馮孝廬、校先。飯後溫左傳
閔公、僖公，至二更。溫至介之推不言祿止。申刻寫對聯九付。是日接
奉旨硃批前發各摺，奉批知道了。

初七日

早出巡視營牆。飯後清理文件，改信稿三件。申夫來久
談。中飯後溫左傳僖公畢，夜溫文公十葉。日來心緒擾覺不
自在，殆孔子所謂不仁者不可以久處約者。軍中乃爭權攘
勢之場，又處非處約者所能瀉，而求其貞白不移、淡泊自
守者，又豈以驅使羣力者類雜其道亦

初八日

早出巡視營牆。飯後清理文件，寫胡中丞信，改信稿數件。
見客三次，張伴山自瑞次來久談。中飯後伴山又來談。習字一葉。
溫左傳文公畢。夜不甚寐。思孔子所謂下學上達，達字中必自有
一種洞澈無礙意味，即蘇子瞻晚年意思深遠，隨處自得

亦無以脫離塵垢卓然自立之趣吾困知勉行久無所得
年已五十胸襟意識猶未免為庸俗之人可愧也已是日
探卒揭得潛山賊首偽告示印曰太平天國御林侍衛忠忱報國宗天安
葉芸來

初九日

早出巡視營牆飯後見客三次李申夫來久談痛論京城
九卿氣習及六部務習膽小之處寫郭中丞信一件唐伯存信
一件添吳竹莊信一葉寫張筱浦信一葉中飯後申夫又來久談言
京中名士習氣浮而不實客氣用事申刻歐陽牧雲來與之
論家事及衡陽各家近狀是日天雨午後雨更大余自十月
初四五雨後不雨已兩月餘矣是夜不甚成寐思此褊激諸
竹珠非載福之道當力趨寬大溫潤一路

初十日

早出巡視營牆飯後見客四次與牧雲久談申夫來亦久談

中飯後与張伴山坐久接辦撥餉之事寫官帥手信添莊衛生信一葉申正温古文傳至二更温孟子梁惠王止与牧雲坐談家事流弊改葬矣先妣本係買之夏家之地而臨開穴時乃及左洪家地而洪家之索重貲所由來也大抵吉地乃造物所最閟惜不容以絲毫詐力与於其間世之其因地脈而獲福蔭者其先必係貧賤之家無心得之及至富貴成名之後乃心謀地則難於獲福矣吾鄉親友中如長塘葛氏既富後而謀地金蘭常氏既貴後而謀地邵陽魏默深既成名後而謀地將兩代改葬揚州皆未見有福蔭蓋皆不免以詐力与於其間造物忌巧乃心謀之則不應也

十一日

黎明出巡視營牆飯後寫左季高信郭意城信添劉蓉素黄南坡信各一葉眼蒙蒙小睡中飯後与牧雲談見客二次温古傳至二更約四十葉寫二百相繼奉止二更四點接家信係十一

巳正接甘晉所發澄弟一件 沅弟一件 紀澤一件 鄧寅階一件 歐陽曉岑一件 夜不甚成寐 因思天下事一一責人報則必有大失所望之時 佛氏因果之說不盡可信 亦有有因而（有一因必有果非）無果者 憶蘇子瞻詩云 治生不求富 讀書不求官 譬如飲不醉 陶然有餘歡 吾更為添數句云 治生不求富 讀書不求官 修德不求報 為文不求傳 譬如飲不醉 陶然有餘歡 中含不盡意 欲辨已忘言

十二日

黎明出視營牆 飯後見客二次 是日風雨極大 各營牆濠多已倒塌 帳棚吹倒 屋內無光不能作字 竟日溫左傳至二更 溫至子罕不貪為寶止 屢與牧雲鬯談 夜睡成寐 至五更始醒 是夜睡覺甜適

十三日

黎明出巡視營牆 風雨極大 飯後寫胡中丞信一件 季弟

辦。專人送去，因照日前信內言，信底送季閱中丞來
營談之辦許。又見客三起。中飯後寫家信、澄沅信、紀澤一
件。旋溫左傳至第二十五年止。是日大風雨，竟日不斷。營中
帳棚有吹爛者。

十四日

黎明出巡視營牆，風雨極大。飯後專人送家信，附寄字二葉、三
舅爹銀各八四兩，歐陽東昇大爹八兩，外四兩者二起，二兩者三起。見客
三次。改信稿二件，請歐陽牧雲兄筆。田彭盛南中飯。飯後溫左傳
至慶父奔莒止。接寫對石渭詩。胡中丞信，知金逸逆首吳鮮巨軍
進扎靈山，季弟扎吳山，隨中丞駐營一處。

十五日

黎明出巡視營牆，各負土搯賀，略營遊，巳正始畢。申中後來營
談。寫胡中丞回信。溫左傳。日中讀小雅下半。夜溫左傳襄公畢。目蒙迷
閱大勝擾賊，巳至潛山，擬攏鮑超信渠軍移扎小池驛，多軍扎新倉

蒋札新倉以贊之間唐虫牌獨札太湖城外余以臨敵更張極不敢必寄信
簡之胡中丞又飛札調蒲浚川　夜竟夕不寐

十六日

早出巡視營墻　飯後寄官制軍信一件　於點河溪營
兵勇名共兵三百四十六人勇二百人鎮溪兵勞而思歸
全明而滑乾州河溪兵二百及勇二百尚可用也　於點驗
軍器另操太經見客四次中飯後又見客二次天氣寒
冷　實常不能辦事閱陳秋舫所著詩比興箋多合余意
夜寄信催希庵來約千許字

十七日

五一二
早出巡視營墻　飯後寄左季高信　於温左傳是日風雪
奇大甚冷甚寒因温書自巳中刻止共温百零二葉　夜寄信
與胡中丞洗腳睡　甚寒為近所僅見

附　李元度字　程送季子真　三十八歲

十八日

早出巡視營牆於占一卦定派前幫十營進札太湖寫信告
知唐義渠石正看河溪營兵勇操鎮溪兵鳥鎗不甚好勇
二哨鎗亦不好刀矛則四營之兵二哨之勇皆不甚好午初看畢
風大異常著狐皮斗篷稍寒冷也旋見客巳正中飯後
見客四次寫胡中丞信溫左傳至鄭子來朝止夜因眼蒙不
敢看書與牧雲久談申夫及何鏡海皆來久談睡後咳嗽
竟夕蓋因吃藥酒致閉塞在肺端之故耳

十九日

早出巡視營牆飯後清理文件見客六次前幫十營之官來
辭行明日將赴太湖也中飯後見客三次改信稿六件寫
胡中丞信一件季洪信一件是日接李季高信將出湖南接
署進京矣昨在日咳嗽本月已愈夜仍咳嗽

二十日

早出巡視營墻飯後清理文件見客五次發信稿六件
中飯後溫左傳至昭公二十五年止復寫吳竹如信一件午
刻寫胡中丞信一件　是日前幫十營進扎太湖黎明
拔營申刻到余眼蒙殊甚又加咳嗽不能多治事
與牧雲閑談

廿一日

早出巡視營墻飯後清理文件旋點吉左營之名巳正點畢
點驗軍器午刻寫張筱浦信中飯後溫左傳倦甚申刻復
胡中丞信旋閱毛西河韻書是日倦甚似過於勞乏之故
幾不能說話至二更一點即睡幸稍能成寐耳

廿二日

早出巡視營墻飯後清理文件　因勞倦過甚之故上半日未作
事僅見客五次中飯後溫左傳至楚殺郤宛止陳作梅自黃梅歸
宅婦來與之久談又與馮竹如久談作梅為歸逸齋看葬地已

買得一處云明年正月廿七日下葬於昨日墜馬右
手不能動蓋觸忤其氣未傷筋骨也

廿三日

早出巡視營牆飯後清理文件於申出外看吉左營
操技藝刀矛為各營所僅見午正畢接朱品隆等知
二十二日開仗前敵先大勝而後小挫湘營傷亡頗多因批令以千人
主守而不主戰又札派朱與李申夫為統領朱管戰守李管
等撥申刻李筱泉張小山鄧少卿來營談夜與小岑談是夕
懸念前敵事件竟夜不寐

廿四日

早出巡視營牆飯後清理文件見客四次小睡片時改信稿十餘
件寫澄沅家信一件午刻接季洪信一件請李小泉鄧少
卿張小山中飯飯後核信稿四件清理文件寫胡中丞復信夜
閱歐陽文粹閱蔣營之四營函札太湖城東門外者昨夜三更

擬去函併龍家涼亭 聞東城賊出巢襲鮑將後路 批朱總兵案
今日在設法章動々

二十五日

黎明出巡視營牆 飯後清理文件 見客五次 核信稿 數件
中飯後許仙屏來与之晤談 目蒙殊甚 加羅淡村信
尾一行 又核信稿數件 在与仙屏晤談 竟夕不寐 月內
因前敵多鮑將軍開仗 懸念之至 廿二日之仗 我軍傷亡千
餘人 寸心悉々 片刻難安

廿六日

黎明出巡視營牆 飯後清理文件 核點馬隊二營之名 巳正進城
拜客二家 午正歸 清理核信稿等 寄弟信一件 中飯後溫左傳
至宣公七年止 夜与李少荃晤談 是日閱廿四五多鮑二軍來
開仗 心稍安帖 是夜天黑暗之至 愁雲慘淡 念前敵鮑軍
露居險地 為之懸々

廿七日

黎明出巡視營牆，飯後清理文件，見客五次，於溫左傳至下半日溫至吳伐魯止，心緒焦灼實甚。申末天氣大風，陰，甚悶。以池駒、多、鮑翁軍日內并未開仗，心稍安帖。惟雅與小泉侯耕中丞治百之鍛侍得人之學，又與程尚齋、許仙屏談。

廿八日

黎明出巡視營牆，飯後清理文件，於看馬隊演操，至午正看畢。華字營弓箭不好。中飯後見客五次，寫李次青信一件。戌刻接鮑軍信，知前敵十分危急，因復信言正月初三四當派隊前往救應，屬其靜守數日，堅壁不戰。又寫信與唐義渠商，令渠帶訓字七營進扎前敵，與鮑翁二軍作品字形。余於宿松另派二千六百人進扎太湖北門訓營舊壘之內，於將此議寫信與胡中丞商之。三更睡，心極勞倦，甚尚能成寐。是日接沅弟家信，係本月十二所發。

廿九日

早出巡視營牆 飯後清理文件 見客六次 旋溫左傳 中飯後寫
討札派護軍長勝軍平江老中營共二千六百人赴太湖 札北門外
抽出唐家渠軍進札桃池驛一帶 旋又溫左傳至蒯瞶復國止
夜復家集信一封 建信一是日專人送家信至季弟營
中平江老中營屆擋於西刹至宿松

卅日

早出巡視營牆 飯後清理文件 見客廿五次 旋溫左傳 中飯後
見客十餘次 皆賀歲者 是日中飯兩棹 屆見田新帶平江營到
念句於宴 溫左傳一遍畢 傍夕接家信 沅弟及澤兒各
一件 十二日所發 屆刻派護軍 營長勝軍至太湖 元旦早可
到 夜閱鮑超軍 被賊大圍已裏 焦急之至

咸豐十年正月初一日

五更二點起拜牌行禮畢黎明見客十餘次皆文武員弁賀年者飯後清理文件寫蔣之純信一件於坐小轎至城外周歷閱看共十餘里未刻歸營中飯後小睡是日辰刻寫胡中丞信巳刻寫駱中丞信又早晚寫季弟信二件夜睡略酣四更未醒五更仍稍成寐在近日為難得者夜聞淒風冷雨念前敵鮑軍被圍殊深系念

初二日

早出巡視營墻飯後清理文件旋見客三次寫季弟信一件胡中丞信一件閱廿九日蔣以五營出戰鏖戰勝負不分而得以解鮑軍東面之圍霆左營得藉此機運入水米等藥可云至幸又聞多公派精選前營札霆右營之壘內抽出霆左營得少休息欣慰之至中飯後寫季弟信一件清理文件頗多夜與作梅小泉暢談

初三日

早出巡視營墻。飯後清理文件。寫家信一件，与季弟寄胡中丞信。見客六次。中飯後又見客四次。是日大風寒雪。淦寅常与陳作梅鬯談。夜与仙屏鬯談，渠明日將北上也。本日辦酒席為之餞行。夜洗脚早睡，竟能成寐。

初四日

早出巡視營墻。飯後清理文件。寫家信一件，与澄侯、沅甫。又寫信与挑文，寄遼東大蔘四兩三卜，係十月廿二日胡中丞所送；又銀匣子一个，鄧桐之所送也。附寄季弟信一件，他人寄沅甫信二件。午刻專人送至家。仙屏午刻起行進京。旋見客三次。中飯後寫李少泉信一件。是日寒甚。未刻後放晴。夜与作梅鬯談，心緒不寧，蓋中無所得，不能不為境所移，深其愧也。是日派彭山屺至太湖看地勢。

初五日

早出巡視營牆 是日天晴 雲霽 人心為之一快 飯後清
理文件 見客二次 寫季弟信 專曹榮送去 又派
專華字營馬送去 寫胡中丞信 中飯後 核改信
稿二十餘件 旋與作梅縱談 日內系念小池驛軍
情 寸心懸懸 不得少寐 飲味均若不安 蓋心無積鬱
而關係余之重大也 夜閱鄭康成傳 接家信 沅
弟一件 紀澤兒一件 十八日所發

諭旨

早出巡視營牆 飯後清理文件 寫信與季弟 於又寫一
信與鮑超 批李申夫朱品隆各稟 中飯後見客數次 鄧彌
之來營久談 傍夕寫胡中丞復信 二更又寫一復信 又寫唐家渠
信 日內因前敵可慮 心緒紛紛 刻刻不暇 未能看書 并不能清整報
銷冊等件 二更倦甚 幾不能說話 是日接左季高信 知蕭軍已
於廿五日成行 季高已出接署

初七日

早出巡視營牆飯後清理文件 見客三次寫季弟信一次中飯請鄧弥之便到接太湖信知唐義渠軍於初六日在小池驛挂車被賊踏毀營盤三座心甚懸系於寫信復胡中丞見客二次夜懸念小池驛心甚不安睡不成寐

初八日

是日恭逢 先祖星岡公生日因日內戰事紛紛無暇未及設祭早出巡視營牆飯後親理文件寫季弟信一件批朱李各單核改信稿中飯後寫胡中丞信又寫家信一件 心緒不安懸念前敵至為切切 夜與作梅暢論易圖及風水之說又論天下之理惟易簡乃可行極為契合是夜徹夜不眠 寸心搖搖鬱積總由中無所得 下學而不克上達故世俗之見皆不免膠擾於懷耳

初九日

早清理文件　出外巡視塋墉　飯後改信稿一件　見客四次
寫唐家琛信　季帥信　批太湖案情各條　中飯後見客二
次　傍夕閱璞寰太湖心極懸系　又閱郭豐仙被傷王宗勤
亦為惦念　夜寫郭意城信一件　胡中丞信一　金逸亭信一
季申夫信一　是夕澈夜不寐

初十日

早出巡視塋墉　飯後清理文件　旋見客三次　寫致中丞信　批
申夫等寫信　与金逸亭　中飯後剃頭一次　是日未閱璞上寰
太湖之信　下半日又復致中丞信　与霸之純信　欲其進扎小池驛
附近以通鮑塋糧路　酉刻　擬着任祖文　自京城發在輦京閱
信各件　是夜稍得成寐　申刻与作梅論候乞治人之道甚
暢

十一日

早出巡視塋墉　飯後清理文件　復胡中丞信　寄金逸亭

信與季弟信 見客四次 中飯後又接季弟信 是日辰刻接多翁之信 言鮑營糧路頗通 為之欣慰 傍夕閱金軍至王家坪樓十二可開仗 尤為慰喜 夜接鮑信 言賊圍鮑營甚急 又極焦灼 夜接胡中丞信一件 金逸亭 鮑春霆信各一件 竟夕不眠

十二日

早出巡視營牆 辰飯後清理文件 與朱雲岩信一件 旋批朱李各稟 接凌蔭亭信 羅溪河尚穩 見客四次 中飯後復胡中丞信 清理各文件 是日定派吉中二營 湘前 強中二營 湘後營 多識(六)隊去新倉打仗 以救鮑軍 部署粗定 是夜又添派吉左營去 本日未閱鮑軍被圍之信 寸心稍安 又閱金余軍業至高橫嶺 白洋嶺一帶 接有余公函信 為之一慰

十三日

早出巡視營牆 飯後清理文件 是日吉中二營赴新倉埡

村行仗余在馬上觀之旗幟殊不鮮明又六成隊而每旗僅五人逐一細數不甚愜意於趙二營查墻子令在家共滿隊站墻逐一細數家字營僅八十七人中軍僅九十二人因詰問彭盛南謂營內缺額太多彭言各營字出只七成隊只二人先行在前押錙幛則李少荃正接太湖信與金逸亭十一日在高橫嶺大獲勝仗救城二千踞城營三座王家牌樓城策亦被攻破為之大慰小池驛設法少懸矣見寄三次批朱雲崖李申夫各等字胡中丞復信一件　中飯後又復一信寄金逸亭信一朱雲崖信一季弟信一●一夜清理●應抄古文是日與陳作梅圍棋一局

十四日

早出巡視營墻飯後寫家信澄沅●一件又抄寄郭雲仙處一事旋清理文件與作梅圍棋一局午正小睡中飯後復胡中丞信批各等件接鮑超信知粮路已通為

之大慰朱品隆等太湖四壘十五日第六成隊進勦一倉日夜
睡時成寐五更醒念此身無論處何境遇而敬恕勤等字
無時刻可弛苟能守此數字則無入不自得又何必斤斤計
較得君與不得君氣誼孚與不孚哉

十五日

早出巡視營牆飯後見客十餘次皆各員弁賀節者旋寫胡
中丞信一件毛寄雲信一件金逸亭信一件又清理文件
核信稿數件精選紫紫官穆正藝未盡因而呈受子傷來
比養病也久談申刻去請幕府及李少山何敦五便飯至
刻散又清理文件與作梅圍棋一局夜寫胡中丞信季
來信批李申夫等大雨暑氣濛濛不便閱仗

十六日

早出巡視營牆飯後清理文件旋寫胡中丞信次青信
與作梅圍棋一局中飯後又圍棋一局申刻接朱品隆等出

前敵小池驛業已穩固新倉尤為鎮穩為之大慰 批發
朱品隆鮑超李申夫各摺 於寄信與胡中丞處閱文選是
日接沅弟臘月廿三日信略言分家大概情形沅弟才具開
展信賢子弟也

十七日

早出巡視營牆飯後清理文件 出門至馬隊營小坐又至城內
石中小坐午初歸與作梅圍棋一局中飯後見客二次寫胡中丞信
批李申夫摺 喻吉三摺 駱中丞摺派蕭濬川 仍來鄂調遣
余以蕭甫軍業奉二次旨諭自兩次奏達赴黔蜀之文豈可再來
鄂皖辦一長摺止之 傍夕看書經 夜看書經注 金逸亭信
季洪弟信 是日派人送兩衣藥酒與季弟

十八日

早出巡視營牆飯後清理文件 已正批朱品隆 摺於看書經注
疏 述閱四十葉 中飯後與作梅圍棋一局見客三次接馮樹堂信三

千餘字 又將各處文件清釐一番 未刻与陳作梅至營外畧談 言要得一二好友胸襟曠達蕭然自得者 与之相處 砭吾之短 其次則博學能文 精通訓詁者 亦可以益於我 夜看書眼蒙特甚 因与牧雲畧談 二更四點 核文書數件 竟不敢閱看 即睡 稍成寐 五更初即醒 近數月皆於五更即醒 蓋老境之常態 非僅余一人然也

十九日

早出巡視營牆 飯後清理文件 旋閱經義述聞 并閱通論 中飯後見客四次 是日接官制軍咨文一件 ○○恩賞福字荷包銀錁食物等件 批朱雲岩等稟 夜眼蒙殊甚 故看書与牧雲談家常

廿日

早出巡視營牆 飯後清理文件 旋閱經義述聞 會客三次 是日雨雪交加 寒氣逼人 中飯後与作梅圍棋一局 復扳中

丞信一件 又一件 夜溫古文辭序跋之屬 自新年以來工課皆荒 始則以中池駟等處賊氛緊急 心極焦灼不暇他圖 近日則自涉疏嬾耳

廿一日

早出巡視營牆 飯後清理文件 雨雪寒甚 中飯後批朱雲岩等禀 復胡中丞信 夜批申夫等 是日早飯請鄔世蓮任星元王香倬等小宴 巳刻接家信 係正月初七日所發 澄弟一件 沅弟一件 紀澤一件 內言分家分關一紙稿 大分金玉二號 係○先考与叔父高軒所分 小分福祿壽喜四號 係余与澄沅季洪兄弟四人所分 皆能合傳句 公私咸得歡心 沅弟之所經營也 又改葬星岡公王太夫人於溫路塘 十二月廿九日傳唐十年三月撥字向 辦理俱愜人意 惟叔父病未愈 讀之焦灼之至 申刻溫書經至禹貢止 古文大禹謨未溫 寄季洪信一件 專人送至家信至太湖 夜与牧雲談論家事

廿二日

黎明出巡視營墻 飯後清理文件 復金逸亭信 復胡中丞信 批申夫等稟 復薩庭 羅逢元信 寫字太多 眼蒙 不能閱視 閱文選班揚符命二首 中飯後又復胡中丞信一件 在又復一件、加唐伯符信一片 批朱品隆 李申夫二稟 ~~[illegible]~~ 見客四次 是日早閱余際昌軍十九小挂之信 竟日不怡 又因昨接家信 閱耕父病重 連占四卦 皆不甚吉 心為懸懸

廿三

黎明出巡視營墻 飯後清理文件 見客二次 葛菁田來 与談家事甚久 寫李璨階信 中飯後復胡中丞信 申刻復金逸亭信 致李申夫信 多都護信 在又復胡中丞信 日內因賊匪移營上札 或圍攻太湖多營 或圍援羅溪一軍 或直沖鄂境 三者均未可知 寸心焦灼之至

廿四日

黎明出巡視營墻飯後清理文件 見第三次寄家信 澄沅一件
友人一件 寄信箋信表与外舅批朱品隆字朱言本日將移々
純四營營扎於城々營上攔頭截駐計必開大仗寸心懸々不安
中飯後筆四未畢談 批李主簿字未刻復胡中丞信復淡
薌庭信改朱雲崖信夜改金逸亭信復張廉卿信與
牧雲久談申刻寫季弟信一件

廿五日

黎明出巡視營墻飯後清理文件因派前敵信息寸心懸々不安復
胡中丞信復金逸亭信 午正与程尚齋來圍棋一局 接信知
昨日並未開仗 中飯請魏冬亭便到 飯後又圍棋一局 夜復
胡中丞一信 夜復多禮堂一信

廿六日

黎明出巡視營墻飯後清理文件 見第三次已刻復胡中丞一
緘 復彭雪琴信 復金逸亭信 中飯後接朱雲崖信知廿五日新嶺

獲大勝仗。本日又將出大隊去撲賊牆。天氣風霾，日闇，懸繫之至。與程三圍棋一局。惦念圍前敵戰事，徘徊庭中，刻不能寧。夜復希庵一信，與牧雲鬯談。李筱泉之弟季荃來營。夜二更睡。聞小池驛多軍大捷，竟夕不寐。

廿七日

早出巡視營牆。飯後清理文件。夜刻得信，太湖之賊於昨夕逃去，克復城池。見客十餘次，皆聞喜信前來賀喜。午正圍棋一局。寫季弟信二件。中飯後，復胡中丞信，復李希庵信。接鮑超等小池驛昨日未破之數壘，亦於昨夜攻破，一律肅清，可為欣慰。夜殊倦怠。

廿八日

早出巡視營牆。飯後清理文件。見客五次。寫家信，專人送回，言援賊已破，太湖克復，沅弟可不必遠行，由營宜在家待三月廿六日將祖父母墳撥正後，四月再行來營，蓋一

呂以耕父病告未愈一則 弟移新居宜粗立紀綱也寫
信二件 未刻彭雪琴自水營來与之鬯談 申飯後劉馨
室自長沙來 又与久談自新倉打仗 廿四見客四次 夜
与雪琴馨室等久談 申刻 寫胡中丞信

廿九日

早出巡視營墻 飯後清理文件 請雪琴馨室讌
集見客四次 批朱雲崖李申夫等 午刻讀胡中丞
信 中飯後与彭盛南談廿六日打仗情形 在床上小睡 与程三圍棋
一局 夜請人占卦 耕父病難痊愈 不勝焦灼 与雪琴鬯
談 又与牧雲略談家事 是日巳刻閱華字營操演

卅日

早出巡視營墻 飯後清理文件 午後讀官帥軍信 加
李鳳洲信片 中飯後朱雲崖李申夫自太湖來与之鬯
談前敵各情 讀胡中丞信 接家信 知耕父病勢甚重

為〻竟夕不安殆難撫回家中多故遊子在外殊切憂皇是
夜与朱李久談渠極言統領〻難作力辭此任是夜星光明
朗西南二方十四宿皆歷〻可睹惟翼軫二宿不甚分明東方
角宿及大角星皆朗然清明看至二更末

塞 即古人賽字也 史記封禪書誤作賽字 王念孫辯之

咄嗟 即大聲疾呼也 石崇傳之咄嗟立辦 項羽之意烏猝嗟 魯仲連傳之叱嗟而母婢也此同 歐陽公書牘誤作咄嗟而已

涯自矜 趙世家

十年二月初一日

黎明出巡視營牆 各員弁賀朔 飯後見客六七次 寫翁中丞信 胡中丞信 中飯請朱雲崖李申夫李吉人等中飯 閱信稿 核改四件 見客二次 夜與申夫暢談 亥刻又與雲琴久談

二月初二日

黎明出視營牆 飯後清理文件 朱雲崖李申夫等暢談 於西太湖老營寄石鍾山記 久不作楷行書 至申初始寫畢 於閱信稿數件 夜與雲琴久談 閱京報二本 清理各文件 是日撤何鏡海委將湘後右營 委李寶賢帶 因閱何營務不整飭也

初三日

黎明出巡視營牆 飯後清理文件 見客三次 寫信稿六件 午刻改附福字恩摺 中飯後改蔡繳部照四摺 於至劉馨

宴霽堂談 巳刻圍棋二局 申刻剃頭一次 夜閱李篠[illegible]
進撥銷冊 又接李弟信 因聞彬文病重 思告假歸去
初四五日
黎明出巡視營墻 飯後清理文件 寫家信 澄沅一件 紀
澤一件 接胡中丞信 偽為其太公胡雲閣先生起祠堂作書
院捐千金 購書其中 以公之邑人相勉以正學云云 開書單
欲予斟酌 覆信一封 中飯後與雪琴談 溫書經盤
庚 夜溫藝文志 眼蒙頗甚 老境侵尋
初六日
黎明出巡視營墻 飯後清理文件 旋寫京信 雲仙一封 仙
屏一封 周子佩 敖 甄甫 各添一行 中飯備席請雪琴餞行
飯後大雨 李璞階來久談 陳作梅自黃梅來久談 旋接家信
痛悉 彬文於十九日戌刻棄世 即夜寫信 專人送李弟處 又作
夾行 請假四十日 附於繳部照摺並咨兩日發去 是夜大風雨不能

成寐

初六日

黎明出巡視營墻飯後清理文件 因新聞 淋父之噩心緒憂亂与雪琹作梅筱泉談公遂談復胡中丞信中飯後又復一信專何與榜送冊摺并部照進京見寄李璞階說話甚久与作梅久談夜与筱泉雪琹久談是日上半天風雨甚大傍夕少息寒冷異常

初七日

黎明起因初聞淋訃不出查墻飯後移寓城内公館預備成禮行禮事請程尚齋作祭文雪琹寫禮單午刻行禮雪琹自營過贊劉馨室李筱泉二人為引贊李繼荃程尚齋陳作梅萬華田劉邢皆等為執事未刻禮畢見客六七次復胡中丞信約四百字夜与牧雲痛談家事溫古文三首夜倦甚是日与季弟通信二件 季欲告假回家余囑其來宿松營

前门禮

初八日

早起寫家信，午初專人送回，見客五次，寫胡中丞信一件，將所抄古文詞經序跋二屬釘成，下半日溫序跋之屬，傍夕耐季弟來与季弟談至二更盡

初九日

是日陰雨，竟日不作一事，与季弟鬯談，午正鮑春霆來久談，蔣芝純之子來，名澤灃，亦久談，又見客五次，皆來弔淵父之喪者，申初与作梅圍棋一局，夜与季弟論出處，而因季弟思歸之志，余以耐煩之義止之

初十日

是日大雨不止，与鮑春霆久談，并請渠吃中飯，鬯敘一切，巳刻寫胡中丞信一件，閱改信稿十餘件，皆臘正兩个月積壓未清者，本日一概清釐完畢，見客十餘次，皆弔尉者，午

刻与作梅圍棋一局夜与袁霆久談又与季弟悉談季言搬家必待沅甫來將湘恒兩營交与沅而後成行若不搬家則仍管帶二營不改常度云云余甚韙之

十一日

是日天仍陰午後放晴見客五次与季弟悉談中飯後寫對聯七付楊鼎勳馬徵麟 送斯父挽聯一付云嗣君鄙家著三河想然緒頻澆孔北海酒當常滿猶子勛名崇一代正捷音繼至向東山棋局已終夜接王孝鳳信寄九弟所寫溫甫哀辭字秀勁近古刻工亦佳家有賢子弟為之欣然昨日困倦已極不能說話想係日內吃虧之故因改於是日夜閱華

十二日

是日天晴飯後見客五六次如何鏡海劉連捷朱品隆唐鐸等說話甚久午正寫胡中丞復信申末畢寫對聯十二付傍夕倦甚蓋以日內火氣甚王舌乾唇燥与季弟悉談夜与朱

品陞坐談進攻安慶事宜接胡中丞信中有寄來金逸亭信詳明切當多与余意相合因就金信批明作書覆胡中丞

十三日

早陰晴飯後送李希庵回太湖接胡中丞信一件見客七次困倦殊甚中飯後寫扁字數幅後与張伴山坐談改信稿數件夜擬作歐陽兩代節孝傳僅成三四行

十四日

早仍陰下半日放晴見客四次李寶賢談積久已判定家信一件寄武昌墨刻溫甫哀辭十套覆胡中丞信一件夜寬十弟自太湖來久談是日作兩代節孝傳尚未畢蓋客多不能靜坐又須清理文件也

十五日

早天氣晴明為今年所僅見飯後与作梅牧雲及寬十

弟同去看師 送高新墳之地在黃梅獨山鎮西南上洋該
汪氏村莊附近午刻到周歷里許 即在汪氏莊中飯未刻啟到
家已上燈継到返凡七十里夜作歐陽兩代節孝家傳畢

十六日

是日仍陰雨飯後見客五次午正寫對聯數首內送淮弟
一首云作以養廬豐洽鄉黨直耳而能忍慶流子孫 送沅弟一
首云入孝出忠光大門第 親師取友教育後昆中飯後即
又寫對十餘首与馮竹漁久談又与牧雲談後撫中丞一
信夜跋文与可集寄沅弟溫二都堂

十七日

是日仍陰雨飯後清理文件 旋題跋各書寄贈九弟上
半日題六部 三蘇文集六十四冊 岳刻五經五十冊 元白長慶集十六冊蔡
端明集八冊和板禮記注疏廿四冊汪刻公羊 六冊下半日題三部
渭南文集十二冊 金石萃編六十四冊小秋金鑑三十六冊一〻

為壽文盛四送函又將福字荷包等帶交午刻與作梅
圍棋一局申刻倦甚小睡夜與牧雲一談渠明日將赴作
別夜夢見李迪庵與之一談

十八日

是日送牧雲赴陳作梅與之同行　早小雨辰正起行　余送
客後清理文件　寫致中丞信一件　夜又寫一件　見客
五次張伴山高彥膜談稍久中飯後靜坐閱古文
倦甚小睡於剃頭一次夜溫古文將函通理細讀數過
若已兩会

十九日

飯後清理文件　寫官制軍信一件　添張仲遠信數頁是日
兩大霧常以飯罷暗至不能作字因抄古文將姚選類纂中奏議
一類細看一編夜將文選哀誄等篇細看一過倦甚是夕接車
霞軒信內言請四號

廿日

早設祭後即脫孝服蓋已滿十四日也　飯後將靈次撤去收拾一切已正仍回營盤見客五六次清理文件　寫胡中丞信　天氣寒冷亦甚中飯後閱後漢書四十葉　蜀文閱廿五葉先主紀閱畢　明紀閱一半　接家信澄侯一件　沅甫一件　并祭文紀澤一件并祭文

廿一日

黎明出查視營牆飯後清理文件　旋見客三次　寫李希庵信一件　胡中丞信一件　閱後漢書明帝紀章帝紀和帝殤帝紀安帝紀未畢　與王香倬子雲談又與馬微麟談馬之業師陳雪樓名世鎔乙未進士曾任甘肅知縣　著有周易廓及詩集求志居古文　馬讀書頗有淵源曾著三立明辨謂立德立功立言三者為簡齋集抄書自為條例　又有馬壽華號小坡馬懷霞號星平皆桐城人在此投効志趣亦不卑近

夜溫古文識度類讀及離騷篇

廿二日

早出巡視營牆 飯後清理文件 見客五次 寫胡中丞信
中飯後閱後漢書安帝紀 順帝 沖帝 質帝紀 目光甚
蒙 夜接九弟信 言及修昭忠祠并東皋書院事 夜溫九歌
又默誦書經呂刑一篇 似有所會 夜夢見父親大人 久不入
夢 偶一得見 知少慰也

廿三日

早出巡視營牆 飯後清理文件 復彭雪琴信 胡中丞
信 見客五次 中飯後溫閱桓帝紀 靈帝紀 獻帝紀 又閱
帝后紀未畢 夜改信稿三件 鮑春霆來見 坐談二更
四點睡 是夜未成寐

廿四日

早出巡視營牆 飯後清理文件 與季弟信 寄家信

灣洪一件 十葉 沅弟又一件 二葉 紀澤一件 四葉 又寄
鄧子良甫吳月溪信 又書陳作梅信 郭中丞信 中飯後閱
和議后紀及閣閣后以下紀至末 夜目光甚蒙不敢看書 是
日接羅淡村信 言浙江情形極危急 自廣德失守後 安
吉孝豐四安等處皆失 杭湖西郡危如累卵 讀之焦灼
之至 又接衛藥房信 言鳳陽雖克 而清江浦失守 潁州
亦失守云 日來天氣陰晴霾曀不開 寒氣特重 与臘月
無異 氣象殊為可虞

廿五日

早出巡視營墻 飯後清理文件 見客 次寫郭中丞信 彭
雪琴信 閱後漢書律曆志 全不通曉 又閱禮儀志中
飯後閱朱子文集 周大璋選本也 至夜二更止 共閱二本
是日接官帥信 知小池驛擊退援賊 余与官郭二公皆寫覆
部咨復議敘 其隨摺保舉之人 〇〇殊筆改二个 餘俱照

准

廿六日

早出巡視營牆 飯後清理文件 改信稿六件 又寫致中丞信一件 午正閱後漢書禮儀志一卷 祭祀志三卷 天文志三卷 至五行志止 倦甚 與馬徽麐久談 馬懷寧生員頗博覽書籍 與之語亦能通曉大略 談半時許 夜閱陸宣公集數篇 目光極蒙 遂不能復看

廿七日

早出巡視營牆 飯後清理文件 寫致中丞信 改信稿五件 中間寫戴鐔士信 改頗多 中飯後閱五行志六弟 夜閱郡國志二卷 添寫中丞袁午帥信各一葉 郡國志以下 朝圖核對 目光頗蒙

廿八日

早出巡視營牆 飯後清理文件 旋看本營操長夫

以後加營第一副中哨次之正中哨又次乾級又次之通溪又次之鎮溪最下 弟子長共丈五六不等 今改作一丈三四尺 午刻畢改信稿三件 中飯後閱郡國志二卷半 旋與程尚齋圍棋一局 李申甫自太湖來 與之大談至二更止

廿九日

早出巡視營牆 飯後清理文件 見客四次 改信件五件 閱郡國志二卷畢 旋閱前漢地理志 中飯 請李申夫便飯 飯後與申夫暢談約一時之久 論作文宜通小學訓詁 又論軍務須從日用眠食上下手 是日與馬徵麐圍棋一局 夜寫李希庵信 郭中丞信 睡不成寐

三月初一日

黎明出視營牆 飯後清理文件 改各員弁來賀朔 見客十餘次 旋出點湖北提鎮兵丁 點名畢 與程尚齋圍棋一局 閱李

申耆先生所選駢體文鈔 中飯後閱漢書地理志十餘頁
丑刻与高彥〻談談旅与申夫老談至二更四二點是日狂風亂
吼嚴寒飛雪氣象陰森憭慄午刻接羅中丞咨文
知城已由武康而進至省城僅數十里閱之焦憤是夜得
探報現守安慶共有偽受天豢葉芸來梅天福陳時安貢、
天福向仕才同偽殘天安張潮爵延天福施永通欽天福侯
淋錢等守桐城共有偽縱天豢呈汹孝浩天安劉瑲林宣
天福張任才由寧國入浙共有偽忠王李壽成偽輔王某偽侍
王某等其四賊狗黨現在舒城至安慶城內現存米五萬三千餘
担煤一万八千餘担多銀私貯之米煤尚不在內云

初三日

早出巡視營牆飯後清理文件午刻与黃熹帆圍棋一
局中飯後閱漢書地理志与申夫老談旋閱駢體文
鈔目蒙殊甚心大不安貽譏之謾之嘆樂天知命之道

自愧自恨發寄郭意城信一件 是日寄江岷樵之母陳太夫
人換障及多對聯 付內李勉青之母吳太恭人壽聯云 萱萬
板輿花秀紅泥兩頒承康爵芝誥紫泥

初三日

早出巡視營牆 飯後清理文件 旋寫胡中丞信 彭雪琴
信 請鄧守之吃早飯 談甚久 鄧曉通小學 蓋其父完白
先生與其師李申耆先生皆善書 代名宿 故濡染較深也
中飯後閱漢書地理志 疲乏殊甚 若不克終卷者
遂置而不閱 寫對聯 申夫與希庵下棋 旋與申夫暢談 述
李西漚先生雜言多可是處 蒸遺餘二錢錢之困精神
極困 意思煩鬱 為近來所未有

初四日

早出巡視營牆 飯後寫家信澄沅一件 夫人一件 寄銀
二百兩為 琳父出殯犒賞夫役之費 又祭幛二十四个換

扁三个挽聯九付 其另外幛十九个 留於營中零用 又
寄銀百兩幛一个 送江岷樵之太夫人 由望道訓送郭意
城轉交 又寫季弟信一件 雪琴信一件 午正清理文件
旋閲漢書地理志 与尚齋圍棋一局 中飯後閲風俗畢
与李申夫鬯談 至更初止 閲駢體文鈔二卷 是日雨 仍大
竟日不息

初五日

早出巡視營牆 飯後清理文件 閲駢體文鈔 旋与
尚齋圍棋二局 午正 未正鄧守之來久談 閲後漢百官
志之二卷 改漢王子壽信稿 又閲百官志一卷未畢 李
希庵來 与之鬯談至三更 盡夜不甚成寐 本日仍風雨
陰寒

初六日

早出巡視營牆 飯後清理文件 与希庵鬯談竟日不倦

一多午正寫毓中丞信一件 申刻閱後漢書百官志畢 夜
與希庵申夫論安慶桐城進兵事宜 倦甚 二更三點睡
甚甜甜

初七日

早出巡視營牆 清理文件 飯後與希庵暢談 午刻閱輿
地志二卷 申刻閱更始劉盆子傳 夜與希庵申夫暢談 巳
刻寫毓中丞信一件 夜接家信 係二月十三早澄侯所發
叔父已於十二日赴道場營 進兵大局 希庵之意以余部下
圍安慶 多都護部下圍桐城 希部暫札青草塥 為兩
路援應之師 本日畫圖寄致帥營

初八日

早出巡視營牆 清理文件 飯後與希庵暢談 巳正剃頭一
次 接閱王郎劉永李憲張步彭寵盧芳傳 中飯後閱隗囂傳
夜與希庵暢談 是日接家信二次 一係二月十七日所發 一係二

月廿一日所發及第二次澤兒等信，已下省矣。

初九日

黎明出巡視營墻，旋清理文件。飯後與希庵鬯談，午刻寫信與胡中丞，據報派霆字營全軍援浙，宋國彩先行，鮑超後去，余意欲俟鮑超假滿後再說。閱公孫述傳、宗室四王三侯傳中。飯後閱李通、王常、鄧晨、來歙傳，與希庵論古文之道，約分三門十一類。夜復鬯談，旋清理所抄文多錯誤者，目蒙殊甚。本日又由李弟處寄到家信一封，內沅弟一件，紀澤一件，係二月十三所發。

初十日

黎明出巡視營墻，旋清理文件。飯後與希庵鬯談，坐最久，旋與尚齋圍棋一局，閱來歙傳中。飯後閱鄧寇傳，酉刻接[illegible]嚴道胡澤霈、翊撤（衡州知府江允康）知湘省於二月十九日被圍，只有湘東西通，文隔之。夜與希庵鬯論湘事，睡不成寐，三更入

後風大如吼有類山倒海之聲

十一日

早大風多營棚皆吹倒飯後大雪午刻雪轉甚至未刻雪止午刻與尚齋圍棋一局雪點入室遍處皆濕因與布庵談一日中飯後改信稿數件中有復胡澤霈江允虞信言雲棐所派之礮手百人三月底可到浙江蕭翰芝所帶之訓勇韋勇六千人閏月可抵浙江此間另謀續撥之師四月可抵浙江云云閱馮吳倩疏倦甚早睡

十二日

早出巡視營牆飯後清理文件天氣放晴與布庵久談於改信稿數件內有致鮑春霆信頗長倦甚不能自振中飯後將古文三門十二類寫出交布庵看申刻李少荃到久談夜與布庵談又與少荃談浙江之事是日又接胡澤霈

江允康信，言浙事危急，万分讀之，焦憤難名。

十三日

早出巡視營牆。飯後清理文件，送希庵處去。身體小有不適，竟日不作一事。中飯後寫對聯數付，改信稿三件。擬寫希庵信稿，申刻接信。夜閱駢體文鈔，日內頭暈作疼，不能看書。

十四日

早出巡視營牆。飯後清理文件。接張筱浦信，并咨到摺奏，知浙江於二月廿七日失守，鍾棠中作不了了，肆云鄉團擬旨當在抵禦，殊難深信，不勝憤悒。擬寫信告之。胡中丞送李希庵又寫家信一封，專人送去。中飯後閱後漢書岑彭、馮異傳，吳漢、蓋延、陳俊、臧宮傳，与李少荃論浙江事，擬經筆。彭盛南來坐久談。午刻圍棋一局。改復筱浦前輩信稿。

附記

胡澤霈 号汝雲　江先慮 号竹圃

馬徵麐 号鍾山　鄧解 号作卿

十五日

早出巡視營牆　飯後各員弁賀朔望見客十餘次於寫

胡中丞信　希庵信　季弟信　批李申夫稟　與尚齋圍棋

一局　閱後漢書耿弇傳　中飯後閱耿國耿秉耿恭等傳

銚期王霸祭遵傳　夜溫古文長楊賦　接雪琴信一件　雪

琴又一信　言浙江城破後滿兵巷戰二日　鄉帶之轉危為妨

等語　蓋為採訪所誤也　是日亥刻悟出古文之道與駢

體相通　由徐庾而進於任沈　由任沈而進於潘陸　由潘陸

而進於左思　由左思而進於班張　由班張而進於卿雲

韓退之之文比卿雲更高一格　解學韓文　即可窺六

經之閫奧矣

十六日

早出巡視營牆飯後清理文件巳刻閱禮前營操演該營官楊鎮魁手法頗佳好賞錢六十千旋至五面午正後接紀澤二月十六日蓮花橋發信旋寫對聯七付扁二方中飯後閱後漢書任光李忠萬脩邳彤劉植耿純傳朱祐景丹王梁杜茂馬成劉隆傅俊堅鐔馬武傳傍夕至營務處高雲浦馬鍾山棚內小坐殖羅淡村中丞之姪淡忠懷來余處其派親丁去游迎接淡村夫人暨少村兄弟溫古文劉越石勸進表等篇

十七日

早出巡視營牆飯後清理文件旋與尚齋圍棋二局午刻與少荃久談閱竇融傳馬援傳申刻請客便飯黑龍江營總明興雲南府之正潤友石宿松知縣黃開元局紳趙世暹楊調元石客坡酉刻散見客

二次。傍夕與少荃一談。夜閱辨體文鈔，將其所分類頗併
於吾所分三門十一類之中，嫌其繁碎，不合古義也。
夜睡甚甜美。余嘗取姚姬傳先生之說，文章之道分陽
剛之美、陰柔之美二種。大抵陽剛者氣勢浩瀚，陰柔
者韻味深美。浩瀚者噴薄而出之，深美者吞吐而出
之。~~噴薄者~~就吾所分十一類言之，論著類、詞賦類宜
噴薄，序跋類宜吞吐；奏議類、哀祭類宜噴薄，
詔令類、書牘類宜吞吐；傳誌類、敘記類宜噴薄，典
志類、雜記類宜吞吐。其一類中微有區別者，如
哀祭類雖宜噴薄，而祭郊社祖宗則宜吞吐；詔令類雖
宜吞吐，而檄文則宜噴薄；書牘類雖宜吞吐，而論事
則宜噴薄。此外各類，皆可以是意推之。

十八日

早出巡視營牆，飯後清理文件，旋閱卓茂、魯恭、魏霸

劉寬傳 朱雲崖來久談 易芝陔來久談 中飯後陳大力來與之言 襟懷貴宏大 世俗之功名得失須看得略平淡些 旋閱伏湛伏隆傳 請檢古文應抄多篇 傍夕接胡潤翁信 寄示左季高襄陽信及官帥等六緘 又接張筱翁信 知浙江省城於三月初三日克復 張廉田提軍玉良自江南來援也 為之大喜 寫信告知胡中丞 又批告李申夫

十九日

早出巡視營牆 飯後清理文件 旋寫家信 告浙江克復之事 又寫信與陳作梅 尉之專差德麐馳馬送去 與尚齋圍棋一局 旋與少荃核保舉單 中飯後復核至申正止 閱鑑查應抄之篇 夜與少荃論居官身世出處之宜 渠頗放稿達遂其缺可補 進退雖自決也 批申夫筆言出書之法 取漢書趙充國傳所謂就草 是日剃頭一次 讀

朱雲崖吃便中飯

廿日

早出巡視營牆，飯後清理文件。與尚齋圍棋一局。朱雲崖來，同少荃寫保舉單。見客三次。閱後漢書侯霸、宋弘、蔡茂、趙憙、牟融、韋彪傳，至亥刻畢。見客一次。寫胡中丞信一封，夜又寫一封。是日派劉德大赴浙江與羅宅丁役，因玄守信與少村，又命劉德大至杉江寫一信與袁英生。接胡中丞信，知渠日來患病，脈象不好，為之懸懸。

廿一日

早出巡視營牆，飯後清理文件。巳正與尚齋圍棋一局，旋與少荃清理保舉單，至未正止，尚未完畢。中飯後閱宣秉、張湛、王丹、王良、杜林、郭丹、吳良、承宮、鄭均、趙典傳，桓譚、馮衍傳。傍夕又閱申屠剛、鮑永、郅惲，至一更四點畢。是日見客四次，困倦殊甚，夜蒸高麗參三錢服之，睡尚甜適。

夢見祖父大人 父親大人

廿二日

早出巡視營墻 飯後清理文件 旋出拜禮前禮後兩營官邮華字及黑龍江兩馬隊 午刻將閱蘇竟傳 倦甚 中飯後寫對聯八付 閱楊厚傳 倦極若甚 聊賴 昔獲接家信係三月初七所發 内澄弟一件 沅弟一件 紀澤一件 知 姊丈大人於三月初六日歸窆 葬天童坳賀家坟 山之上下八尺皆數排上三十大皆一棺大槓抬至麥灣裡改用小槓云

廿三日

早出巡視營墻 飯後清理文件 与尚齋圍棋一局 榴崖自京回 接雲仙及仙屏諸信 閱京報數十本 午刻又与黃開元圍棋一局 倦甚不能治事 渡接中丞信一件 中飯後閱爾雅 小爾雅 廣雅 風俗通 寫對聯八付 傍夕在外散

少荃、蘭琴、堂所寄書件 夜清理文件 復筱泉信 希庵信

睡後惡熱 夢見祖父大人與余言甚久

廿四日

早出巡視營牆 飯後清理文件 寫家信一件 寄新刻之擬峴臺記五本去 寫季弟信 寫李希庵信 專人去黃山迎接 旋與程尚齋圍棋一局 見客四次 將京報看畢 傍暮小睡 申飯後寫對聯六付 挂屏六張 閱郎顗襄楷傳 又閱鄭仮傳未畢 申刻洗澡一次 夜閱駢體文鈔

是日接 廷寄一道 係因官紳奏請率六千人援浙 諭旨言浙江已復 不必再去 又接袁午帥咨 知清江於二月廿三日克復 寫信與胡中丞 極論左季高不宜自帶之勇 是夜竟夕不寐

廿五日

早出巡視營牆 飯後清理文件 旋與尚齋圍棋一局 巳正與

少荃請保單事，至未初畢。小睡。雲南寶寧方玉潤友石著有運籌神機，凡十九冊，分四略，曰戰略，曰守略，曰智略，曰氣略。又曰鴻濛室文鈔二冊，詩鈔四冊，求余鑒定，送來已兩月矣，本日始索題跋，因為粗閱一過。中飯後為題二百餘字，倦甚。見客二次，因吉中、吉左等營明日拔赴安慶也。寫對聯，付余屏之張。本日天氣甚長，作事不少，稍稍自慰。又寫沅弟信、郭中丞信一封。夜閱駢體文鈔，不甚能入，以日間神倦耳。

廿二日

早出巡視營牆，觀吉字中營拔營赴石牌。立馬數節字營隊伍，僅二百五十二人，令巡捕戈什哈數之，均相符合。飯後清理文件，與尚齋圍棋一局，寫郭中丞信，小睡一時許。見客四次。中飯後閱後漢書孔奮、張堪、廉范、王堂、蘇章、羊續、賈琮、陸康傳，樊準列傳。見客三次。未午，橋派人來請視與之語,淮上軍情,餉項極缺,自正月至三月初七日僅每名發給銀一兩〇四分,每月八分,每名僅發十三日耳。旋與少荃坐論身世多處之宜。夜復胡中丞信,閱古文三首。

廿七日

早出巡視營牆,飯後清理文件。旋與少荃圍棋一局,核改各信稿。午正畢,旋閱馮魴傳、虞延傳、朱浮傳、鄭弘傳、周章傳。中飯後寫對聯數件,閱梁統傳、張純、曹褒、鄭玄傳,至二更畢。是日因節字營勇鬧事,殺一人,枷二人。蓋因一人買帽子,訛奪店子之帽,又打店家之眼,又糾眾入縣署,打破轎子,打傷縣官也。近日節字營名聲甚壞,係九弟到營商換營官。申刻思作字之法,綿綿如春蠶之吐絲,穆穆如玉之成璧。夜思讀書之道,以顧氏之科條論之,思經義當分小學、理學、詞章、典禮四門,治事當分吏治、軍務、食貨、地理四門。

廿八日

早出巡視營牆，飯後清理文件。旋出看禮字營操演，午初畢，約閱二時之久。見客二次。李雨亭自英山太湖回，與之久談。改信稿數件。中飯後與尚齋圍棋一局。見客三次。寫袁午橋信二葉，添張小浦信三葉，翁中丞信二葉，葉介唐信二葉。閱後漢書鄭興、范升、陳元、賈逵、張霸傳一卷，桓榮、丁鴻傳一卷。清理古文，交人抄寫。是日卯刻復胡中丞信一件。

廿九日

早出巡視營牆，飯後清理文件。寫錢總軍信二葉。見客四次。閱張子衡詩集，略為加批，午正畢。旋至子劍處處送行，又至雨亭處小坐，未正歸。中飯後閱後漢書張宗、法雄、滕撫、馮緄、度尚、楊璇傳，劉平、趙孝傳畢。歸韓氏來述其先兩三叔家於咸豐六年六月十八日寧遠城陷時被賊所執，廿一日遇害。有一素識之蔡水勇目周

連枱廿二夜將尸首負出 廿四日至明光地方官呈張得勝
錢年 出隊迎出 二十五日在明光棺殮 現在棺厝盱眙 將
往扶櫬云云 夜与犇臣久談 批彭壽南等

卅日

早出巡視營壘 飯後清理文件 旋与尚齋圍棋一局 批數
復胡中丞信 批朱孝等 加陳俊臣信三葉 閱後漢書
復于蓀江革 劉般傳 周般若傳 趙咨傳 又閱班彪父子傳至
申初畢 中飯後寫對聯十付 挂屏四張 又寫季弟信
一件 希庵信一件 朱雲崖信一件 至刻唐家渠等
与之鬯談至二更三點

閏三月初一日

未明起 看火星 黎明出巡視營壘 飯後清理文件 多貞升賀
翔至三初見客畢 批朱品隆等 加黃竹莊信二葉 致官相信
派人將保舉單送去 又澤泉發 又草劉向日恩 楷景德鎮

保案復奏摺稿文其案發閱後漢書第五倫鍾離意宋均寒朗傳光武十王傳未畢閱至東平王蒼止與筱泉並談蕭孚援湖軍折回後當札樅陽復胡中丞信並論此事夜又復一信至正彭芳四兄接家信澄侯一信沅甫一書紀澤一書知老宅有經兩弟調停一番略得安帖為之一慰

初二日

黎明出巡視營牆飯後清理文件圍棋一局倦甚小睡旋閱光武十王傳畢中飯後閱朱暉朱穆傳寫掛屏六幅與筱泉久談復胡中丞信夜復希庵信閱樂恢何敞傳是日因郭舜氏將赴盱眙搬雨三靈柩擬信稿寄袁翁諸帥

初三日

黎明出巡視營牆飯後清理文件加袁午橋信三葉翁藥房信三葉郭慕徐信二葉圍棋一局午刻送郭舜氏赴盱眙迎接其兄靈柩是日本定看蕭鄭各勇操演因大風

雨止 午正以後大雨 閱鄧彭張馬徐何張敏胡廣傳 中飯後
寫對聯四付 挂屏六葉 閱袁安張酺韓棱周榮傳 夜寫對
一付 是日見寫字之法 雖悉懷言 甚重弟忠祜已逝世矣 因寫信
告知鄧潤師

初四日

黎明出巡視營牆 飯後清理文件 寫家信澄沅二件 紀澤
一件 因去年言左太沖三都賦 因戒之以澤兒作賦一首
訓詁精確之處 教閱經籍纂詁 約七百字 午初畢 旋寫歐陽小岑
信 又寫李申夫信 閱郭躬傳 陳寵傳 中飯後 閱陳忠傳班超
傳 未畢 倦甚 若不克久生者 夜尤倦 竟不作一事 近日常苦
此亦蓋老境日臻耳

初五日

黎明出視營牆 飯後清理文件 旋與客圍棋一局 閱班超
傳 梁慬傳 寫致中丞信 希庵信 閱楊終傳 李法傳 翟酺傳

應奉傳 霍諝傳 爰延傳 徐璆傳 中飯後閱王充王符仲長統傳 是
日共看六十餘葉 亥正倦甚 與李少荃久談 又與蒙渠談 燈時看
星張翼軫三宿 較往日略明 蓋雨後清明也 夜接鄂中丞信 言
修家祠書院可閱 校對所抄韓文四首

訃聞附記

方大湜號菊人　鄧少伯號守之 名傳密

梁毗號鶴賓　韓體震號省齋

初六日

早出巡視營牆 飯後清理文件 發鄂中丞信 閱後漢書孝
明八王傳 李恂 陳禪 龐參 陳龜 橋玄傳 西羌傳 中飯後閱周燮
黃憲 徐穉 姜肱 申屠蟠傳 添張筱浦信二葉 眼蒙殊甚 蓋近
二日看書較多 費目力也 夜與少荃蒙渠談 旋閱陸宣公集

初七日

早出巡視營牆 飯後清理文件 因昨日閱書較多 目光眊澀

本日不雜看書，將歐陽文忠外制集三卷瀏覽一遍，選八首，又將曾文
定制集六卷瀏覽一遍，選六首，抄入古文詔令類內，以歐、曾氣體近
專也。午刻，程尚齋聞訃丁內艱，其母鄭宜人於三月十六日病歿，因
與之談，慰唁之。中飯後寫對聯八付，橘字等。酉刻與蒙渠久談，渠
定於初八日赴黃山。夜閱所抄書之詔令類，目蒙殊甚，是夜大雨，
不甚成寐。

初八日

早出巡視營牆，飯後清理文件，寫彭雪琴信，五葉。辰刻閱操戈什
哈等，僅一閱號。午閱襄陽勇五十五人，看刀矛、洋技、蕭郎宜楊兵
各鎗等技，午初畢。將瀏覽陸宣公制誥，選三篇，合興元大赦詔、平
朱泚後大赦詔，共為五篇。中飯後目光蒙甚，因尋洪舊書查處，
與幕下諸家語，無忌之。續通鑑數冊，乃尋得蓋通鑑溢家本
華程傳內其可附著，因著於昭烈崩後，後至初平之年。余偶
忘之，殊精神倦甚，又至內中雲處一談，於與季書陣一談，夜

尤倦閱所抄吏治令類若不克終卷者蓋老境日臻耳

初九日

黎明出巡視營牆飯後清理文件於寫胡中丞信張仲遠信郭意城信倦甚小睡於看楊震傳中飯後尤倦日內陰雨沈悶意思鬱抑不舒每日寅正即起至傍夕將及八个時辰真覺日長如年而目光朦澀不耐久視不敢多看書稍多則乾枯而作痛本日自申至戌竟不看書復閱方友石所著鴻濛室文鈔

初十日

黎明出巡視營牆飯後清理文件見客二次閱後漢書孝章八王傳張皓王龔种暠陳球傳杜根欒巴劉陶傳中飯後疲倦不敢看書恐損目力見客一次與高雲浦久談於王馬洪生至閱五日工課與之久談清理經史百家雜鈔之語令類編定敘次抄一目錄以便裝釘溫校對漢書敘傳上卷畢

十一日

黎明出巡視營牆，飯後清理文件，寫郭中丞一信、彭雪琴信、
左季高信。閱寫字二次，閱漢書李雲、劉瑜、謝弼傳，虞詡、傅燮、
蓋勳、臧洪傳。中飯後閱張衡傳，九葉未畢。日內因眼蒙，不敢
多看書。天氣甚長，申刻以後但在室內徘徊，區正默念天下
之人，稍有才智者必思有所表見，以自雅異於人，好勝者此也，好名
者亦此也。同當兵勇，則思於兵勇中翹然而出其類；同當長
夫，則思於長夫中翹然而出其類；同當將官，則思於將官中
翹然而出其類；同為主帥，則思於眾帥中翹然而出其類。雖
才智有大小，深淺之不同，其不知足、不安分則一也。能打破此
一副庸俗者之識見，而後可與言道。植校敘傳下卷未畢。
王子壽、高雲浦來，言方某品行不甚可靠。

十二日

黎明起，出視營牆。飯後清理文件，擬作何丹畦殉難記，清閱李
勞生及劉、姚、彭所開事略。上半日竟未下筆，下半日作就。

一早在園目蒙不能久視 是日巳刻復胡中丞信一件 未刻復季弟信一件 在批朱品隆等一件 竟夕不寐 若有所思 是日接張小浦信 知高淳溧陽逆平失守 皖南賊勢復張

十三日

早出巡視營壕 飯後清理文件 核批 復胡中丞信 接家信三月廿七日所發 澄侯一封 沅甫一封 紀澤一封 上半日不豫 一日中飯後 將毋雎狗雞碑記作就 是日接郭雲仙信 知已告假南旋 又閱胡中丞寄京信四件 京報一本 知雲仙未可南旋之意 濡忍未遽發 得胡帥信而始決也 因作書告之意城

十四日

早出巡視營壕 飯後清理文件 核將狗雞記略為改定 復李希庵信 胡中丞信 加楊門信 寄家信一封 派二人送歸 定例十五日去 十五日回 准停住五日 每日加送費六十文 如遲到一日 概罰

五十兩，日責一百，以次遞加；早到一日，賞銀一千，早二日，一千二百，以次遞加。中飯後與少荃談，擬將東漢人及歙州奏議繙閱，以便纂輯。是日風雨甚大，寒冷異常。夜與蒲崇在接家信，係三月廿九日所發，曾德霖帶來。加張小浦信，復黃偉軒信二件。

十五日

早，各員弁賀望。飯後見客四次，旋閱張衡傳，將思玄賦細讀一遍。請劉國斌、李雨亭、葉介唐吃便中飯，寫季弟信，為人送家信去。寒冷異常，如臘月然。寫見客二次，閱馬融傳未畢。傍夕與李少荃久談，夜在將新抄之思玄賦校對一遍。

十六日

早出巡視營牆。飯後添寫劉星房信三葉，何廉昉信四葉，核信稿四件。閱馬融傳。中飯後閱蔡邕傳，見客四次，寫郭中丞信、方子白信，將所抄古文奏議類編成次第，夜將漢書敘傳校對畢。連日風雨陰寒，幾似嚴冬，昨日天色放晴，而寒氣尚未盡散，猶著皮袍也。

十七日

黎明起巡視營牆飯後清理文件　孫駿中丞蔣中丞信各
二葉見客三次閱後漢書左雄傳口枯心焦甚覺不適共□小睡
一時中飯後覆鄧中丞信羅少村來久談約二時許　閱周舉黃
瓊傳接張座御信寄文四篇皆王介甫之風日進不已可畏
可愛夜校對諫起昌陵疏

十八日

黎明出巡視營牆飯後清理文件　旋閱後漢書□潁川四長傳
李固杜喬傳中飯後閱吳蔣延萬傳是日竟日雨不止心多焦灼口
苦津液上焦大旺因不復看書獨坐室中徘徊思凡事皆有至
淺至近之道不可須臾離者因欲名其堂曰八本堂其目曰讀
書以訓詁為本詩文以聲調為本事親以得歡心為本養生以少
惱怒為本立身以不妄語為本居家以不晏起為本居官以不
要錢為本行軍以不擾民為本古人格言儘多要之每事

只有第一義無有不竭力為之者得之則好採擷得珠寶之

思好舍本根而圖枝葉吏人格言雖多而卒年乎無人之悟

擇而已矣 復閱駢體文鈔牋牘類 是日接家信三月

三日發 澄弟一件 沅弟一件 紀澤一件 又得竟海先生

及作梅牧雲等信

十九日

早出巡視營牆 飯後清理文件 旋復李申夫信 胡中丞信 閱

後漢吳延盧植趙典傳 皇甫規傳中 飯後閱張奐傳 改信

稿數件 選古文書牘類數篇 付鈔手 與少荃久談 少荃接

家信 知悍中丞已於初旬物故 復批朱品隆等 凡做好人

做好官 做名將 俱要好師 好友 好榜樣 閱歐公書札 目光

昏蒙甚

廿日

早出巡視營牆 飯後清理文件 將左季高所著箴言書院

細閱一遍加批寄春山駱中丞信一件季弟信件寄沅
甫弟并送家信午刻又寄季高信一件目蒙殊甚竟不看
書小睡近二時許中飯後閱韓柳歐書牘古文中惟書牘
一門竟鮮佳者八家中韓公差勝然亦非書簡正宗此外
另竟無可采諸葛武侯王右軍兩公書翰風神高遠最
愜吾意然患太少且多大篇皆不簡耳夜閱李翱孫樵
文目蒙特甚不敢多看二更即睡

廿日

早出巡視營牆飯後清理文件復胡中丞信旋閱段熲傳
陳蕃傳中飯後閱王允傳黨錮傳序旋與少荃暢談見客
三次因思余所編經史百家雜鈔編成後另選文八百篇上下覺
太多不足備簡練揣摩之用宜另鈔小冊選文五十首鈔之較
少諷誦庶為守約之道夜將目錄開出每類選經一篇史及百
家文三篇凡十二類共四十八篇是夜通夕不寐

廿二日

早出巡視營牆，飯後清理文件，旋閱營錮，傳郭太符融評日，劾傳小睡片時，旋將吏書讀類編次目錄，中飯後閱實圭傳，倦甚小睡，酉刻閱張廉卿文，加批，夜清理文件，與少荃久談，是日閱羅漢村中丞已丑平頭嶺河邊而甚多少村尚在黃石磯未歸，因寫信告之，船中歷覆彭雪琴二公

廿三日

早出巡視營牆，飯後清理文件，旋閱何廷傳鄭太乳馳傳，中飯後閱荀彧傳，將張廉卿古文批閱畢，與少荃久談，剃頭一次，申刻出至霆副中營、晉龍江營、吉左營，傍夕始歸，溫報燕惠王書、與吳質書，往年余思古文有八字訣，曰雄直怪麗，淡遠茹雅，近於茹字似更有所得，而音響節奏須一和字爲主，因將淡字改爲和字

廿四日

早出巡視營牆 飯後清理文件 寫家信交人送歸 寫郭中丞信
閱華卓傳未畢 見客四次 中飯後寫李希庵信 批彭毓橘稟
傍晚眼蒙不敢看書 倦甚小睡 夜讀溫叔楊廣書與吾
季重書細誦數次 稍占兩絶

廿二日

早出巡視營牆 飯後清理文件 赴鄉看馬隊合操 距營約
十里 是日風雨甚大 順華親之營距三十里 陣 次與龍江營距
一次 歸畢 各哨弁徧身沾濕 昔一氣也 未刻 歸來 余亦倦甚
中飯後閱逸子書與論潘陽孫氏所撰也 於小睡之甚 接
羅少村信 知已抵平頭嘴 是早接沅弟信 已於廿日至潭口矣
未刻 接季弟信 夜溫叔燕惠五書

附記

趙世暹 號芷蕉泉　楊調元 號靜庵
石鸞坡 號韵珂　羅忠懷 號墨鑄

廿六日

早出巡視營牆 飯後清理文件 寄羅少村信 九弟信 季弟信 巳正移寓城內石宅 屋寬而清 儘可安居 見客十餘次 午正閱駢體文鈔 未正左季高 李次青二公到 暢談至二更 盡接胡中丞信二件 渠約日內來宿赴羅宅會商

廿七日

早出城巡視營牆 飯後清理文件 與季高 次青鬯談 寫胡中丞信 李小泉信 張廣卿信 與季高鬯談 未正九弟到營 與之鬯談家事 至三更睡 竟夕不寐

廿八日

早出城巡視營牆 飯後清理文件 與九弟鬯談一切 旋與季高 次青鬯談 寫胡中丞信 中飯後溫揚子法言 與季高久談 夜與九弟久談

廿九日

早出城巡視營墻 飯後清理文件 寫胡中丞信 李希庵信 批朱雲崖 李申夫字 郭意城信 寫家信 專人送沅 又寫多禮堂剳 移意城 中飯後與季高次青暢談 夜與九弟暢談

附記

黃金西 號貢三　王松屏　方碧江　陳棨村

張善繼 號佩蓉　王作藩 號錦荃　方清源

張鑾芑 號子方　何棫 號宗廷

易蔚六 號鼎山　易超四 號壽浦

廿日

早出城巡視營墻 飯後清理文件 復胡中丞信 彭雪琴信 旋與季高次青暢談 中飯後又暢談 倦甚 小睡 戚四自家中來 聞知一切 接澄弟信 紀澤信 旋復 小睡 夜與沅浦備談家事

四月初一日

早出城巡視營牆 飯後清理文件 出城二十里看馬隊合操 辰刻去 未刻歸 馬隊操演殊可觀 但嫌太局迫 中飯後寫胡中丞信 作羅澹村中丞挽聯一首云 孤軍少外援 差同許遠城中 千萬馬迎忠骨 新自岳王墳畔來 穩甚 小睡 夜與季高鬯談

初二日

早出城巡視營牆 飯後清理文件 旋與季高鬯談 未刻出城八里迎接羅澹村靈柩 設路祭一席 申刻歸 寫挽聯并他聯 接張小浦信 知金陵大營全軍潰敗 和春 張國樑退保鎮江 大局決裂 深為可慮 因鈔寄胡中丞 夜與季高鬯談

初三日

早起清理文件 飯後出城送羅中丞靈柩 至巳初歸 送九弟赴集賢關 小睡 中飯後與左季高鬯談 至正小睡 寫對聯 [illegible]五

付僑夕與季高次書久談夜甫二更即偃甚早睡 是日閱季高
說呂孝子孝婦二人因呂家失火舁其母靈柩於外二人平日
皆不以力著婦尤柔弱誠至感神一也情急智生二也觸激生
力勁氣之專所以升山專之所以及遠三也 因是以推至天下無不
可為之事矣

初四日

早雨極大不能出城查視營牆 清理文件 飯後寫家信
澄侯一件 紀澤一件 因澤閱種種二字詳答之 又出題目三
个 一試題 一古文題 一四書文題 又寄筆十支 墨八條 撫峴畫
記四套 寫胡中丞信 倦甚小睡 中飯後與季高密談於看堂
卓倩之後半 劉霞並孫瓚侍 傍夕與季高次書密談 夜又與
季高久談 季高言凡人貴從吃苦中來 又言收積銀錢貨
物固無益於子孫 即收積書籍字畫亦未必不為子孫之累云云 多
見道之語

初五日

早出查將營馬隊約行廿里歸 飯後清理文件 旋与季高鬯談 寄胡中丞信 李希庵信 九弟信 各三葉 閱陶謙傳 袁紹傳未畢 中飯後再与季高鬯談 閱袁紹傳畢 劉表傳 袁術傳未畢 傍夕与季高少荃次青鬯談 是日接奉寄諭 因金陵大營潰敗 派都興阿帶五千人至江北防賊北竄 因与季高商議東南大局 圖所以補救之法

初六日

早出城查視營壘 飯後清理文件 与季高次青鬯談 寄胡中丞信 閱後漢書劉表傳 袁術傳 呂布傳 中飯後黃子山來 与之久談 旋閱循吏傳未畢 曾子白來久談 与季高次青子白鬯談至二更三點 夜睡不成寐

初七日

早出城查視營壘 飯後清理文件 辰刻出城閱霆字副中

營操演 午刻畢 與季高子山久談 中飯後寫九弟信 胡中丞信 倦甚 小睡 清理文件 與季高子白次青暢談 天熱不能久耐 夜與季高談 對子 閱張皋聞古文

初八日

早出巡視營牆 飯後清理文件 與季高暢談 寫李希庵信 沅弟信 胡中丞信 閱後漢書循吏傳畢 閱酷吏傳 中飯後閱宦者傳未畢 與季高暢談 傍夕與季次子白諸人談 燈下接奉寄諭 令余會同厚庵進攻蕪湖 直抵甯國 并諭詢左宗棠是否仍赴湖南團練 抑在余處襄辦一切

初九日

早出城巡視營牆 飯後清理文件 與季高次青暢談 寫胡中丞信 沅弟信 閱後漢書宦者傳畢 儒林傳 易書二經中飯後閱詩禮春秋三經儒林傳畢 見客三次 與季次少荃久談 夜見莘祥 暢久談 倦甚 竟不克說話 亦足以見精力之

疲敝矣

初十日

早出城巡視營壕 飯後清理文件 旋與季高畧談 寫九弟信 雪琴信 閱舊後漢書文苑傳 未刻與季高次青久談 胡宮保自英山來宿 擬將往羅宅會弔 未刻到 畧談至二更 接九弟信 將即日進圍安慶城

十一日

早出城巡視營壕 飯後清理文件 旋寫家信一件 與沅弟與胡中丞左季高諸君畧談竟日 至二更 倦甚而談公出與余淋漓

十二日

早出城巡視營壕 飯後清理文件 旋與胡中丞左季高畧談 寫九弟信一件 中飯後改沅奏摺稿一件 與季高畧談 旋作片稿一件 二更三點睡 竟夕不寐

十三日

早飯出城巡視營牆，飯後清理文件。辰刻至羅中丞宅內題主，宅在隘口，去宿松城四十里，午正到。未初行題主禮，申刻筵宴。是日全常同席者胡中丞、左季高、李次青、方子白與羅家五人，黃子山在羅宅照料。宴畢，申末起行，約來行二十里，至石嘴鋪地方小坐，二更還寓。羅淡村中丞以乙未進士歷官直隸、湖北、浙江等省，凡二十五年，家業一錢，舊屋數椽，極為狹陋。聞前後僅寄銀三百兩到家，其夫人終身未着皮襖，其當世第一清官，可敬也。是日卯刻發報一摺，覆奏又行一件。

十四日

早出城巡視營牆，飯後清理文件。寫家信澄侯一件、夫人一件，旋寫李申夫一件、沅甫弟一件。與胡宮保鬯談。中飯後又與季高、次青鬯談。申刻倦甚，睡至日晡始起。夜與胡中丞及季高久談，清理文件。洗澡一次，睡不甚成寐。

十五日

早出城巡視營壕 飯後清理文件 旋寫九弟信一件 添張小浦信二葉 與胡中丞左季高久談 中飯後寫吳竹如信一件 批李申夫等 與胡中丞熟商江南軍事 夜潤公論及行軍之須精神貫注 心有二用必不能有成 余亦言軍事不日進則日退 斷無中立之理 二人者皆許為知言

十六日

早出城巡視營壕 飯後清理文件 旋與胡中丞左季高熟商一切 寫雪琴信一件 中飯後接家信 澄侯一件 紀澤一件 袁人一件 紀澤寄瑾二幅 一書雲瑾一幅 丁儀勵志跋 學潔人之句調頗與余相似 寄信與九弟共四葉 說及季弟膽病及製藥救之法 傍夕與胡左諸公談江南事至二更 閱駢體文鈔 誄祭告祭等文

十七日

早出城巡視營牆，飯後清理文件，見客三次，與胡潤帥、左季高鬯談。閱駢體文鈔哀祭誄文各篇。未初馮竹漁來，渠於二月十九日告假回籍，至是始歸營。請石芸崖前輩吃便中飯，飯後小睡，倦甚。旋寫掛屏一頁，因手搖無力，遂棄不復寫。申刻與胡潤帥鬯談至二更，季高、次青、幾云同在坐。季高言及姚石甫晚年頹唐之狀，謂人老精力日衰，以不出而任事為好。聞之悚然汗下，蓋余今精力已衰也。閱韓文哀祭各篇畢。

日卯刻接奉寄諭一道，因喬松年奏丹陽失守，李若珠患病不克出隊，僅令都將軍興阿赴江北會剿。

十六日

早出城巡視營牆，飯後清理文件，旋與胡、左二公鬯談。辰正送左公啟行，旋與胡中丞出談，甜眠一時許。又與胡帥談，中飯後閱文後漢書文苑傳下，出門拜唐芸崖前輩一次，與胡帥鬯談，自酉初至亥正。

十九日

早出城巡視營壖飯後清理文件 旋与胡中丞潤芝談 渡雪琴信渡江梅村信中飯後閱後漢書循吏傳十葉小睡時許 旋与胡中丞潤芝談 由酉正至二更四點止 夜未能成寐 是日胡中丞言湖北州縣辦上司衙門之差所費不過百千 而其差總家丁開銷至三四千串之多 縣令費所出之于錢糧不解積年為虧空皆 天家受其弊 故湖北州縣辦親費繇其家差多于正項向例由州縣辦差者皆由藩庫發實銀与州縣令其發給不使州縣賠墊而其家甚名也 天家既虧其實也州縣歲而籍口錢漕損數請解為 天家添出數十倍之利也 信為知言

廿日

早出城巡視營壖飯後清理文件与胡中丞潤芝談 辰刻送撫師回黃山出城之里許 張幕少坐 巳刻歸 小睡 午旋閱後漢書循

行信中畢。中飯後寫沅甫信一件。閱後漢書方術傳一卷。將孫芝房芻論刻本粗爲校對。夜寫次青論渠赴浙之事。張伴山來久談。寫信與鰲中丞，論厘卡守湖口之事。旋因次青撤帶厘卡赴浙，此信即不發矣。

廿一日

早出城巡視營牆。飯後清理文件，見客三次。旋閱後漢方術傳。小睡。閱淮南子俶真訓。中飯後寫扁字十餘、對聯廿付。閱方術傳畢。小睡片時。傍夕閱後漢書逸民傳，至初更畢。是日石芝崗送沁園春詞一首。渠言養目之法：早起洗面後以水泡目，目養肝，以水養之；又以溫熱之氣祛散之翳，久而自效云云。而後漢書方術傳云：愛嗇精神，不極視大言之語，亦養目之法。是日閱王香倬等之詩及紀澤兒之課

廿二日

早出城巡視營牆 飯後清理文件 出門拜客多 送石芝崗之行 至李雨亭處看病久坐 又拜張伴山 張小山年伯處 核批稿件 中飯後寫九弟信 跋林文忠手札 係黃南坡寄來者 申刻接張小浦信 知蘄州於十二日失守 不勝驚痛 關係天下全局至大 因與次青 小泉 少荃密談 後接家信 知官相 駱二帥 傍夕與三李密談時多 二更後寫信與陳作梅 未畢 睡不成寐

廿三日

早出城巡視營牆 飯後清理文件 寫陳作梅信畢 又寫意城信 又寫彭孫生信二葉 又寫劉霞仙信 又寫胡中丞信 閱後漢書列女傳 中飯後又閱南東夷傳 又閱西羌傳 共三十餘葉 傍夕與次青 小泉 少荃密談時多 夜溫古文簡本 作二小跋 將寄沅弟也

廿四日

早出城巡視營牆。飯後清理文件，寫家信澄侯一件七葉、紀澤一件七葉；又寄燕窩一匣、秋羅一疋與澄弟夫婦賀其生，又寄銀五十兩、袍褂料一付與甲五姪賀新昏，又寄銀五十兩與鄧先生作學俸。又寫九弟信、胡中丞信一件。中飯後與次青、李少荃談時許。旋閱鄒叔子文集，又閱後漢書南蠻西南夷傳。正則天熱炎燥。旋與次青諸人久談。是日接胡中丞信，寄來京信六件，內郭雲仙信中附潘伯寅奏稿二件，又曹鏡初信中知錢萍矼仙逝。夜閱所抄古文簡本。⊙又覆胡中丞信。

廿五日

早出城巡視營牆。飯後清理文件，核定核銷各條稿。抄古文，作小跋。見客三次。與次青、少荃諸人久談。批朱品隆字。閱後漢書西羌傳。中飯後寫對聯十付。閱西羌傳十葉。李希庵送馬一匹。夜接奉廷寄，因寫松年事常缺甚患餘念救援蘇常蓋非徒尚不知蘇常已失也夜不成寐是日將江西兩湖三省公牘偏多批答晚與幕等二人登城遊覽夜批申夫全案數處以識

廿日

早出城巡視營牆飯後清理文件旋復希庵信六葉復撫中丞信又添陳季牧信三葉又寫沅弟信見客二次陳世錕自安慶來與之久談一時許閱後漢書西羌傳中飯後閱畢又閱西域傳十葉剃頭一次再剃至陳雪樓處圍棋談又一時許夜核定各信稿寫方子白冊頁二開

廿一日

早出城巡視營牆飯後清理文件復柳中丞信彭雪琴信中睡一時許餘中飯請陳雪樓便飯寫冊頁二開接家信沅弟一件紀澤一件內擬月摺一篇又陳作

歐陽牧雲等信，還李文襄祭類付抄，手寫家信與沅
季二弟，夜又寫冊頁二四開，本日倦甚，不耐煩，又未作一事
以二日內未吃丸藥，遂爾疲乏，精力衰減，若此何以任
天下之事乎？為之喟然

廿八日

早出城巡視營壘，飯後清理文件，旋寫方子白冊頁七
開，倦甚，小睡，請陳雪樓營務、營浙江兩保各得之家鋒
營余年應否南渡，得解之歸。營換書應否赴浙，得兌
之渡。旋閱後漢西域傳。未午刻得官帥咨，知余奉○○旨
以兵部尚書衛署兩江總督，本營官弁紛紛道喜。中
飯後寫沅弟、季弟書，為次日何下手，紛一時許，旋寫官
報信二書，沅弟信一書，天氣極熱，實難耐了。燈後仍寫沅弟
等二人，與之談，夜閱五代史，睡不成寐

廿九日

平出城巡視營墻 飯後清理文件 核寫摺中批信 商酌大局總期江北江南呼吸相通及籌兵籌餉一切均細商之 核寫左季高信 號中批信 見客二次 小睡 中飯後寫沅弟信一件 澄弟信一件 內命紀澤來營一見 暑熱已極不能辦乃於閱後澤兒西城傳畢 夜與次青中丞諸人談後 天熱汗 至正夜不甚成寐

附記

丁果臣信 任賢 取友 速行 告棄

蔣文義信 江西換藩指名 破格用左云

汪梅村信

中和身體 蘇好幫手 速發

哀痛惻怛告示 一 裁官裁綠營 二

和弟 三 以林翼法兵部江南之兵勇 四

嚴禁驛擾賓犯市儈 五 糧台綜核名

實局員以少為貴 嚴懲貪 必 核實餉

笨懵垂名器七 屏術數畢卜之士八
守碉卡隘局九 指速痊疵未重兵壁
城十

五月一日

早出城巡視營牆於各營弁贊輔名聯對件 核定各
稟稿復九弟信下半日復胡潤帥信潤帥 寄來丁
果臣汪梅村蔣文若諸信 所以期我者厚懼無以副之
天熱過客甚多 坐卧不安 接家信及郭意城信對
長沙出示知蘇州失守也 下半日小睡時許 未刻 素濠
（劉）德大自蘇州回知素家之家眷自松江搬回閏月廿五
自松起程四月廿八已抵江西省千辛萬苦卒得安
抵江西此素家之大幸也 余思閭吳越情形於心[illegible]書
談者久談 夜寫挽幛一幅 改奏稿小半 天熱甚雅不
成寐

初二日

早出城巡視營牆 將先飯赴城外看河溪營演放連環鎗 每人九出 已刻歸 改摺稿一件 又核改片稿二件 復表姪信加函 臨君年信 二頁 下半日接九弟季弟信 即復 寄郭中丞信 寫一帶 霆營六千人禮營二千人 朱唐二千人渡江而南 至安慶大營輜不攢動 是日極無聊賴 不能作一事 夜不成寐

初三日

早出城巡視營牆 飯後清理文件 復李希庵信 胡中丞信 沅弟信 閱核各摺稿片稿 未刻發摺 共三摺八片 謝恩摺一 通籌全局摺一 調沈葆楨摺一 籌青海運各件片一 留撥江西錢漕事整片一 因留李元度招募片一 調張運蘭片 四奏近事片 理文件 閱漢書南匈奴傳二十二葉 夜溫

整理文件。與次書少茗久談。夜不甚成寐。本日夏至節，服人參錢餘，係胡帥所贈者。

初四日

早出城巡視營牆。飯後清理文件。旋寫家信，澄弟一件，季人一件。又寫張小浦信、胡中丞信、九弟信、雪琴信，約共三千字。下半日清文件，頗多。見客五次，葉介唐、朱久談。接胡中丞信，以渠所為一摺二片寄閱。是日接家信，澄侯一件，紀澤一件，陳作梅一件。

初五日

早出城巡視營牆。飯後清理文件。旋寫多貞丹賀節座船附件。旋復雪琴信，復九弟信。見客三次。中飯請陳雪廬、毋鎔過節。過談。中飯後極熱，用繙棹並鋪字。復駱中丞信、郭意城信。清理本日文件。又寫

沅甫一信 在舟中巡一綫 又清理各文件 日内因年
節文件較多 已覺疲乏 若添總督任内地方應辦
之事 殆不勝其煩劇矣 精不甚盛旺

附記

出告示
咨黄調馮樹堂 曾卓如信亦言及 淮安辦水師
札李作士辦安慶銀錢所 札劉芍撰辦安慶軍械所
譽對聯 閱季角之單 沙汰位置

初七日

早飯巡視營牆 飯後清理文件 加周子佩信三葉
楊臨堂信三葉 厲伯符信二葉 午刻派摺差二人進
京 一〇〇萬壽摺一摺 銷摺并帶部飯照費銀
兩 又余私帶買物銀貳百四十兩 小睡時許 寫郭中丞信
一封 中飯後 體極 氣不能作一字 見客三次 寫少荃信一
封 毓中丞信一封 閱後漢書烏桓鮮卑畢 傳未畢 二、

孫詒生呈繳二課，余書以誠勤廉明四字，而勤字之意但
在好問好察云云。夜復閱等信。傍夕與李筱泉談，荃浦來談。
談李希庵自章陽來，與之久談至二更未盡。

初七日

早出城巡視營壘，飯後清理文件，復彭雪琴信，復胡中丞
信，加袁午橋信二葉，見客四次，與希庵談半日，飯後小睡，
又與希庵談二時許，至戌刻止。是日大雨竟日，天氣涼甚。下
半日寫挽幛對聯，夜清理文件甚多。

附記

請刑名幕友　劉瑩朱瑩規

劉居官要語訓屬員

初八日

早出城巡視營壘，飯後清理文件，加沈幼丹信四葉，與
雪琴信，復胡中丞信，接奉廷寄，係四月廿九日所

覆因蘇州失守，飭余援滬，圖蘇。中飯後寫翁中丞信，左季高信多至五葉，郭意城信二葉。於與希庵鬯談，剃頭一次。傍夕與李次青、筱泉、少荃鬯談，擬即帶希庵一軍南渡，為援滬之計，論至更初未決。核清理文件，接筱浦信，知何根雲逃至上海。

初九日

早出城巡視營牆，與希庵聯騎而行，至任少海營少坐。飯後清理文件，送次青回平江招勇，見客二次。午刻與希庵鬯談，小睡。中飯後覆張小浦信一件，寫對聯八付，與希庵鬯談，傍夕小睡，夜清理文件，睡不成寐。

初十日

早出城巡視營牆，至李雨亭處少坐。飯後清理文件，寫九弟信，倦甚。與希庵熟論安慶、桐城兩軍應否撤圍，約沈吟二時之久不決。中飯後得少荃數言而快因寄信與胡中丞，為安慶、桐城二軍皆不撤動，青草塥希庵之軍亦暫不動，以蔽東山路，兼護樅陽。其破霍山、破六安，派希軍乃入山內，鄉民云云。申刻寫畢，校讀《後漢書·鮮卑傳》，本年閱《後漢書》至是日始閱畢。遍寫匠寫對聯五付。傍夕小睡，夜與希庵鬯談。是日巳午見客三次，張伴山談頗久。

十一日

早出城巡視營牆，飯後清理文件，寫九弟信、雪琴信，批朱雲崖等，倦甚，小睡，寫對聯下款，送宿松紳士十對，縣令一對。與希庵久談，中飯後寫汪梅村信一件，小睡，行李檢點各件，為拔營之計。夜與希庵論多禮堂，又寫信與九弟，寄郭與潤帥信稿。

附記

告示各條

禁宦民繁華 蘇綢之由

禁兵勇強擄 兵勇有告

禁民為盜 示

令紳民保舉人才（以兩江之人平兩江之亂）　安插流徙（衣冠右族　死亡之家　經生大儒　[illegible]）
（予口食之資　餘令叔孫本鄉）　求聞己過（凡己之過與年中之弊許直告）　擇守令（以廉靜者）
（融善惡斷為用　戒兩不到之處亦好官）才　謹素節家　禁擾園

十三日

早出城巡視營牆，飯後清理文件，旋寫郭中丞信、九弟信、濟雲信，見客四次，加張凱章信，核信稿。中飯後寫沅弟信，寫扁對數件。與山希庵久談，至夕小泉、少荃亦久談。日內多自料理拔營之事，余亦檢點諸務。

附記　蔣文若、汪梅村所保之人

夏燮（教職）　葛其仁（教職）　上二人通小學、君子人　仰士会（合肥人　教官　善六壬書）

胡肇昕（通小學　廪生）　章廷鴻（舉人　鎮吏）　葛蕃（郡司能任事）　錢芝榮（舉人而任煩　北總同緣）

汪士鐸（通外科）　以上六人皆績學　陳奐（石甫　經師　合純粹）　楊長年（廪生　江寧人）

許遜之（貢生）　陳瑒（附生）　張寶德（方正）　高以翔（廪生）

以上六人皆江寧人　馬壽齡（當塗之秀　七東白山）　韓綏（揚州　通小學）　劉毓崧（揚州　通小學）

查文德 涇縣　洪汝奎 涇縣　吳承芳 涇縣　王祥儲 太平

汪汝桂 江寧　金龢 江寧　吳正遲 湖南　（以上廿三人梅村所保）

孫恒 前任鳳陽知府　李宗章 丁憂給事中

王檢心 告假道台　李汝鈞 刑部主事　（以上四人文若所保）

十三日

早出城巡視營牆飯後清理文件復彭雪琴信胡中丞信
各四五百字加李人核信合字三次中飯後讀李季高信與希庵
久談見客四次清理各文件夜閱孝莊錫鬯之龍姬二人房姬
孫之人來見携孝莊所為詩一本古文一本草茅一得三本
求訂正與之大談孝莊之妻妾皆殉節孝莊亦五年十月受戮
殊為其父母殉於九年始後是日料理拔營事夕中飯後
陳雪廬便飯夜不甚成寐

十四日

早出城巡視營牆王黑龍江馬隊營中少坐飯後清理文件

見客二次　寫家信與澄侯　寫九弟信　於寫厚庵信　郭中丞信　中飯後見客三次　送戴存莊之姪銀五十兩為存莊葬事之用　改信稿六件　清理文件　至刻與希庵久談　夜見客二次　希庵又久談　三更睡　不甚成寐

十五日

早起　料理成件　飯後拔營　多隆營俱起　早至華陽鎮渡江　余至宿松東北十二里楊灣嘴上船　多紳及希庵送至舟次　余與李筱泉少荃同舟　巡捕弋什薄公生長龍船　巳刻開行　因風不順　僅行四十里　至泉鄉嘴地方　即泊宿　是日在船作擬稿三支　水師一摺　又核改摺　起程日期一摺　又核改奏片三件　夜（傍夕）與小泉少荃舟岸茗談　夜早睡　不甚成寐

十六日

早因風不順未開　巳初開船　過湖兩岸皆蘆葦　午初至橫壩頭　宿松黃令率邑紳四人送來　兩岸百姓扶老攜幼立岸迎者

數千人董總於民蘇丙娘〻申刻開至老鴉頭灣〻大丹舟係
吳城船廠為余新造者極堅實極華麗通常自衡居處
崇宗覲斯民康之句為之愧悚不已巳午刻改擱件三數件寄
胡中丞信一件 酉刻寄楊彭信一件 清理文卷夜與李小
泉少荃在船尾亭上暢談

十七日

是日大東北風仍在老鴉頭灣泊一日巳刻發摺預籌之支水師
一摺報起程日期一摺又附片五件午刻寄駱中丞信一件 鄭
意城信一件閱老子上下經一過申刻閱畢各文件閱畢
蕭浚川於四川省城為坟墓請照巡撫例議卹 批李○○
寄諭一件 因召人稟求覆不可弛園林之禁余酌擬備文學
岸散步 夜與小泉少荃暢談 旋誦田畫傳

十八日

是日仍大東北風在老鴉頭灣泊一日飯後清理文件 旋作告

兩件，至申刻畢，凡六條，約六百餘字。下半日與筱泉、少荃長談，夜又久談，倦甚，至戌間小睡不成寐，夜早睡。老年血日虧，凡用心作文一篇，輒覺困甚，本日作文，夜尚成寐，殊可喜也。是日接家信，澄侯一件，夫人一件，紀澤一件，內附孫孃論、親叔論，并紀鴻兒詩文。

十九日

是日仍大北東風，在老洲頭寄泊一日。飯後清理文件，寫官制軍信一件，李希庵信一件，沅甫弟信一件。接奉批摺，係五月三日所發之摺，又奉〇〇寄諭一道，與通籌全局甚合機宜，中懷之褒。寫朱品隆信一件。中飯後溫禮記曲禮，將鄭注與陳澔注核對，寫屏四幅，約三百餘字，剃頭一次。夜作閱京信，因劉錫崑等在京城買馬鞍回，內有高草瀋、許仙屏等信。鄭陽和帶霆字等營來八里江，至此守見。

節用之道

汰冗員　裁勇營　崇節儉

廿日

早清理文件　飯後料理各件　金季篪來　先回江西料理米鹽局事務　巳正開船　風帆甚順　用長龍船牽水縴　凡行百二十里　未正至華陽鎮　雪琴來接　與之談至二更

余受熱　微覺不豫　是日在舟中見客甚多　又溫甫孔至是而行　可見此踐之止　習字一葉　核信稿十餘件　寫沅季信件　接○○寄諭二道　一四月十九所發　一廿日隨○○批摺發出

廿一日

早開船　四十里至東流縣小泊二時許　又行六十里至黃石磯水師營　後見客甚多　皆水師營哨　各官及各委員　沅季二弟自安慶來　陸營來至此　約四日　告兄弟談至三

更二點在方成霖畧日 寄邦中丞信 張小浦信 有字一葉

夜清理文件

附記

何元炳 朱錫枝 廩生保訓導 楊起予 舉人保知縣 樂平人

南匯縣 拔貢知縣 方豐昌 浮梁人

樂平 黃以楠 廩生保訓導 加五品銜 浮梁

劉翩向 浮梁人 秀才 以藍翎守營千總拾樂平

勇一千 浮梁勇五百人

裁丁峻勇 文瑞勇

唐國器勇 俞昌会勇

饒道府縣縣 函咨現籌何為地方利弊何如 覆陳

何如人才何如 凡賀信乘於後信末添一葉 請求指富 嚴札李瑩

自愛 以上流甫條陳

密札江西藩臬兩司 舉劾州縣 舉劾軍營文武員

札總局將江西現設營鎮人數餉數開單呈覽

廿二日

是日在黃石磯住泊見客約十餘次與沅季兩弟及雪琴久談一切申刻至厚庵處久敘一時有餘未刻寫郭中丞信一件添馮樹堂信一葉夜清理文件是日南風大雨未申間雨歇由建德至祁門一路極險峻或謂其極難行走因僱彭山屺派人細心察看

廿三日

是日在黃石磯住泊見客數次飯後厚庵來久談二時許申刻霞仙中飯飯後至淮船上小憩酒後厚庵又來久談至二更午後清理文件寫郭意城信一件夜又清理文件與九弟季弟久談睡不甚成寐

附記　成名標赴廣東　添派李長清稽查迎

閩浙札一　買炮札一　勞公咨一

毓帥信一　輔堂札一　買炮銀　會典裝釘法

仙屏信一　請釘會典　送私銀

廿五日

是日在黃石磯停泊早飯後見客散後寄家信澄侯一件寄張中丞人送去寄郭意雲仙信派船去接寄對聯付中飯後又寫十餘付掛屏一付扁二方清理各文件　大南風甚熱与厚庵暢談

廿六日

是日仍在黃石磯停泊因南風太大不能上行　改為起早回東流派人去東流令支馬來接定廿七日起行　飯後与厚庵暢談旋寫對聯十餘付意境似筆香先旋小睡中飯後寫李小泉許仙屏信各一件　申刻請水師各營官至厚庵處便飯戌刻將寢与九弟及雲琴暢談　九弟諫余數條可余亦效九弟靜虛涵泳蕭然物外

附記

垂統領之權進止不為遙授禁而不留細　○約法

三章并以自約　營信細言往人新氣

廿六日

早起與九弟卷談飯後送九弟回安慶陸營旋小睡時許起寫殊諭之巡捕門印簽押凡三條第一不許凌辱州縣第二不許收受銀禮第三不許薦引私人約六百字旋寫對聯挂屏中飯在雪琴船上吃與雪琴申夫久談見客六次皆水營送行者申刻閱朱雲崖稿大汗不止為之真氣困憊佳聽雪為之診視亥刻與季弟久談夜與厚庵久談勸其暗派二統領又勸其戒營中吸食洋煙夜不成寐

廿七日

早見客五次飯後李榮筆德麟自大通來見屬其拔營速赴縱江楊樅一帶巳刻起行由東流陸路走約五十里已正即到水師各營出早隊送二十里厚庵送十餘里雪琴送一二里東流東流縣

公園春塘、蔡香池知府、徐本璿仙崖建德縣令、耿樸海樵
來迎入城，住府新後營周萬倬營內。倦甚。是日入伏，身
體困乏。清理文件。夜寫程尚齋信一件。

廿一日

早飯後起行，由東流至建德。雪琴送至城外，府縣約送五里許，
湘新後營隊伍送二十餘里，寶勇九營自建德來迎五十餘里。在
鄉村小憩三刻許。午刻至建德縣，住城外公館。見客十餘次，
皆寶勇駐建德之各營哨也。下半日倦甚，不能久坐，因小
睡約二時之久。夜接家信，九弟安慶一件，四弟衡州一件，紀
澤家中一件。燈後清理文件。

廿二日

是日駐建德。見客六次。清理文件。寫信，九弟一件，胡中丞
一件。倦甚，小睡。中飯後小睡時許。核溫曲禮下篇。夕，清
理文件。夜仍小睡。日內自二十二日起大南風不止，雖順風亦

難以船而暑氣鬱蒸又易困倦故竟日小睡不克多治事

六月初一日

早黎明員弁賀朔見客十餘次飯後清理文件旋小睡二
時許午刻寫郭中丞信張小浦信溫檀弓十二葉申刻又小睡
夜改摺稿兩件清理文卷五十餘件內多藩司詳地方官
之多夜睡不成寐

初二日

早起在竹床上假寐飯後清理文件旋出外看普承堯營壘
普鎮之中營在北朱步青之左營在南以禦東流來路曾澤
勝營殿後之營在東以禦張家灘來路河水在西縣城在
東余至普鎮中營小憩又至縣城拜府縣二公又出城東門
至曾澤勝兩條卡上閱視囑其於卡之兩頭山上更札墻子
以護此卡午正歸清理文件中飯後小睡熱極殊不可耐改
摺稿四件夜寫郭中丞信一件閱溫古文讀下繫辭一次

暑至兩会

初三日

早清理文件 飯後寫左季高信一件 郭雲仙信一件 未刻發報一摺四片 中飯後寫沅弟信 三葉 又核信稿數件 見客四次 天氣炎熱 聞建德縣耿耳令周為暑死 為駭異 此公之身後不名一錢 殊可憫念 因以百金賻之 寫家信 澄侯一件 七十姪女一件 核清理文件 數多 復九弟信一件 料理諸事 明日拔營

初四日

黎明早飯 飯後起行 行三十五里至秧田畈 駐札 巳初即到 天熱炎炎 常有流金鑠石之苦 不能作一字 僅在竹床上小睡 令人揮扇而已 中飯後寫毛寄雲信 清理文件 數多 戌刻至外廳眺 無蹙之後 民間疲苦之至 夜二更後即不甚熱 善能成寐 是日周軍門天受派人來接

告其東天實為全臺圍城之中亦將才中之堅忍者也

初五日

早飯後拔營行卅里至沙灘札營是日所行之處皆兩山中夾一溪居民極少竹木極多巳初即到天氣清涼不覺六月行師之苦旋清理文件溫檀弓上畢酉刻至公館外林下溪邊小坐與少荃席地而談約二時許月上方歸多竹生寒忘乎其為初伏天氣也初更即睡是日寄信與九弟

初六日

早飯拔營行二十五里至桃樹鋪駐札中途過一嶺名桃樹嶺上下約共五里頗陡峻高不如桐溪山而窄斗過之嶺背似乎棧道也辰初即到饒州知府張[illegible]書戚浮梁知縣劉道衡鏐塗景德鎮同知任家培道旁迎接

到公館後接見堂談是日早接胡中丞信知左季高欲
与余共事皖南不欲獨入蜀中午刻復胡中丞信又
与左季高信中飯後添黃芊農信二葉清理文件
旋小睡溫檀弓下未畢至唐桂生營內乘涼燈後疲睏
更一後祁門縣令來述与之鬯談

初七日

早未明拔營行三十里至潘畦駐札潘畦乃浮梁境縣令
鑑堂送至潘畦張子威太守及任司馬福玄營兩日行萬山
之中泉洌竹茂与吾鄉風景相似特一局寂可厭寒大渡糞桶
高至五尺人皆以梯登廁上蓋瓦屋街市並窗雲霞之旨之
鱗次櫛比令人難耐日中溫第至申刻畢天氣酷熱
觸夕支帳房於樹下即在帳內住宿竟夕不成寐是日
接胡中丞二十五日信始騎遞太遲札江西臬司詳案

初八日

早發明拔營行三十五里至閃上店臣劉芑芻紳民團練迎接如甚
多午刻寫雪琴信一封筱浦信一封再閱王弟一遍天熱之矣
常不能作一字竟日在行床小睡申刻王壬秋來与之談讌約
二時許天雨惜不久夜涼甚溫所抄直文簡稿

初九日

是日恭逢　萬壽聖節未明起行禮以王氏宗祠為　萬壽
宮黎明禮畢飯後行二十里至鑿坑駐札鑿坑四面皆山
中有河泉甘林茂實山谷之佳境也　清理文件中
飯後熱甚小睡旋与壬秋申甫談至正至門外河堤
上遊眺夜清理文件　是日接胡中丞信一件　沅弟季
弟並信一件　意城及紀澤兒信一件　夜見題
名錄知書鄉黎培敬傅臚歐壽櫺翰林又二人王為
又一人罰停　是日接　硃批係五月十七所發之摺

初十日

黎明拔營行四十里至歷口駐扎歷口共歷山之口也祁門萬山叢疊惟歷山最高為一郡之主峰辰正到天雨不息下半日雨彌大寄沅弟季弟信一件胡潤帥信一件申甫壬秋來久談小睡許附夜溫平準書睡後不成寐

十一日

黎明拔營冒雨行十五里至武陵嶺加縴夫八名過山又十五里至石谷里打尖雨少息飯後再行三十里至祁門縣見客十餘次傍夕應酬畢清理文件夜接各信中有陳作梅信知已到華山大營清文件至二更四點始畢閱寧國府餉項函缺因撥銀五千兩交徽州府劉守帶回解去夜接張小浦咨函請派兵往援寧國情詞極迫余因霆營未到鮑鎮未來朱鎮病體未痊未之允許

十二日

是日為　先太夫人忌辰不見一客齋戒一日飯後清理文件旋

寫沅弟信胡中丞信陳作梅信又寫鄧寅城信中飯後清
理文件核批稿夕芸素來久談約一時許夜又清理文件
核溫甫沅甫書是日思居高位之道約有三端一曰不與論
語所謂巍巍乎舜禹之有天下而不與焉謂若於己毫無
交涉也二曰不終古人所謂日慎一日而恐其不終蓋居高履
危而能善其終者鮮矣三曰不勝古人所謂懍乎若朽索
之馭六馬懍懍乎危懼若將隕於深淵蓋惟恐其不勝任也鼎
折足覆公餗其形渥凶言不勝其任也方望溪言漢文帝之
為君時時有謙讓若不克居之之意其所得於不勝之意者
乎孟子謂周公有不合者仰而思之夜以繼日其所得於惟
恐不終之意者乎

十三日

早飯見客二次飯後清理文件核寫霞仙信一件見客三次中
飯後溫月令至將畢旋寫字帖一張戌刻清理文件直至

二更二點止近日文件多於往時因派一員專管衙門
出入分別吏戶禮兵刑工六科 以各稿歸之將來在於安
慶派員以船為官署將文卷概置其中派司道大員經管
理目下少委員即立定規模

十四日

早清理文件 飯後寫家信澄侯一件鄧寅皆一件 寄撫
峴盡記日十分小睡中飯請李手秋便飯申刻溫孟子問核字等
廳樓上小睡時半在閱各處文件 核李高潤帥各信二
更清理畢溫平準書是日核改摺稿二件 一函李篁
入皖一摺到祁日期

十五日

黎明出城巡視營墻飯後各員弁來見賀朔望旋寫李高
信一件核字保信一件 李希庵信一件 清理文件中飯後
改摺稿一件清稿一件 清理文件雨後新涼小睡酉刻孫省

高觀察自浙來久談約一時許 夜溫平準書 目光殊甚
以日間寫字太多之故

十六日

早出城巡視至北門外路中營約七里許 大霧迷濛咫尺不
辨 卯正歸 早飯後寫雪琴信 九弟信 清理文件 小睡 醒
後蒙殊甚 至午秋來久談約二刻許 中飯後清理文件 核地
方升遷調補等事 習字一張 夜溫平準書畢 日
內目光殊甚昏眊 於前數月又加甚焉 豈以寫字太多故耶
是日發摺 到祁日期一摺 覆奏季高不入蜀一摺 調
遣水師一摺 又密片一件

十七日

早至外看星龍江營盤 辰正歸 飯後見客二次 寫官中丞信
胡中丞信 未刻習字一張 請劉省齋吃便中飯 飯後覺
肚腹太飽 在室中散步 捫腹不甚舒暢 夜間即不吃

飯 是日接家信 澄侯一件 夫人一件 紀澤李彭澤達次薦來一件

十六日

黎明吃飯 看董霽陽勇五千人操演手桿 居前畢 旋寫郭位西信一件 胡宮保信一件 張小浦信一件 中飯後習字一紙 見客二次 因肚腹不好 在室中散步良久 旋作閒賬 王壬秋來久談二時許 核清理文件 二更三點睡 四更醒 五更肚瀉 略覺鬆暢 是日申刻與尚齋圍棋一局

十七日

早至黑龍江馬隊營盤 見馬極瘦 心甚焦灼 飯後清理文件 寫九弟信 小睡 又寫次青信 再睡 中飯後申夫來暢談 約時畢 又久臨帖一張 天熱甚 臥於草地可以歇息 毋仍在竹床小睡 溫文生世子成 刻與少荃一談 核清理文件 至三更止 熱極 不能成寐

廿日

稍雨出城至沈寶成營盤因大霧迷途還湯一堂所見而
婦飯後見客一次旋見楊朴庵同年久談一時許又見客
二次午刻晤紀澤自家來歐陽牧雲送之同來
陳伯珊亦來久談一切中飯後劉養素來與之久
談旋寫致中丞信一件清理文件習字一張傍夕
閱紀澤以家了晨白王瑤執之要事去刻吃西飯數多
權不能作一函接張小浦信寧國告急甚迫心為焦灼

廿一日

黎明點湘前右營各名及吾人像在西廣及忠德新
接步兵初畢旋寫致中丞信李希庵信出門拜客二家
劉養素楊朴庵兩處坐談久見客二次中飯請劉楊
二君小飲皆同年也清理文件倦甚小睡又見客四
次傍夕與申夫季秋談頗久更後與牧雲在樓上閒談

夜清理文件 本日臨帖三葉半 今年以此日爲最

廿二日

黎明至城外湘前營巡查 小坐 飯後見客三次 清理文件 寫九
弟信 郭中丞信 臨帖 甜睡四一時許 中飯後楊朴庵
來久談 清理文件 核改信稿五件 習字一張 與劉
養素來手卷談絹一冊半 夜寫兒子讀書之法須分類記之 又
清理文件 是日奇熱 三更常中正灑酒小雨 而熱氣未除 二
更盡眠 遠之一鐘六下 郭中丞所送也

廿三日

黎明至城外河溪營閱視濠牆 均不如意 旋至奎星樓上
看石回鄉營 經早飯後見客三次 清理文件 小睡二時許
中飯 請郭三親家便飯 牧雲 壬秋 陳代三與焉 飯後臨帖
三葉半 與尚齋圍棋二局 旋清理文件 熱極 幾若不克
終此場 夕與馮卓懷談 夜又與少荃 牧雲在樓上

暢談 二更清理文件 三更睡 熱甚不能成寐

廿四日

黎明出城至黃忠清前各營查視 飯後見客二次 寫家信十件 張小浦信一件 李小泉信一件 清理文件 小睡時許 中飯後清理文件 雖熱異常 習字一張 溫禮運一遍 在五樓上小坐乘涼 與牧雲久談 是日接○○寄諭一道 係因瑞將軍之奏而飭余斟酌赴浙

附記

請簡放皖南道一摺

派員赴滬揚造船一摺

徽寧兩件一摺

崇進賢那一摺片

覆奏各○○寄諭一摺

平江昭忠祠一摺

彙案請卹旌一片

廿五日

黎明至盈龍江馬隊營查閱，飯後寫九弟信，清理文件，倦甚，睡二時許。中飯後復胡中丞信，習字一張，溫禮器，與陳代三談鄉間瑣事，眼蒙殊甚。夜接張小浦信，責余不能救援寧國，作書復之，九五葉。是夜接胡中丞信，咨因張凱章等至袁州，因廣東股匪吉贛大震，截留張軍擊賊袁州。

廿六日

黎明點禮前營左右正畢，接沅弟、郭意城信、胡中丞信。見客三次，申小睡片時，中飯後見客三次，習字一張，溫郊特牲，清理文件，偶與王子秋久談，夜溫古文簡本，睡不甚成寐。五更一點接奉批摺，係六月初三日所發者。

廿七日

黎明起，閱胡中丞所寄京信、文件，飯後至花橋查閱

看營馬隊營盤得與營官馬得勝言及盛世創業垂
統之英雄以襟懷豁達為第一義末世扶危救難之英雄以
心力勞苦為第一義巳刻留維漢近二十分旋清理文件
寫季弟信一件中飯後因頭痛目蒙不能作一事在室中
優游佚安酉刻申夫來久談甚歎其留心人才深之氣象上用
功夜清理文件倦甚補文二更即睡

廿六日

早起演周鳳山之大砲周光正之劈山砲飯後清理文件旋
寫胡中丞信駱中丞信午正小睡旋與牧雲談中飯後
疲極小睡申刻習字一張寫九弟信一封閱韓文誌銘
選抄傍夕與牧雲久談夜閱古文睡不成寐接張小浦
復信深自引咎

廿七日

早起至洗寶成營內一查辰刻早飯後清理文件

雜小睡 寫楊厚庵信一件 閱韓文中飯後倦極小睡 習
字一張 清理文件 溫劃 與少荃手秋大談 又與牧雲談疑
與牧雲筱荃之樓上書房早睡 本日思求人約有四類求
之之道約有三端 治事約有四類 治之之道約有三端 求人之
四類曰官也紳也綠營之兵也招募之勇也 其求之之道
三端曰訪察曰教化曰督責 採訪如鷙鳥猛獸之求食如
商賈之求財 訪之既得 又須辨其賢否察其真偽 教者
誨人以善而導之以其所不能也 化者率之以躬而使其相
從於不自知也 督責者 商鞅立木之法 孫子斬美人之意 所
謂千金在前 猛虎在後也 治事之四類曰兵事也餉事也吏
事也交際之事也 其治之之道三端曰剖晰曰簡要曰綜核
剖晰者如治骨角者之切 如治玉石者之琢 每一事來先須
剖成兩片 由兩片而剖成四片 由四片而剖成八片 愈剖愈
懸絕 愈剖愈細密 如紀昌之視虱如輪 如庖丁之批郤導

敘總不外乎一要處關頭積一線之貪混簡要其事雖千端萬緒而其要處不過一二語耳即人身經絡脈絡針穴不過數處萬卷雖多而提要鉤元不過數句凡御眾之道教下之法易思易知簡思易從稍繁雖思人不信不從全綜核其如為學之道既日知所已又須月無忘其所能每日所治之事至一月而月又告綜核一次事更事思月已課藏事考餉事思平日日事流水之簿數月事總匯之帳總以後勝於前者為進境此二十日之完心早作夜思其於為學攝之道思過半矣

廿日

早出城至朱雲崖營內小坐飯後清理文件旋寫張小浦信胡中丞信鮑中丞信午刻小睡中飯後清理文件頗多至申正畢見客三次天氣鬱熱欲雨而未雨至樓上小坐核與少泉牧雲談夜改摺稿未畢竟夕不能成

七月初一日

早接見各員弁，賀朔畢，飯後見客三次，核寄毓中丞信一件，李輔堂、家信一件，清理各文件，改摺稿，中飯後改畢，申刻起清理文件，數多，戌初畢，與惠甫久敘談，旋與李少荃商改摺稿，多以此摺甚有關係也，倦甚，二更即睡，不甚成寐

附記 雅梅 惟陳

宗法族國

東壩抽釐

固城湖水師攻蕪湖

寧宣不守歙

行簡

初二日

早出城至唐家洲，送往返約十四里，飯後見客三次

核寫胡中丞信、陳作梅信、方子白信。小睡。酬許。中飯後寫彭雪琴信。核改摺稿二件、片稿二件。夜又核片稿一件，擬於初三日拜發。倦甚，二更即睡。

初三日

早飯出城。飯後清理文件。核寫郭意城信一件、黃南坡信一件。見客三次。祁門縣廖生章日起面呈正氣，當是壬子年正。小睡片刻。中飯後清理文件甚多。申刻江西大計冊，正印六人，教職三人，佐雜六人，舉其殊不愜意中正畢。抄古文傳誌類選文數首。夜寫沅弟信一件。睡不甚成寐。是日未刻發摺三摺二片。

附記

嶽州營參將所轄

馬兵四十一名　戰兵九十九名　守兵五百三十二名

守備一員　千把六員　外委十二員

官馬二十六匹　兵馬五十四匹

初四日

早出城至南門外查視大霧迷漫莫能見而歸飯後清
理文件 旋寫澄侯信一件 部 信西信一件 李輔堂
張德甫信各一件 午正小睡 中飯後清理文件 將古
文傳誌類目錄清釐一遍 閱淮南子覽冥訓 習字一
葉 申甫來久談 雲岩來久談 王壬秋來談 行刻 夜
倦甚 甚不克少坐 目光作疼 老境日臻 可慨也
二更睡 四更三點 接○○寄諭一道 飭保蘇藩司

附記 蓮花廳城工

城高一丈五尺　面寬一丈二尺　底寬一丈六尺
長一千二百八十三丈　腳深九尺　堞口二千一百廿三个
城門五座　用銀十四萬七千弍百卅六

初五日

早出城 因病不甚爽快也 飯後清理文件 旋寫沅中丞信 彭

雲琛信見客二次午正小睡中飯後清理文件公牘甚多申
正方畢与少荃鬯談附許極又接公文多件清理至二。
更三點畢倦甚閱寧國大獲勝仗日内可望解圍
爲之欣慰

初六日

早起點親兵之名飯後清理文件旋寫駱中丞信去
季高信又核改信稿四件午刻小睡中飯後清理各
公牘若寸帖一張傍夕摺差何寶田（壽）潭寶田二人自京歸來
硃批摺及萬壽批摺在閱京信五件及五月分
一月京報又清理公牘及二更三點止日來公事頗多漸有
精力不給翻後定每日早起或點名或看操或查墻子
三者必居其一飯後寫親筆信多或三書少或二書又核幕
友信稿三兩件午刻小睡中飯後寫到核稿函劄雜
記應用之人應辦之事在滬添艦書不辦公事二更三點

府

初七日

早出城至黃惠濤營內見晴官張夔石似劉葉家晴官隆德克石似張石匠飯後清理文件 旋寫鮑吾輝信李筱泉信 張小浦信 見客三次小睡一時許 中飯後核改信稿三件 旋清理文件 不甚爽快與程尚齋圍棋局未終接奉○○諭旨補授兩江總督並放欽差大臣權位太高名望太隆實深悚懼終局後遂[illegible]寫縱至夜不止清理文件 二更畢

初八日

早出城至朱雲崖營小坐飯後清理文件 旋寫多丹信一葉般畢至信一件 次弟信一件 核信稿二件 小睡一時許 中飯後清理文件 圍棋一局旋閱周禮擬抄入古文之典志一門 申正刻後清理文件 至二更三點畢

初九日

早出看操大砲開山砲 飯後見客三次 內胡寶鐸十八歲 程國安廿一歲 皆從梅村之弟子 英才也 核寫李壽蓉信一件 許仙屏信一件 又核改信稿二件 午刻小睡 中飯後習字一張 清理文件約二百餘件 核溫古文簡本 四更三點接奉 寄諭 飭保皖南解圍之人

初十日

早出城至沈寶成營 飯後清理文件 親寫白摺二幅 置桶門外 以備軍民人等有所言者 即投桶內 寫郝中丞信一件 張小浦信一件 彭雪琴信一件 傍夕小睡 中飯請客 張仲山 余龍光 王敬恩 及績溪之胡程二生 飯後改信稿二件 困倦不能多多 核改謝 恩摺稿一件

十一日

早起點收營馬隊之名 飯後清理文件 寫張小浦信

蕆午擬信改摺稿兩件未畢小睡時許中飯後將摺改畢困乏殊甚不能作字與牧雲久談夜又改摺稿一件早睡不甚成寐二更四點奉到○○批摺係六月十六日所發摺

附記

金樹本 穎生 錢唐人　褚均 伯平 金之表內姪　王生 褚之友人
左杜文瀾署中　在生林霖　閻姓壽 山東人
鄒文彬 柳彬 衛千總　吳廣誠 偉堂 候浙江　馬鵬翔 霞船 鄒丞

十二日

早起至城西門外大霧迷濛飯後清理文件寫致中丞信李希庵信見客三次小睡片刻午初拜發謝○○恩摺望闕行三九叩禮中飯後寫九弟信一件旋清理文件見客二次清文件至申刻正畢申末久談約一時許夜溫古文簡編是日發報共摺三件

十三日

早看所寫字數葉 採演 飯後清理文件 核字張廉卿信一件 余心霞信一件 改信稿五件 小睡片時 中飯後習字一張 畫稿 打到一百件 見客三次 寫對聯七付 寫胡中丞信一件 夜溫各逸篇 清理文件 二更三點睡 五更一點接○○寄諭一道 係七月初一日所發 因周天受之奏寧國被圍 飭余撥兵救援

十四日

早東出城 飯後清理文件 核寫稿中丞信一件 澄侯信一件 友人信一件 又改信稿一件 小睡片刻 中飯後見客三次 習字一張 打到百件 至刻至城內山上看營盤地基 夜溫古文簡編 二更即睡 五更接奉○廷寄一道 係因王有齡之奏 命余救援浙江

十五日

早各員弁賀朔 至辰正止 旋清理文件 寫胡中丞信一件 弟信一件 官中堂信一件 旋小睡 與李申夫來久談 中飯後清

理文件　習字一張　打到百件　頭悶殊甚　嘗思內過　服黃耆
膏之故　夜閱儀禮　抄古文典志類　二更即睡　尚能成寐

十六日

早飯後點華字營之名　旋見客二次　寫單雪台信　加二
葉　寫袁城信　寫張小浦信　見客申夫與言　倒湖　雇舟轉運
事宜　小睡　中飯後清理文件　旋習字一張　打到一百件
寫對聯二付　傍夕與王壬秋久談　夜不成寐　四更二點　接○
寄諭一道　因嚴寶生之奏　飭余撥兵急救蘇州

十七日

早出城至朱雲崖營小坐　飯後見客二次　寫次青一信
極長　約千餘字　旋小睡　寫李輔堂小泉二人信一件　中飯
後改信稿二件　小睡片刻　打到七十件　寫沅弟季弟
信一件　傍夕接沅弟信三件　南屏信一件　必欲余派吳
退庵帶勇三千　夜頭悶頗甚　服熟地枸杞匕片黃耆膏

和服之，夜始成寐，至五更頭疼稍愈。

十八日

早飯後看華字營馬隊操演，旋與申夫久談，寫好宮保信一件，彭雪琴信一件。作梅自黃山來，與之久談。中飯因房森遲，廖護國作梅與陳靄臣便飯，飯未畢，學使邵汴生自徽州來，與之久談。中飯後與作梅久談，頭悶，不作一事。夜清理文件。

十九日

早大雨未能出門。飯後雨尤大，午正出門拜邵汴生學使，酉刻歸，倦甚。旋寫左季高信、李少荃信。小睡。中飯請邵汴生便飯，申初畢。見客三次。禮前營新招一營，是日到祁。又札吳退庵新招二千五百人。清理文件。接龐寶生、季君梅信，言蘇人望我之切，看此實覺愧無以應之。夜溫詠古文之熟者數篇，清理文件。

廿日

早大雨未能出門 飯後清理文件 旋寫致申巫信一件 張小浦信一件 倦甚小睡 中飯後邵沂生來久談 約一時許 旋与作梅談 日內頭疼頭悶 不耐作事 清理應抄之古文 習字一張 夜与作梅談 清理文件 桶內得熊羅生貞王以寬筆深識治體得乃本原 夜不甚成寐 四更接奉〇寄諭一道 以瑞昌葉勝事之急 飭令派員赴湘

廿二日

早出城至黃惠清營 飯後清理文件 見客一次 旋寫甄君坪信一件 李小泉信一件 李雨亭信一件 小睡 中飯後清邵沂生學政久談 飯後又与作梅淺談 習字一張 見客三次 傍夕与作梅久談 夜改摺稿一件 二更三點睡 不能成寐

附記

皖南築碉　辦族團

廿二日

早至黃彭山屺晴營內大營務世所見而猶飯後清理文
件旋寫致宮保信沅弟信張小浦信改錢校長信改
撫蘇藩稿件小睡片刻中飯後鄒布生來譚片刻旋
改保團練片稿酉刻出門拜郭學夫送行夜与作梅少
坐暢談一切二更三點即睡不能成寐

廿三日

早至城外沈寶成營飯後清理文件見客二次寫鄧巡
信一件鄒雲仙昆仲信一件申刻來一敘改片稿一件
午刻發摺一摺三片未刻接奉寄諭因松江復失
上海危急飭令設法救援也中飯後寫九弟季弟信
約近千字傍夕与作梅暢談夜眼蒙殊甚不能作了

廿四日

早出城飯後寫毓右坪信一件李輔堂信筱泉信一

件 次青信一件 午刻寫家信滬侯一件 專人帶去
小睡約三刻許 中飯後清理文件 天氣鬱熱悶甚不適
申刻與陳作梅圍棋一局 大雨雨後熱不止 頭昏不作一事
夜清理文件 因紀澤兒體氣甚弱心常不怡

附記

早 點名看操查墻子
飯後 寫親筆信改信稿見客改奏稿
午正 小睡
中飯後 核各札稿打到 查核各章程各名單
酉正 傳訓候委員紳士之屬
燈下 溫熟書涵泳紀澤
二更三點 睡

廿三日
早未出城飯後至城外拜張凱章 旋見客二次旋寫胡宮保

信張小浦信改信稿一件午正小睡中飯後凱章便飯

錫墨林在坐申刻清理文件見客二次酉刻與作梅鬯

談夜清理文件二更三點睡竟夕不能成寐緣日內肚

腹不清常常作瀉上焦仍多火也

廿日

早未出外飯後清理文件見客三次寫季高信一件

胡宮保信一件改信稿二件中飯後見客張凱章久

談旋清理文件閱裁南河各官一案細看二遍辦理

甚爲斬截精細計裁去河督一缺河廳二十缺佐雜六十

四缺武員七十六缺新添總兵一缺改廿四營爲十營留舊

操防兵二千七百餘人以修防改爲操防兵五千九百餘人

每年省工程銀一百三四十萬有奇僅需銀三十萬餘兩

近來大政此事最爲條理傍夕與作梅久談夜與作梅久

談言余身旁須得一胸襟恬淡者時時由伺余之短以

相以箴規不使矜心生於不自覺讀古文亦雅圖賈陶淵明史記賈若百兩金

廿七日

早未出飯後清理文件 見客二次 旋寫毓中丞信一件 楊厚庵信一件 又改信稿三件 中飯後習字一張 寫宋國永信一件 凱章信一件 見客四次 清理名單 與尚齋圍棋一局 與作梅久談 夜閱古文柳子厚各志 二更三點睡不能成寐 四更四點接季8批回摺 以後即不成寐矣

廿八日

早凱章來辭別 與之言寶堂等事 飯後至凱章處送行 歸來倦甚 寫胡宮保信 張小浦信 清理文件 小睡片刻 中飯後改信稿二件 見客二次 與少荃久談 與壬秋申甫久談 清理文件 夜又清檔中文件 溫古文傳誌類上

廿九日

早寄二信告將至漁亭一行　飯後回見客一次旋出城行四十里至社景地方左田黃氏宗祠中飯又行二十里至漁亭小駐左營字副中營住見客頗多申正徧走十營一看惟馮標營內辦理不整齊余大勝可沈雄之氣偏多頹　夜寄二信一與張凱章一與紀澤告明日將在此停住候凱章并因便遊高雲山景極奇是夕不寐

八月初一日

早起接洪梅王中丞信知嘉興官軍敗潰杭城戒嚴因各志遊高雲山寺計途稍祁門在漁亭之東候凱章　巳正初起行午正至雙溪流地方許氏村內小住中飯（係祁門縣所備）未正至黑龍江馬隊營盤查閱病卒十餘人一一叫病甚重申刻至禮字三營查閱拗馬椿及營內下帳房不甚合法亥刻還公館見客四次夜清理文件頗多至二更四點始畢　是日接季弟○信寄信因薛煥

寄上海吃緊兩發共

初二日

早起未出門，飯後見客三次，寫張小浦信、嚴中丞信、譚
凱章信、李次青信，見客王心寬、吳竹莊、增生曹隨、俞理初
講學甚多，久談，中飯後見客二次，寫九弟、季弟信，清理文件
甚多，瞑時始畢。夜與少荃久談，改摺稿一件，清理文件，二
更三點畢。是日朱長齡自浙江四五日趕到，接邵位西信、
王雪軒信，知杭州驚慌萬分，請援迫切。夜又接一營石門
官軍潰散消息，焦急無已。

初三日

早騎馬至朱副將營內一查，飯後清理文件，見客四次，
旋寫左季高信，改信稿二件，未刻着棋，旋改信稿四件。
中飯後又改信稿三件，清理文件，極多，日至瞑時始畢。
倦甚，夜不能作事，來文十餘件不敢多看，蓋心勞而

目又痛也 是日雨 接張芝浦信 催余赴徽 余以祁門甚雲
不竟還往 又閱饒紉可打破釐卡之案 心為鬱悶

初四日

早至河溪營一查 飯後清理文件 旋寫鉅中丞信
次寫信添劉星房信 袁午橋信 見客二次 小睡 倦甚 中
飯後改龐寶生信稿 旋寫對聯四付 王壬秋來 與之久
談 夜極倦 閱古文選雜記類未畢 二更二點睡 疲乏
已極 略能成寐

初五日

至河溪營查閱 飯後清理文件 旋寫鉅中丞信 張芝浦
信 沅弟信 小睡 中飯後見客四次 清理文件 改信稿之
件 接奉批摺 係七月十二日所發之摺 硃批稿
飭而愈戒 余以之師心自用 念昔己亥年進京臨別求 祖父
賞訓 祖父以一傲字戒我 今 皇上又以師心戒我 嘗剋圖

書一方，記此二端。旋清理文件甚多，不刻畢，倦甚，遂

不作一函。夜與少荃談，發人復一錢。

初六日

早未出城。飯後清理文件。旋寫鄧中丞信、李希庵信。

清理文件。午正小睡。中飯後核改信稿三件。內寫夏弢

甫一信，將渠所著書略繙數種，乃能核改渠之言。朱

子之學，得之艱苦，所以為百世之師。二程深造，遂於

余以天下事未有不自艱苦得來而可久可大者也。於

清理文件。傍夕寫挂屏四付。夜閱夏弢甫所著

書，眼蒙殊甚。

初七日

早出城至鍾中丞營一查，往返十六里。飯後見客三次。旋寫毓

中丞信、張凱章信，又改信稿四件。小睡。中飯附後書對，飯

後與之暢談。旋見客二次。將古文之雜志類編成目錄，寄沅弟。

信一件 夜接胡宮保信 知天津於七月初五日戰敗 僧邸退至通州 夷人占據天津 讀之驚心動魄 焦憤難名 与次青少荃久談 二更清理文件至四點畢 睡不甚成寐 不圖時局決裂至此

初八日

早飯後出城看戈什哈操步箭 旋見客三次 与次青久談 旋寫胡中丞信一件 張小浦信一件 清理文件 午刻鄭孫之自浙江來請援 久談 小睡片刻 中飯後清理文件 核改信稿二件 將古文詞略下編選出付抄 与次青少荃久談 核文賦 談二更三點 睡不成寐

初九日

早飯出城 飯後見客三次 寫郭意城信 張小浦信 晏彤甫信 清理文件 午正小睡 中飯後改信稿八件 与少鄭孫之等暢談 因昱之自請孫之手札申夫 中飯也天執三等 与

諸君久談 傍夕清理文件 夜亦清理數十件

近日公牘漸多也

初十日

早出城至震宇堂查閱 飯後見客四次 清理文件 寄胡中遊信 九弟信 午刻小睡 中飯後出門 拜鄧彌之 彌之旋來 鄧仙屏到 與之暢談二時許 王心牧來暢談 傍夕清理文件 夜與仙屏 彌之久談 二更後清理文件 夜不甚成寐

十一日

早未出城 清理文件 飯後與仙屏久談 見客三次 清理文件 寄張筱浦信 張凱章信 午刻小睡 中飯 請鄧仙屏 王心牧等吃飯 飯後久談 旋清理文件 申正畢 至仙屏處久談 夜又談 寄劉丹信一件 竟夕不成寐 接沅弟信 紀澤見於七月廿四日生女 是日又接沅弟信 極論文士之涉於虛 勸余遠之 其言殊切當

十二日

早出城至黃惠清營一看，飯後与鄧住西久談，旋見客二次，寫郭宝信一件，沅弟信一件，約五葉，清理文件頗多，又寫雪琴信一件，小睡片刻，中飯後清理文件，見客二次，孫省齋自徽州來，与之久談，夜復清理文件，与次青談，到任可宜文人，好為大言之家，無實用者，戒其勿近，与沅弟意略同，又戒待屬員不可太謙，恐啓窺而納侮也。夜頗能成寐

十三日

早未出城，飯後清理文件，寫張凱章信，李少荃信，七葉頗長，見客四次，小睡，中飯後寫季高信，清理文件，天熱之至，常見客二次，夜選古文詞雜類下篇編，睡頗能成寐

十四日

早出城至霆字營查閱，飯後清理文件，寫臨帖中

發信家信寄澄侯一件　張凱章信一件　天氣熱甚
小睡中飯後見客三次清理文件　幾乎寫挂屏六幅
白板綾的又寫二幅因天熱不克寫完申正刻與郎
信西處談少時大雨而熱氣未息復閱古文書牘是日
次青赴徽郡余與之約法五章　曰戒浮謂不用文人之好
大言者曰戒過謙謂次青好為逾恆之謙礙寵納侮
也曰戒濫謂銀錢保舉宜有限制也　曰戒反覆謂
次青好朝令夕改也　曰戒私謂用人當為官擇人
不為人擇官也

十三日

早飯後見客賀節至巳正刻止見二十餘起旋清理文件至
信西處久談午刻小睡中飯請客孫省齋鄧彌之李雨
亭等共二席散後熱極改昭忠祠東皋書院因改至二
更四點止尚未改妥傍夕閱信西講經言詩序係孟子與

黃章之經所作大序與小序不甚分而為二所以說詩第非頌
以明章旨也 總史漢諸書之後序亦無言旨而發者

十六日

早出城 飯後見客四次 清理文件 改東皋書院聯
忠祠圖久而未畢 寫張小浦信 清理文件 中飯後將書院
聯改畢 寫信與沅弟 并寄銀四百兩為修昭忠祠之費 旋
寫沅弟信 閱百福信 因是日應刻接 閱信稿九十一 被賊撲
陷城外多壘 飛書請援 故手織答之 清理文件 甚多
至二更畢 倦極不復能作事 目內出汗極多 本日尤甚

十七日

早出城 至朱雲岩營 飯後清理文件 改錄中[illegible]
信稿六件 又寫季高信一件 次青信一件 [illegible] 信一件
寫周永信一件 胡宮保信一件 因本日已刻接郤 [illegible]
及信言寧國失守 多生歡 發十餘信 申刻清理

文件極多　倦甚　與作梅談　夜又清理文件　作告
示稿一　護票稿一　二更五點睡　竟夕不能成寐

十八日

早未出城　飯後清理文件　旋寫次青信　張小浦信　張凱
章信　李希庵信　又改信稿二件　中飯後清理文件
頗多　倦甚　與鄧作梅　士秋久談　夜仍清理文件　寫
次青信一件　選詞雜類下編輯畢

十九日

早未出城　飯後清理文件　旋寫駱中丞信　張凱章信
彭雪琴信　陳俊臣信　見客四次　中飯後圍棋一局　旋清
理文件　頗多　與作梅談至夕　渠借魏默深聖武記
取閱　不甚愜意　夜將古文詞雜類下編目錄核
定　日內因寧國失守　焦灼之至　本日札李希庵帶二千
人來江南岸　一並　夜竟夕不成寐　二更末接次青信　遂係

拙夢。

廿日

早出城飯後清理文件与侄西圍棋一局寄於宮保信次青信張小浦信張凱章信午正移營孟壯門外湘前營中飯後改復劉詹岩信稿見客十餘次坐多負弁芝書夜改多信稿寫楊鎮魁信二更三點接信知次青所派防叢山關之兩營於十九日失利為之竟夕不寐

廿一日

早起寫次青信飯後清理文件寫左季高信一件鄧凱章信一件改毓中丞信一件添補畫級泉信一件小睡片刻中飯後又寫次青信一件鄧凱章信一件作梅信一件雪琴信一件改樹雲信一件是日酉刻接次青信言叢山關之敗傷亡甚多巳刻又接言二營在叢山關者敗在樓下者勝為之稍慰傍夕在營散步剃頭一次夜讀古文雜記類漱

善呂所得於柳子厚山水記似得於陶淵明沖澹之趣文境
寂寥不易及

廿二日

早陰雨未出巡查飯後清理文件寫九弟信胡宮保
信見客四次復次青信作告示稿論嚴防兵勇中飯
後改寧國防守摺稿歷陳軍情摺稿夜改請江西陝西
餉摺稿二更五點睡不甚成寐

廿三日

早未出營飯後寫次青信寄李申夫二人信又寫次青信
見客四次改摺稿一件奉　硃批訓飭之詞倦甚午正
小睡中飯後出城迎接張小浦渠因同來營盤久談酉初
出見客二次寬十來夜清理文件　數多困乏殊甚寫
信與希庵一件沅弟一件

廿四日

早未出門。飯後清理文件。寫凱章信、次青信、申夫信。專弁送信。出門拜張小浦、楊利叔，久談。午正始歸。清理文件。未刻請張小浦吃飯，酉初散。寫凱章信、作梅信、小浦信、次青信。夜清文件繁多，倦極。

廿五日

早未出營。飯後清理文件。聞夏戈什哈自徽州來，言河溪、禮字等四營及平江六營廿四日大敗，賊圍徽州，危急之象，不勝焦灼。寄鮑鎮信，囑其入嶺救援。寄凱章信，囑其退扎太平。是日凡去一信，四札皆以此。又沅郎信兩，信與宋子久信。寄次青信。再次接次青圍城中信二次。致左季高信、九弟信。張小浦來久談。又見字四次，夜不能成寐。四更接廷寄一道，係京中軍機處所發，言夷氛直逼通州。

廿六日

早未出營 寫信与次青 飯後清理文件 又寫次青信 張小浦來久談 見客三次 出門送張小浦之行 旋進接次青信 辨余責躁字之非 方謂城中堅守可無慮也 是日偽能公赴援凡四次 復郁中丞信 鮑中丞信 又寫次青信 張村齋信 凱章信 梅信 復任西信 次青信 夜二更聞徽州於廿五日申刻不守 次青不知下落 為之竟夕不寐 辦各事頗多 約計之四刻之久

廿七日

早飯後清理文件 見客三次 旋至花橋看營盤 頗為得地 往返二十七里 未正三刻歸 中飯後見客四次 是日平江各營敗勇俱至祁門 迄未得次青實在下落 殊為懊悶 与朱品隆言修壘之事 傍夕倦甚 夜極涼 睡不成寐 是日思次青之敗由於自是 而余之方寸亦不免

自是之根總由器小易盈故耳

廿八日

早飯後見客四次 清理文件 寫沅弟信 接宮保信 中飯後清理文件 倦甚 傍夕見徽防將官楊名聲 人甚明白 嫻熟甚滑 燈後與少荃久談

廿九日

早飯後寫希庵信 旋寫凱章信 接中丞信 沅弟信 清理各文件 中飯後清理徽防各軍領餉事件 倦甚 夕在營外散步 紀澤從行 教之以讀書之法 因澤兒明日將歸去也 日內因徽防敗兵 寧防敗兵 楚軍敗兵共不下二萬人 紛紛多事 日不暇給 目力大壞 不能不加花鏡

九月初一日

早各員弁賀朔 至巳刻見客始畢 旋寫若農季高信 清理文件 中飯後清理文件 寫凱章信 希庵信 是日外間浮言稍

息人心稍寧 余亦稍稍休養 在閱古文書牘類 是日紀澤与牧雲同赴安慶 寬十与陳代山去

初二日

早飯後見客四次 旋寫鮑春霆信 張凱章信 李希庵信 中飯後寫批牘數字 見客一次 閱淮南子地形訓 傍夕嘔吐作病 起更即睡 近日凡吃茶水太多 繼以能食 即嘔吐 蓋陽氣不能運化也

初三日

早飯後見客三次 旋寫凱章信 九弟信 張小浦信 中飯後見客四次 寫鄧章信 接恭親王咨文 敬悉○○鑾輿已出巡熱河 夷氛逼近京城 僅二十里 為之悲泣 不知所以為計 營盤對面之高山 試派人用繩量之 在清理文件 寫希庵信

初四日

早飯後清理文件 旋見客三次 寫家信一件 与沅弟

又寫一件與澄侯 巳正希庵來與之暢談 中飯後
清理文件甚多 申刻與希庵久談 夜又暢談
通夕不能成寐

初五日

早飯後見客數次 清理文件 與希庵暢談 批能超二字
寫凱章一信 中飯後作摺一件 覆奏徽能超入撲之○○
旨 至燈時始畢 旋接胡宮保信六件 清理文件 極多 仍
竟夕不能成寐

初六日

早飯後見客二次 旋改徽郡失守一摺 寫胡宮保信 毓中丞信
作復咨呈恭親王文 小睡 中飯後發摺二件 又恭親王咨
呈示閱夾板摺 至朱雲崖處小坐 與希庵久談 清理文件
較多 權與希庵久談 清理文件 竟夕不能成寐 是夕接沅青
廿四日在李衛之所發之信 總多怙過飾非之詞 咸豐六年

率江勇禁救 居勇二百餘人 次青信中亦多怙過飾非之語
此人殆不足與為善矣

初七日

早飯後見客 圍棋一局 清理文件 寫沅弟信 季高信 鮑春霆
信 作梅自凱章處來 與之久談 中飯後清理文件 與李申
夫久談 倦 又接胡中丞信四件 又接文件甚多 夜清理
未能完畢

初八日

早飯後見客三次 清理文件 寫胡中丞信 官中堂信 張樹雲信
中飯後清理文件 批多 復雲琛信 與希庵久談 下半日休
息 對久 與作梅圍棋一局 夜閱揚子法言 較往時所見略深 與
希庵論勤王事宜 睡後思八年所當 敬恕誠靜勤渾六字
課心課身之法 實為至要至確 要近於靜字 欠工夫

初九日

早飯後清理文件旋見客四次皆各營將官寫郭雲仙意城信未畢 歐陽正墉彭炳堂自歷口來見希庵帶朱援祁之四營也 天雨連綿不止 中飯後始將郭信寫畢 旋与希庵論此擾之事 清理文件 傍夕接沅弟信詞意安詳大不以為然且虞其驕矜致敗 夜又与希庵久談 閱古文二篇 睡不能成寐

附記

左季姻丈

平江六營并營務處親兵營功總哨馬隊共點名發遣費共二千八百五十九名 除清字營陣亡未到者摺內未經開載外 摺內共載陣亡二百二十四名

初十日

早飯後清理文件 是早請歐陽正墉彭炳堂早飯後巳刻寫沅弟信責其初五日午刻一信之非 旋寫胡宮保信 中飯与希庵久

談希欲請陳作梅至渠營以資切磋琢磨之益求之甚堅即至余坐次登談九弟遣人送家信十餘件 旋又清理文件 夜溫古文傳誌類下編 是日因九弟之驕矜并議規希庵懲其流於驕而不自覺申刻寫對聯五付

十一日

早飯後清理文件 旋見客三次 與希庵登談此摺事宜 旋寫胡中丞信 作此摺稿八條 中飯後見客三次 與希庵論此摺 可酉刻與作梅圍棋 未畢 而凱章至 談至二更盡 數可意見不能化之處 申刻寫對聯四付

十二日

早飯後清理文件 與希庵論調成大吉之事[隨同此摺] 意見不合 心中為之鬱鬱 辰刻送希庵 頃旋 與張凱章暢談 巳刻送凱章 旋出見客二次 日內因徽郡之敗 深慮徽青 而憂[午刻小睡半時] 又見同人多不明大義 不達可疑 鬱鬱不平 遂不能作一事 中飯後與作梅圍棋二局 旋寫

季高信 毓中丞信 清理文件 申夫來久談 至夕在批稿
岳一章甚長 又批楊名聲等稟 胡中丞寄示嚴渭春等信 其
言弟氣花花闌 聖駕北巡不如西狩等語 甚駭然 要
殊亦無可取 但言余與胡帥斷不可北行耳

十三日

早飯後清理文件 旋寫凱章信 胡宮保信 彭雪琴信 小睡
中飯後作周天受請卹摺 至夜方畢 燈下與作梅圍棋一局
並論次青在徽誤事之情 日內中心惱怒殊甚 又天雨連綿 氣
象甚不好 爲之愀然不樂

十四日

早飯後清理文件 旋寫澄侯信一件 凱章信一件 季
高信一件 希庵信一件 黃南坡信一件 見客二次 中飯
後寫沅甫信一件 作軍情夾片一件 夜清理文件頗多
寫鄧寅皆信一件 是日卞家竹齋來坐談甚久

十五日

早多貞幹賀朔巳刻早飯飯後又見客數次作夾片一件調、筱泉來皖南清理文件、寫李希庵信中飯後作梅寄一說帖極言劾次青摺不宜太重旋請之面談渠復再三婉陳因將奏稿中刪去數句旋清理文件 默多倦夕畢夜與作梅圍棋一局旋復泛論人情之厚薄讀書人之多游於虛浮作梅所陳多見道之言余所發多過激之詞

十六日

早飯後清理文件 旋寫凱章信胡宮保信左京堂信巳刻核批摺一稿件改片二件見客三次中飯後清理文件申夫來久談約二時許 夜閱前四日淳安失守之信批摺件甫手寫季高信凱章信與作梅圍棋一局接九弟信知賊目四眼狗由六安州至霍山賊目李壽成楊輔清將由池州上犯東流建德賊目李世賢將由徽州竄江西浙江各路悍賊紛集皆謀解安

處之圍云云，竟夕不能成寐。

十七日

早飯後清理文件，旋作耆箴、飽箴、美莲丛文三件，又屬逸一批宗子久侍講來，久談。中飯後寫胡歆信一件，左信一件，毓中丞信一件，與作梅圍棋一局，核閱古文哀祭類。傍夕次青自廣信來至營，一見，尚無悔過之意，恐難長進。

十八日

早飯後清理文件，見客二次，寫凱章信、雪琴信、胡宮保信，與作梅圍棋二局。午正申夫來，談詩時許。未正寫吉甫畫重宗子久便飯，旋寫樸學庵信一件，清理文件。大雨如注，天氣愁慘異常。與作梅久談，又與易昀芝久談，謀所以添親兵一營之法。傍夕又與作梅暢談古文之法，及人心並無悔禍之意，難以挽回天意云云。作梅深以為然，相與欷歔久之。

十九日

早飯後清理文件。見客三次。旋寫九弟信一件，約五百餘字。與作梅圍棋一局。中飯後核楚軍營制，至夜二更核畢。以左季高、王璞山與宮保、李希庵論人鄉營之制參考之。夜又與作梅圍棋一局。睡不甚成寐。

廿日

早飯後清理文件。見客二次。旋寫毓石坪信一件。與作梅圍棋一局。劉勇蟠來久談。中飯後寫季高信一件。核楚軍營規。傍夕與作梅久談。作梅言見得天下皆是壞人，不如見得天下皆是好人。存一番薰陶玉成之心，使人樂於為善云云。蓋風余近日好言人之短，見得人多不是也。夜溫古文，簡編高聲讀之。睡頗成寐。

廿一日

早飯後清理文件。見客二次。旋寫季高信一件、沅弟信一件。圍棋二局。目甚昏，神甚倦。中飯後核營規三條。天雨連綿陰

曀不開令人愁悶無聊 必要戮損著倉皇不克自主也
申至閒與作梅論文在圍棋局旋寫譽字眼蒙殊甚日
內里傲為凶德凡當大任者日皆以此字致於敗覆出兩兵
此家戒驕氣惰氣作人之道亦惟驕惰二字誤為最甚在睡
略能成寐

廿二日

早飯後清理文件 旋見客三次寫凱章信一件 李輔堂信一件
圍棋一局清文件頗多中飯後將鹽務淮鹽運西充餉一案
多詳細閱一編至亥初閱畢 剃頭一次夜溫古文序跋類淵写
兩会

廿三日

早飯後清理文件 旋見客三次與作梅圍棋一局復希庵信一件
致張小浦信一件 胡宮保信一件 中飯後見客三次天氣放晴
久雨愁悶觀此為之一快申刻季弟專人送至來接九弟

函信言余責其初五午刻一信之失自知悔悟云云或者不至
長傲遂非是余家之幸也傍夕作梅与余閒談夜馮竹儒來泛
談夷務言夷人炸砲最以準斷不可以守壘云云

廿四

早飯後清理文件旋与作梅暢談患今之世富貴固無可圖功
名亦斷難就惟有自正其心以維風俗或可補救於萬一所謂正者
曰厚曰實厚者仁也恕己欲立而立人己欲達而達人己所不欲勿施
於人存心之厚然此可以少正天下澆薄之風實者不說大話不好虛
名不行架空之事不談過高之理然可以少正天下浮僞之習因
引顧亭林所稱匹夫之任与有責焉者以勉之作梅是日將由
吳城以至宿松鄉已刻別去旋寫家信澤兒一件澄侯一件又寫
張凱章一件胡宮保一件見客四次鮑春霆來久談因留之中
飯飯後寫沅弟信一件小字甚長戒傲字惰字澤兒信內亦戒此
二字与尚齋圍棋一局申刻接胡宮保信知京城業被逆

弟聞入澄園宅被焚傷痛之至莫可与澄旋清理文件甚多至夜二更始畢 占二卦一問前疏請帶兵入衛是否奉 ○○旨派出北上一問鮑張進攻休寧能否得手

廿五日

早飯後清理文件旋見客三次中見羅萱江三野令因語言不合理余怒斥之甚厲頗失為人上者泰而不驕威而不猛之象寫凱章信季高信右坪信与尚齋圍棋一局中飯後清理文件旋將瑩規作畢擬取發刻夜溫古文傳誌類於太史公用筆之勢若有所得

廿六日

早飯後清理文件旋見客三次內周瀚劉振璜坐頗久寫九弟信一件批宮保一件与尚齋圍棋一局旋將九弟手卷寫畢中飯後見客四次內黎世兄坐頗久又判李申夫來久談傍夕散去夜清理文件寸心鬱悶突与尚齋圍

棋三局目蒙孫甚是日因寫手卷書東坡守駿并如跋
五字凡技皆當知之蓋一味駿快奔蛇放必至顛蹶之時一向
貪圖美名必至大汗辱之時余之以求闕名齋即求自足缺
陷不滿之處爾守駿莫如跋之意也

廿七日

早起接胡宅保信內言恩秋舫觀察祥八月廿八日專人自京寄
至湖北之家信一件知逆夷在京城德勝門外圓明園遂被焚毀
京城尚未大傷和議已成夷匪退回天津京城九門前閉其八
今已全開買賣照常 鑾輿尚未還京云云 閱之甚為
忭慰早飯後清理文件旋寫季高信件毓右坪信一件午刻
倦甚小睡中飯後寫雪琴信一件清理文件寫多黎壽民
送手卷係劉石庵翁覃溪二公乾隆四十六年在順天闈中
所寫各臨蘭亭一本又書諸跋甚多余以其物尤可珍貴璧
之又出其先人樾喬侍御詩稿請為訂定閱至燈夕不忍釋手

夜與尚齋圍棋一局，閱五宗世家等篇。

廿六日

早飯後清理文件。旋接胡宮保信，內言與陳作梅密信，因作梅已赴江西，余拆閱，中言沅甫鄉里之評，如此大非亂世所宜，云云。密告滌丈藏規之云云。余因作梅在此數月，並未提及一字，不知何所指事，因問少荃曾否與作梅說及我家事否。少荃言曾與作梅說及沅甫鄉評不好。余細叩何事，渠言洪家猫面腦葬地未經說明，洪家甚為不服，洪秋浦已信寄余，其中言語戇直，因隱藏未經寄營，本縣紳士亦多見此信稿者，並勸余設法改墳消患葬形等語。又言沅甫起新屋規模壯麗，已似公館，所伐人家墳山大木多已未經說明者。又言家中子弟蕩佚，習於吹彈歌唱之風云云。余閱之甚為憂懼。旋寫胡宮保信，寫凱章信。中飯後倦甚，眼蒙不能作事，僅閱穀梁傳數餘葉。傍夕亦倦。夜清理文件，於多眼蒙殊甚，睡後細思

余德薄能鮮　忝竊高位又竊虛名已干造物之忌而家中老少習於驕奢佚三字實深悚懼

廿九日

早飯後清理文件　旋與尚齋圍棋一局　寫沅甫信一件　寫字久信一件　接郭中丞信內言長新店探報一紙言夷逆進京之事至為悲痛　又接吳竹如與嚴渭春信　又嚴渭春張仲遠與胡宮保信　皆深痛不忍讀　為之竟日不怡　中飯後寫李希庵信　閱穀梁傳　夜　天氣昏黑殊甚　念本日鮑張二軍打仗不知勝負何如　又念唐室幸蜀宋室遷播之事　不幸身親見之　身為大臣愧憤不能自已

卅日

早飯後清理文件　寫文書數件　申刻撥遞奏摺中途折回　聞橫店地方有賊去祁門百五十里　去建德百三十里　派人數起往探　旋見寫四次寄李希庵信　令其札三營於景

德鎮又寫毓中丞信與尚齋圍棋一局中飯後清理文件頗多
是日請楊樸庵黎壽民便飯寫宋子久信一件 夜溫古文傳
誌類序跋類見古人文章百變層波奔官止神行之處實
從熟後生出東人謂文人妙來無過熟者此也 夜竟夕不能成
寐

十月初一日

早各員弁賀朔見客甚多至巳正畢 清理文件 寫李高信中
飯後寫胡宮保信 清理文件 復吳竹莊信將所抄交檢文
書店裝釘又將所定營制營規核改發刻 夜閱韓文送
高閑上人序所謂機應於心不挫於物者姚氏以為韓公自道作文
之旨余謂機應於心熟極之候也莊子養生主之說也不挫於物
自慊之候也孟子養氣章之說也不挫於物者體也道也本
也機應於心者用也技也末也韓公之於文技也進乎道矣

初二日

早飯後清理文件 旋寫鄂章信一件 季高信一件 見客六次
中飯後核改摺稿一件 傍夕至楊樸庵處久談 燈後與尚
齋圍棋一局 旋寫作山信一件 接畔堂查子嶺漁樵言趙
逑責之可恃 是夜思作古文之道 布局須有千岩萬壑
重巒複嶂之觀 不可一覽而盡 又不可雜亂無紀

初三日

早飯後與尚齋圍棋一局 旋清理文件 巳刻至禮前禮後
兩營查閱墻子 連日因池州之賊在櫸根嶺 外游弈 神
門與江北文報不通 因派唐義訓帶千餘人至櫸根嶺一帶
巡哨 午刻寫郭宮保信 中飯後寫左季高信 見客兩三次
改摺稿片稿四件 楊樸庵來久談 清理文件 頗多溫誦
書經 清理文件 是日睡頗安甜

初四日

早飯後清理文件 見客五次 內陳寬臣來與論用功讀書須當下

動手不可稍涉等待 寫家信澄侯一件 夫人一件 均言家
中不可置買田產 中飯後清理文件 是日發報二摺一報
金壇失守諸 鄉人負一報覆奏明次 並寄言撥兵赴
蘇常救援鎮江劉下力當不能三片一單 是日接奉廷
寄○○諭條因王夢齡奏請左宗棠赴浙劉撫 夜間
又接廷寄一道 條言飭起一軍可不必上京師洋事就撫
業已成議 又奉○○旨 希庵放皖臬司 寄雲放蘇藩司
夜寫鄧章信一件 沅甫信一件 清理文件極多 旬日
寸心擾擾 蓋因恐須帶兵北上入衛 又須進規皖吳
兵力難分也 今接奉此○○旨 可專心辦南服之事矣 本
日姚石甫之子來見 亦有志之士 不愧世家子弟 坐談甚久

初五日

早飯後與尚齋圍棋一局 旋清理文件 寫胡宮保信一件 李希庵
信一件 沅弟信一件 見客四次 徽州府劉守談頗久 中飯後

清理文件頗多 旋寫張仲遠信一件 是夜方畢 溫書經居

甚暮 夜睡頗美 未及五更即醒 蓋老態日增矣

初六日

早飯後清理文件 旋與尚齋圍棋一局 寫左京堂信一件 蘇中丞

信一件 雪琴信一件 抄 中飯後清理文件 寫宗子久信

一件 再與尚齋圍棋一局 清理文件 剃頭一次 夜溫洪範

數編

初七日

早飯後清理文件 與尚齋圍棋一局 旋寫胡宮保信一件 自

毛寄雲信一件 中飯後寫宗子久信一件 清理文件頗多 見客四

頃 傍夕接奉〇〇硃批 係九月初六日奏請派余與胡帥北上入蜀

之疏 未蒙允准 〇聖意仍以南路為重也 夜又與尚齋圍棋一

局 是日又接家信 九月廿日所發 澄弟尚在衡州也 溫古文三篇

初八日

早飯後清理文件旋將昨日達寄樹庸北上寫信徧告各
處左季高一信胡宮保一信彭雪琴一信九弟一信劉韞齋
一信李少泉一信左信內請其進札屯溪并自粘簽於
圖寄之清理文件甚多中飯後寫告示一件見客
三次清理文件夜又清理一切因明日當出門赴黟縣
查嶺故本日須逐一料理夜與唐義渠議定守赤嶺
榉根嶺之法以湘勇千人守之以一哨札箬坑以二哨上赤
嶺而大隊借居程村巡歷二嶺之事

初九日

是日為先君七十一冥壽余出門至黟縣查嶺早飯後
姚秋浦來巳後旋出門行三十里至石嶺地方中飯飯後過西武嶺
出嶺後地勢開曠絕不似祁門局促之狀行廿里至古築孫村
出嶺又行十里至黟縣住考棚之內大雨不止夜寫寄王霞軒信
一件校古文序跋類六篇

初十日

早飯後略清文件，旋出門行三十四里至宏村，在汪姓一書院居住。大雨如注，竟日未嘗少息。清理文件，寄九弟信一張，伴山信一件。日昔倦甚，與申夫言李西漘先生論中庸言太高深，與余之意相合。夜校對古文序跋類之太史公自序。

十一日

是日為余五十生日。馬齒虛度，頹然遂成老人，從此德業恐不能有所長進，但求不日見其退斯幸耳。早飯後清理文件，辰正出門看嶺，行二十里至羊棧嶺，雲霧蔽山，不能望遠，悵然而返。歸途過盧村，紳耆請至汪氏祠內中飯，飯後仍回宏村。申刻至門外散步遊覽，夜與申夫邃談。校對古文序跋類中之藝文志。

十二日

早飯後由宏村往桐林嶺查看嶺防，行十四里至尚祥嶺，尚祥坡又

行十里至石灰嶺石灰坑山路陡又天寒雪大竟不能往遂令
李申夫唐桂生二人往桐林嶺而余先歸申初回宏村清
理文件 傍夕畢 夜校序跋類中漢書自敘等篇

十三日

早飯後寫左季高信一件 旋由宏村至三都行二十里 又十里至硯
六 溪又十里至潭嶺查卡 又步行十里看各卡 旋下嶺行二十里至
三都汪村汪氏宗祠極大亦似殿邃規模門對霤山後倚碧
山即在祠內住宿 夜校歐公詩序

十四日

早在三都汪祠飯後即起行回祁門老營巳刻至石嶺地方打尖
未刻至祁門城外郎學攻在外迎接申初到家見客甚多
直至日暮方畢 燈下清理文件 旋校序跋類中曾子固各
文日內在轎中溫書經盤庚君奭等篇 本日溫論語 於古人
周情孔思四字若有所會

十五日

早文武各員弁賀朔望及丞正始畢 旋寫胡宮保信 彭雪琴信 中飯後寫沅甫弟信 清理文件 旋出門拜客 至邵學政處一談 粮台忠義局各處 歸 閱冊 錄上冊 飯後與尚齋圍棋一局 旋清理文件 頗多

十六日

早飯後清理文件 與尚齋圍棋一局 旋寫家信一封 與紀澤 紀鴻 又一信與左季高 清理文件 中飯後清理文件甚多 旋與尚齋圍棋一局 校對古文序跋類中之文獻通考序 未畢 二更後又核文件頗多

十七日

早飯後清理文件 旋寫胡宮保信 沅甫弟信 見客四次 清理文件頗多 中飯請邵學政 姚秋浦 岑藕舫諸君便飯 飯後見客三次 復與尚齋圍棋一局 校文獻通考序序跋類校畢

十六日

早飯後清理文件　雅宮胡宮保信一件　九弟信一件　見客三次　清理文件較多　中飯請鄧沂生姚秋浦等　清理文件百餘起　夜與尚齋圍棋一局　寫毓中丞信

十七日

早飯後清理文件　旋與尚齋圍棋一局　寫左季高信　張凱章信　中飯後清理文件　積牘為之一清　傍夕聞賊破羊棧嶺而入　為之憂駭　蓋常念於十一日看羊棧嶺　大霧迷濛　目無所睹　十二日看桐林嶺　為雪所阻　今未踐矣　[illegible]是夜札飭鮑張等　竟夕不能成寐

廿日

是日因昨日竟夕不寐　神氣昏倦　督各營將茅蓬拆去　大概搭布棚　大興工作　料理守營之事　清理文件　與尚齋圍棋一局　寫左季高信　沅甫信　中飯後見客數次　清理文件　傍夕閱黟

縣失守，張凱章派二旗與袁國祥之勇攻勦失利。凱章之旗鋒小挫，而軍械未失。與尚齋圍棋一局。是日倚夕，旋閱凱章老營被賊攻陷四營，憂憤之至。至二更四點，閱鮑信，始知其派二旗攻黟縣之失。

廿一日

早飯後接鮑鎮軍信，知廿日派霆字三營進攻黟縣，大獲勝仗，當將縣城克復。禮字二營及老湘營之三旗、張宿超營一同接仗，殺賊甚多，算人心少定。飯後清理文件。寫揚軍門信、左季高信、胡帥信、沅弟信。是日罗汶中飯後清理文件，與尚齋圍棋一局。旋回拜邵學政，渠發回籍，尋覓舊居，皆請代奏，為將閩防文存全案發往送行也。夜清理文件，校對所抄古文之論著類，凡一千四百篇。

廿二日

早接鮑鎮信，知廿一日再戰大勝，殺賊千餘，賊遂出羊棧嶺外人心為之大定余恐昨日賊來打退派祁門老營二千人去黟縣打仗黎明起行旋接信知賊已退出嶺外旋見客三次清理文件寫胡宮保信左季高信沅弟信中飯請鄧寅皆便飯鬯談甚久申刻散見客三次寫希庵信清理文件夜寫凱章信清理文件校對莊子二篇

廿三日

昨日派唐桂生等去黟縣打仗四更接來早起見諸將知賊實於廿一夜出羊棧嶺飯後清理文件見客甚多寫左季高信并賊情戰守機宜圍棋一局中飯後寫凱章信厚庵信潤帥信沅弟信清理文件剃頭一次夜圍棋一局寫春霆信校對莊子二篇

廿四日

早飯後清理文件旋見客四次寫澄侯信沅甫信左季高信中飯後清理文件甚多至傍夕方畢夜改信稿二

二件 校對抄本東萊荀子議兵篇 是夜讀史記律
以用兵之道通於聲律 故雖音樂而知兵之勝敗焉
也 余生平於音律算法二者一無所解 故不能知兵耳

廿五日

早飯後清理文件 旋見客三次 圍棋一局 寫季高信 中飯後鄧學
耿來久談 餘畫雲進來久談 是日改摺稿三件 一秋仗 一蕭啟江
建祠 一黃翼升河口回行三件 夜寫九弟信一件 渠前後之
哨輕緩渡江 并言貓面腦先鋒之可

廿六日

早飯後清理文件 旋出南門送鄧學耿 又看營盤地 巳正午
初歸 見客三次 旋請鮑鎮軍便飯 飯後鮑梅擬摺三摺三行 清理
文件甚多 霆營送來生擒之賊 由余分別斬釋 接左季翁信
知廿二日渠部在貴溪獲大勝仗 夜又清理文件 日內思作字
之道用筆貴勤貴努而不可過露勤努之迹 精思運之出以

和柔之力引，善於用勒用努者

廿七日

早飯後清理文件，見客三次，寫九弟信一件。早間接九弟信，知多都護於廿三日打仗大勝，為之欣慰。午刻出城迎接左季高京堂，未正回營。季翁同來，至更初始去。清理文件，校對古文五篇。睡頗甜，甜四更未醒，不復能睡矣。

廿八日

早清理文件，飯後見客三次。巳正左季翁來，久談，至申刻去。旋又清理文件，寫胡宮保信、彭雪琴信、沅弟信。夜改各信稿，校古文論著類中韓文六篇。夜思古文之道通於音律，用兵之道亦通於音律，吾不諳音律，終不能得之，其之深處。

廿九日

早清理文件，飯後至左營小坐，與談。巳正歸，見客二次，清理文件

中飯後清理文件 約二百餘件 寫宋子久信 夜核古文論著

柳文歐文

十一月初一日

早各員弁賀朔 見客多次 至巳正始畢 頗嫌紛擾 左季高

來卷談二冊許 中飯後清理文件 圍棋一局 見客五次 改信

稿二件 夜改信稿六件 皆京信 又添胡蓮舫周子佩王子懷

信各二葉 核對古文論著類中之通書

初二日

早拜萬壽摺 飯後圍棋一局 見客之二次 与張伴山劉

韞齋議鄱湖之事 裁減一番 旋清理文件 中飯請李季

荃及李書墀便飯 夜清理文件 旋核古文論著類中之

老泉誦文 日內荒於奕棋 精力彌懶 早接九弟信 言古

稱君有爭臣 今兄有爭弟 余近以居位太高 虛名太大

不得聞規諫之言 為慮 若九弟果能隨事規諫 又得

一二嚴憚之友附以正言相勸勖內而直弟外有畏友庶幾其免於大戾乎 居高位者何人不敗於自是何人不敗於惡聞正言哉 夜睡至四更未即醒不復能更睡古人言晝課妻子夜課夢寐吾於睡中夢中總之一種好熏味 蓋總未免為鄉人也

初三日

是日恭逢 先太夫人生日在營未設祭席默禱志哀而已飯後與尚齋圍棋一局 旋清理文件見客三次寫沅弟信一 中飯後寫厚庵信 希庵信 少荃信 旋至季高營內久談 燈後始將清理文件 核古文論著類畢 是日因閱建德普軍危急心以為憂

初四日

早飯後季高來敘別 將仍回景德鎮 余旋送之出南門巳正始見客三次 寫家信沅弟一封 紀澤一封 因建德普軍消息不

佳。又以左軍去德興，其信桐城日內大戰，其信心懸懸如懸旌。閱
漢學師承記。中飯後寫駱中丞信，與南屏圍棋一局，清理文件
數多。亥刻聞桐城廿八日大捷之信，為之欣慰。夜再閱漢學
商兌，校古文辭陸類

初二日

早飯後接信，知左軍於初一日克復德興，於午刻得信
知季軍於初二日克復婺源。清理文件。上半天見客二次
次。中飯後見吳竹莊，談極久。申刻寶營勇來告急，言
初二三河來撲營，甚為危急。余心以為憂，又因商營派沈寶
成帶老營勇一千餘人前往救援，又寫信與左季高，請
其暫逕札景鎮，又令竹莊之營速札湖口，恐其建德已失，則
湖口饒州吃緊也。

初三日

早飯，遣沈寶成帶十二哨，偕親兵九哨去救建德。飯後清一

文件旋与尚齋圍棋一局閱漢學商兌見客三次寫季高信中飯請吳竹莊夏謙甫便飯々後見客二次出門拜吳竹莊劉芳蕙核改摺一件改信稿六件清理文件甚多本日因建德危急極不放心

初七日

早飯後与尚齋圍棋一局旋胡畔童張影峰西晴玄盟沈寶成見客三次清理文件中飯後清理文件又至南門看營盤地基申正接吳巡檢等告建德於四日失守心悸々大有不怡竟夕不能成寐是日寫九弟信胡宮保信左京堂信

初八日

早飯後見客二次圍棋一局擬答稿札稿三件口授令人寫々寫沅弟信一件凱章信二件季高信一件中飯後又寫季高信一凱章信作片稿一摺近日軍情燈後發摺一件

即覆賓東務二事共見客四次夜核批稿及離騷閱

漢學商兌清理文件數多

附記 本日撥申款

二十六次釐金 一十六萬三千七百兩 錢萬二千串文

九次茶捐 九萬六千兩

十一次釐稅 四萬七千五百六十兩

初九日

是日因建德失守軍務棘手焦灼之至竟日不能治一事申刻聞東流失守愈增鬱鬱與尚齋圍棋二局寫季高信一件凱章批一件日中接 廷寄係因浙江之案飭緩調彭斯舉平江營回江西其初四日過建德時建城尚未失也余昨日飭鮑超進扎漁亭黟縣兩處張凱章移扎休寧之南本日鮑回信不願輕進張之等復欲由祁門繞赴婺源余皆駁斥責之

初十日

是日冬至令節五更起自營入城至萬壽宮拜牌禮畢恰值黎明將營內文武員弁前來賀冬見客十餘次巳刻與尚齋圍棋兩局夜睡不成寐又以達德營確信焦灼萬分昏倦之至未刻又圍棋一局中飯後清理文件極多又親批沈寶成饒超等稟是日定計以老營護衛之勇派唐桂生帶劉達德所帶饒超派千餘人來祁護衛夜頗成寐然亦於四更二點即醒

十一日

是日派唐義訓帶千餘人去劉達德面諭朱都隆一切飯後與尚齋圍棋一局午刻見客三次未刻寫信一件批數件清理文件中飯後又圍棋一局清理文件調雲字營千八百人來護衛老營川百一十丑午正已到信可慰也令兩副營扎於花橋正前正左副中三營扎於祁城外清理文件頗多夜寫唐桂生信左季高信又清文件自占一卦問江北

弓兵來南岸否逕由坎之竄覘見其以為佳是夜二更四點睡五
更三點始醒在近日為美睡可賀共喜

十二日

早飯後與尚齋圍棋一局旋清理文件請寫沈副將等之批中飯
後清理文件批江西省稅房祖不如減漕一案申刻剃一次習字
一頁夜占卦問左軍利鈍得卦象不吉焦灼之至三更又專人
至左處囑其不可分支救援九江近日圍棋不止一緣心緒焦
灼二由勤勞之心不甚堅定故遇事變仍不能不忘荒廢蕩也

十三日

早飯後寫左季高信旋與尚齋圍棋一局至午正又一局見客五次中飯
後清理文件心緒懸勞不能作一事傍夕聞浮梁縣久守大營之糧路
已斷尤為焦灼因調鮑鎮全軍回剿浮梁景德鎮令張軍四札
黟縣是夜竟夕不能成寐

十四日

是日陰雨竟日，余心緒惡劣，不能辦一事，蓋因景德鎮一路閉塞，文報不通，而左軍疏失，不勝焦灼也。寫季高信一封、沅弟信一封、厚庵信一封、澄侯信一封，專人送去。與尚齋圍棋三局。與申甫熟商調度機宜，至四更。雖細思余所統之兵，可用之勁兵近二萬人，其次者尚有萬餘人，而水師暨及安慶陸兵尚不在內，乃近日軍務不振如此，實屬調度乖方，可愧可憤。

十五日

早飯員弁賀朔望，至巳刻始畢。見客四次。寫鮑超信、左公信、楊彭信。與尚齋圍棋一局。午正，馮樹堂來，七年不見，相對悵然，與之久談一切。中飯請樹堂及同事之章价人、魯茂才，又武寅之、汪彥廬瀚（午珊）、鄭奠域括同坐。飯後仍與樹堂鬯談。傍夕，鮑春霆來，江良臣軍門來，均久談，至初更始去。旋又與樹堂鬯談。三更睡，竟夕不能成寐，一則說話太多，二則左軍久不通消息，焦灼之至。三更後接文書，自江西省來，知景德鎮之

文叔踰通未放心矣

十六日

早飯後與樹堂鬯談。戚四自景德鎮回，接左季高信，知十三、四日獲小勝仗，老營平安，為之一慰。致宗侍讀信、張凱章信。見客四次。江軍門來久談，與尚齋圍棋一局。請能鎮中飯。飯後清理文件，與樹堂鬯談。燈後閱江灣營盤被圍，不勝焦灼。夜又與樹堂鬯談，睡時成寐，至五更二點得黃溪口營壘被陷之信，焦灼殊甚，皖南大局殆不可為矣，因起坐以待天明。

十七日

早與各員商保全漁亭之策。能鎮清晨即來，因留與宗副將同飯。飯後見客三次，圍棋二局。寫凱章信、季高信、星庵信。中飯後聞賊破羊棧嶺而入，尤為焦灼。出門西拜江軍門、能鎮台，又至南門看吉字營、裕字營墻濠。夜接左季翁十六夜信，知浮梁、景德鎮之

賊業已退淨且堅壁以待能公之軍不必赴饒為之一慰

十八日

早飯後見客三次旋寫鄧寅皆信左季翁信沅弟信圍棋一局聞羊棧嶺之賊昨日破官軍營壘恐竄出嶺心為懸懸中飯後再圍棋一局見客四次與楊惠堦談日來眼閒倦甚因昨夜全未成寐本日又進灼艾略閱漢學商兌旋又得唐義渠信知十七日大獲勝仗克復建德為之一慰復唐副將信致能公信季高凱章處各致一信與諸友熟商大局又接一信知本日賊再破羊棧嶺而入圍楊鎮懸懸寸心憂灼夜不成寐

附記

臨川馬令

武寧楊前令　都昌富令　廣昌趙令　廣信光守

潁州阿鎮　彰言丁守　吉安參將陸長齡

崇仁沈令曦　南康顏守

十九日

早飯後口占復毓右坪信官制軍信左季高信與尚齋圍棋一局見客四次中飯後再圍棋一局是日因聞賊入羊棧嶺內竟日盤踞圍住兩禮字營盤寸心如焚又值淫雨竟日不息霆字多營赴黟縣救援辛苦異常無米可炊寒風刮面憫然不安至二更閱禮字二營尚足自立心稍安帖寫宗子久復信一件

廿日

早飯後清理文件見懷寧庠生來徽考歲貢而學政已去閱防查余處收存余因代考之令在祁門孫署作文二首請一考給予貢單寫季高信一凱章信一是日北風甚寒念霆湘多營赴羊棧嶺剿伏不知勝負何如為之竟日懸懸憂灼實深申刻漸聞勝仗之信燈後聞大獲全勝殺賊三四千之多為之欣慰又接沅季兩弟十六日專人來信始識江北近事為之暢然申刻闊擬戲之至與尚齋圍棋一局至夜懷抱少開矣

廿一日

是日天氣晴明人心為之一定早飯後清理文件甚多寫九弟信見客四次未刻鮑春霆來久談留吃中飯宋國永亦在坐鮑請添招成一萬人詞氣不遜余心為鬱鬱下半日不怡久之蓋見鮑將大負驕蹇足致敗之機並載福之道也傍夕至城下觀吳穗水所製木龍其法以長木三節約高三丈餘係城外架立用火包以繩引上燃綫後火墜城內實不足以制賊也夜與申夫樹堂論沅霆營添兵之事語多不合是夕接九弟初十之信論日記冊事蓋猶不知南岸危險萬狀也

廿二日

早飯後清理文件旋見客三次圍棋一局寫季高信雪琴信胡宮保信中飯後唐桂生等來查建德繼來見客六次圍棋二局夜與李申夫及樹堂暢談臨睡作書稿一件令楊名聲去

夢麟等敗狀之勇至要當年等處施隊拔來口占令
人代書憊極乃將於寶保兩邊遼多乾嚼少許

廿三日

早飯後清理文件旋見客四次圍棋一局與樹堂暢談一切中飯
後寫九弟信季高信鮑春霆來辭行明日將往景德鎮會
劉東日斟酌於唐桂生鄭景鎮霆營兩部護衛及
鮑春霆勸景鎮留湘營部護衛眾論紛紛意見不定
余亦游移躊躇申刻始定鮑軍明日啟行赴景鎮也夜
添袁午帥信四頁與樹堂暢談說話過多倦甚睡後噩
夢閱九弟惡耗放聲大哭樹堂驚起來敲門喚醒良久
乃寤為驚悸不已蓋余近日體氣虧弱之至耳 是日
派人至羊棧山嶺數尸者為擄揆實數得賊尸六百四十五具
水淹者已埋者屋內者尚不在此數

廿四日

早飯後清理文件 旋見客三次 寫四弟家信一件 九弟信一件
季高信一件 是日因鮑鎮軍率馬步六千人進剿景德鎮
之賊 傳各營官面商守禦之法 中飯後清理文件 甚多 至
傍夕始畢 夜與尚齋圍棋一局 與樹堂熟商近事 倦
極不能作一事 因煮燕窩少許食之

廿五日

早飯後清理文件 旋見客三次 寫厚庵信一件 九弟信一件
季高信一件 中飯後擬作摺稿 又以懶慢不耐煩 未及作就
申刻以後清理文件 頗多 至二更畢 日內思作摺 而心緒
不甚安帖 又不耐煩 如繼筆將作詩古文 附繼之 因心不耐
煩 操筆中輟之狀 是日凱章報廿四日獲一勝仗 余見探卒
左紱目擊 實未開仗 凱章近來以戰陣之事委之多
旗長 自己從不臨陣 又好報假仗 此軍恐不能振矣 夜
倦甚 仍食燕窩少許 是日午刻圍棋一局 酉正又一局

廿六日

早飯後清理文件 批沈寶成等 寫郭宮保信 寫九弟信 見客二次 圍棋一局 中飯後因思作奏摺 又不果 執筆寸心慌亂 若不克自主者 與在京時作詩文同一類窘苦之狀 特此因職勢浩大 心緒不寧耳 夜作摺一件 又口占作片一件 睡後接左公信 景鎮賊甚猖獗 竟夕不能成寐

廿七日

早飯後作摺稿一件 午初畢 與程尚齋圍棋一局 中飯後清理文件 甚多 至夜始畢 夜寫沅弟信一件 郭宮保信一件 日中寫季高信一件 李雪信一件 是日聞漁亭有大股賊來犯 寸心擾擾 又本日治事頗多 疲乏極矣 因三日內連服燕窩 精神稍長 尚能勉強支持 是夕四更接奉批摺 係十月廿六日所發者

廿八日

是日小雨竟日不止早飯後清理文件 与尚齋圍棋一局中飯後清理文件又圍棋一局 復李壽高信 復宗子久信 彭雪琴信 在復郭官保信 沅弟信 本日因系念左鮑二軍在景德鎮不知戰事何如寸心懸懸 黄昏刻少安 夜四更末醒尤為驚惕 是日早發摺一件 片一件

廿九日

是日仍竟日小雨不止心憂景德鎮左鮑兩軍 懸懸竟日憒憒不寧 与尚齋圍棋一局中飯後又一局清理文件 甚多 夜寫鮑春霆信 左季高信 江軍門信 是日寸心憂危尤甚 於昨日亥正刻滿萬元自景德鎮拐見鮑軍已到 左軍亦已自立此心始安 見客多共六次 張鎮湘值宿 余竟夕不能成寐

卅日

早飯後清理文件 旋与尚齋圍棋一局 寫希庵信一件 接

江西總局新刻英吉利法郎西米利堅三國和約條款閱之不覺嗚咽嘆五胡亂華氣象更為難堪中飯後與尚齋圍棋一局與樹堂鏖談最久樹堂因時事日非憤悶異常閱看紅樓夢以資排遣余亦閱之下半日閱球匯破太湖嶺下之湘源地方心為懸懸夜接江軍門信一件言正閱湘源之賊已退為之少慰

十二月初一日

早與文武員弁賀朔至巳正始畢午刻清理文件與吳高圍棋一局寫左季高信吳子序來送壽屏一幅因請渠中飯楊朴庵亦在坐飯後與子序圍棋一局是日大雪繼以風雨念將士之辛苦與景鎮官軍不知勝負何如心為懸懸夜與樹堂鏖談人情世態言送人銀錢隨人用情之厚薄一言之輕重父不能以代子謀兄不能以代弟謀譬如飲水冷暖自知而已是日接九弟信樅陽之賊已退為之大慰

初二日

早飯後清理文件 旋與尚齋圍棋一局 寫沅弟信 胡宮保信 希庵信 中飯後寫江軍門信 又與尚齋圍棋一局 接季高信 知景德鎮之賊遠退九十里百里不等 餉道大通 為之少慰 日內因軍務棘手 諸事廢弛 外間來信多不復 此又似昔年懶慢之態 位高而名重 其能免於人之謫責乎 夜擬以蘇詩七絕倩人抄出 蓋余往年在京所抄詩未抄絕句也 是日將圖章各石清理一次 交委員張璲以渠善鐫刻也 計已刻者三十四方 未刻者三十七方

初三日

早飯後清理文件 旋寫翁中丞信 與尚齋圍棋一局 與柏堂久談 中飯與子序圍棋一局 因之談至二更 清理文件 見官制單 浴 駱中丞奏孫坦鄧壽璋之摺 不甚平允 夜竟夕不寐 寒冷異常

初四日

早飯後清理文件，旋與楊軍門談。見客三次。寫左季高信、沅弟信，并寄十一月日記冊，寄各國通商條款。澄弟信，并寄家中鄂師東脩百金，又寄各親戚家銀共六十二兩。中飯後與子序圍棋一局，旋清理文件。夜溫詞賦類怪窮十餘篇。是夕二更三點睡，至五更方醒，蓋近日所僅見，或是每日服燕窩之功。

附記霆營

正中　陳由立　副中　婁雲慶　新中　顏紹棠
正左　鄭陽和　副左　劉順隆　新左　段大貴
正右　陳得勝　副右　余大勝　新右　易昌煥
正前　黃慶　副前　蘇文彩　新前　吳騰芳
正後　張玉田　副後　熊鑄生

初五日

早飯後清理文件，旋見客三次，與子序圍棋二局。中飯後改信稿四件，內張仲遠一信頗長。寫凱章信，作復與左季高，請其在景德鎮作碉十八座，以千人守之，每五百人一營，其營官守二座，四哨各守二座。又擬於祁門城修碉十八座。傍夕清理文件頗多，夜二更始畢。是日寫沅弟信一件。

初六日

早飯後清理文件，與尚齋、子序各圍棋一局，心緒不寧，悶悶若有所失者。中飯後見客二次，與樹堂疊談，旋清理文件，夜與子序久談，清理文件甚多，約百餘件。偽忠王李秀成率賊數萬，前由婺源來竄，本日接玉山稟報，知賊於廿六日已圍玉山城。

初七日

早起接家信，澄弟一件，係十六日在洙津渡發，言紀澤十

三夜宿萬福亭十四午刻方到家鴻兒一件係十八日發言
紀澤尚未到家念之上次牧雲一信係十一日在湘潭所發言
紀澤先入湘河口三信支離參差不符疑紀澤或另有變
憂慮焦灼樹堂因私問去家信之人據稱一無所聞
稍為釋然与子序圍棋一局清理文件中飯後寫沅甫
信季高信見客四次清理文件數多傍夕與子序
暢談渠前日移寓也夜又與子序圍棋一局日內心緒鬱惡
而吃蔬菜已十餘日精神頗至夜張戈什哈值宿夢見
勞辛皆与余同在長沙署拜客日內久不看書滿腔
逸情之氣實志不能踐耳

初八日

早請子序便飯飯後圍棋一局旋送渠移家暢談數久清
理文件寫左季高信李小泉少泉信中飯後清理文件
至酉刻方畢樵攤子一回倦甚天雨泥濘念紀鴻在益

鍇不知能得手否 夜清理文件 得勝文數紙 內有黃文金
與胡鼎文之件 敘賊情頗詳 夜睡不甚安帖

初九日

早清理文件 飯後與尚齋圍棋一局 擬作多摺片稿 心緒
鬱悶 久不得就 中飯後又圍棋一局 日內因不得景德鎮
關仗之信 心中忽忽如有所失 清理文件 見客四次 江軍
門自柏溪來見 是日劉邢皆姚慕庭田家過年 夜倦甚
讀書不能終卷 因讀淮南子精神訓 至大禹竭力以勞
萬民句 若有所感 王夢龍值日 夜初睡即夢魘 蓋
近日精神極疲 至幾不克自振

初十日

早飯後清理文件 旋與尚齋圍棋一局 見客四次 清理文
件 寫胡宮保信 雪琴信 季高信 中飯後核摺稿二件
至二更畢 一湖口守城摺 一南陵拔出陳鍇一軍摺 閱淮南

子正就睡至四更三點即醒

十一日

早飯後清理文件 旋送楊惠進城寓公館之內 改官軍剿平樅小溪漁亭各仗摺稿 中飯後改上溪口江灣各仗摺稿 又改一片稿 旋清理文件至更初畢 上午圍棋一局 下午圍棋一局 寫扁字十餘個 夜閱文中子十餘葉 是日添蓋屋一間 黃副將惠請代為經理 沈副將寶成喉痛 心甚系念 張戈什值日 夜三更不成寐

十二日

早飯後清理文件 旋寫左季高信 郭雲仙兄弟信 中飯後騎馬至城內楊畫雲宅談 楊畫近好作隸書 筆力勁健 但乏名貴之氣 傍夕歸 夜清理文件頗多 以本日未甚料檢也 將各案應行請卹者彙為一請單 閱揚子法言 究不如文中子之平實 蓋子雲文學中人 非道德中人也 細思古人修

身治人之道不外乎前此所見之勤大謹　勤若文王之不遑大若舜禹之不與謹若漢文之不勝　而勤謹二字尤為徹始徹終須臾不可離之道　勤所以儆惰也謹所以儆傲也　能勤且謹則大字在其中矣　千古之聖賢豪傑即奸雄欲有立於世者不外一勤字　千古有道自得之士不外一謹字　吾將守此二字以終身　倘所謂朝聞道夕死可者乎　夜睡頗酣四更即醒

十三日

早飯後清理文件　旋寫張廉卿信汪梅村信胡宮保信　圍棋一局　中飯後將東坡七言絕句圈出發抄　蓋余京冊所選十八家詩鈔未選絕句　將補抄之也　申刻發摺四件　一楊厚庵拔出南陵一軍　一湖口守城　一江灣上溪口之失一單　櫸嶺漁亭之戰　又請卹單一件　附片一件　於閱韓非子　夜圍棋一局　閱韓非子至亥刻　四更後東了口

抄摺係十一月初八日所發也

十四日

早飯後清理文件圍棋一局寫澄侯弟信午後寫陳餘庵信沅弟信核批札此次談黃副將日內經理起屋各件留之便飯申刻再圍棋一局旋閱淮南子汎論訓倦甚看書不能入閱諸子中惟莊荀子孫子自成一家之言餘皆不免於剽襲

附記

本釐局十二月初六日起連前共解過各項銀數

釐金共三十三次　銀十八萬八千七百兩　錢十一萬二千七百串

茶捐共十一次　十萬零三千五百兩

鹽稅共十四次　五萬三千四百兩

米捐共六次　一萬六千九百九十兩

洋藥共五次　，八千兩

十五日

早飯後清理文件，旋與尚齋圍棋一局，清理文件頗多。中飯後與申夫鬯談，再圍棋一局，閱淮南子說林訓。夜又閱淮南子約廿餘頁，清理文件。接沅弟信，歎樅陽又甚危急，為之寸心怦怦。偶思寫字之道，如修腳匠之修腳，古人所謂撥鐙法，殆與余所謂修腳法較平穩。二更睡，不能成寐。張戈什值日。是日雨，雨後雪，
九 雪竟日不止。昨數日起屋，本日停工。又念左營等不能開仗，當之焦灼。是日文武員弁賀冬至，應酬甚久，與黃雲海、楊在綱等談明歲移營出嶺，聚譚甚久。

十六日

早飯後清理文件，旋圍棋一局，後清文件甚多。寫沅弟信、陳餘庵信。中飯後再清理文件，圍棋一局，閱淮南子。夜又閱淮南子精神訓，若有所會。是日接家信，澄弟一件，紀澤一件。久不接澤兒信，心頗懸懸，至是一慰。夜睡稍成寐。潘戈什

值此二日霖雨不歇念景德鎮士卒之苦則為之憂念樅陽河水不盡乾涸則為之慰

十七日

早飯後清理文件旋與尚齋圍棋一局閱淮南子用硃筆画段閱覽冥訓時則訓精神訓本經訓至傍夕始畢是日見客六次陳霓臣姚秋浦談極久寫李高信一件複清理文件頗多倦甚近日老態愈增說話稍多便若不克自持幸胸襟豁達於成敗死生無甚計較故不生煩惱耳

附記

黃滕林 四川儘先千總 表豐

張占鼇 四川儘先守備 尚豐

又附記

丁日昌 廬陵

韋瀓 玉山

叢占鼇 前贛縣

隋藏珠

十八日

早清理文件飯後与尚齋圍棋一局旋閱淮南子道應訓汎論
訓中飯後閱詮言訓至初更畢清理文件倦甚与申夫
暢談天下大局似若無轉機之可圖者旋入房小坐夜
睡不甚成寐前左營起屋一間未畢十五六七三日雨雪停
工本日重修砌午後又小雨夜来見天氣陰黑氣象愁慘
為之憂悶久之不知大亂何日可平又不知安慶樅陽日內支
得住否寸心懸懸不已又思勞謙二字受用無窮勞所以
戒惰也謙所以戒傲也有此二者何惡不去何善不臻嘗
多寫幾分遍示諸弟及子姪

十九日

早飯後清理文件旋閱淮南子要略訓午後閱說山訓中飯後清
理文件甚多至傍夕始畢是日陰雨泥濘氣象殊不佳与尚齋
圍棋兩局夜閱說林訓接九弟信初七所發季弟六月一信

并寄新風名單 又接郭宮保左季高信 夜[illegible]

亥睡 頗能成寐 潘戈什值日

廿

早飯後與尚齋圍棋一局 旋寫沅季信一件 胡宮保信一件 季
高信一件 雪琴信一件 見客二次 樹堂來久談 中飯後圍棋
一局 與樹堂久談 閱淮南子人間訓 傍夕畢 夜閱泰族訓未畢
是日天氣陰寒 殊異 皆凍 營中起屋一間 粗畢 夜寒 實
常為今年所僅見 鄧差官值日 頗能成寐 默念吾 祖父
星岡公在時不信醫藥 不信僧巫 不信地仙 卓識定志 確
乎不可搖奪 實為子孫者所當遵守 近年家中兄弟子
姪於此三者 皆不免相反 余之不信僧巫 不信地仙 頗能謹遵
祖訓 父訓 而不能不信藥 自八年秋起 常服鹿茸丸 是亦不
能繼志之一端也 以後當漸漸戒止 并函誡澄弟 戒信僧巫地仙
等事 以紹家風

廿一日

早飯後圍棋一局，旋清理文件，閱淮南子泰族訓。中飯後寫大字數紙，閱脩務訓，清理文件。夜閱要略。二更畢，讀脩務訓中功可強成、名可強立等語，兩會淮南子本雜家者流，而此篇之旨與荀子相近。大氐理之足以見極者，百家未嘗不相合也。

廿二日

早飯後圍棋一局，旋清理文件，閱淮南子主術訓。是日因移居新屋之內，料理諸瑣事。姚秋浦、金世兄來久談。中飯後又圍棋一局，閱主術訓，至夜始畢。清理文件。二更四點尚未畢。夜睡頗甜，近日所僅見也。公牘內有遇總把李總兵文書一通，面用移書，余戳於書上題十七字，令云：團練把總李行箇平等禮，云何用移書敵體？見者無不絕倒。

廿三日

早飯後與尚齋圍棋一局 旋寫左季翁信一件 清理文件 散步至未初稍畢 請唐桂生黃惠濤等中飯 飯後再圍棋一局 申刻閱淮南子繆稱訓 夜閱齊俗訓未畢 清理文件畢 眼蒙故未能畢 與申夫晤談 久不接安慶信 心為懸懸 本日嘉字營自安慶來 知六日以前平安 為之一慰

廿四日

早飯後與尚齋圍棋一局 旋寫澄侯信一件 紀澤信一件 樹堂來久談 後又寫唐鏡海先生信一件 郭意城一件 沅弟一件 中飯後圍棋一局 清理文件甚多 是夜丑刻立春 因廿五日係忌辰 飭令即於本日行迎春禮 夜文武賀春者紛紛 閱淮南子齊俗訓至二更畢 歲除春至 營中吹笛等樂一概不禁 睡不甚成寐

廿五日

早飯後圍棋一局旋見客多起皆本日來賀節者巳正客散清理文件剃頭一次中飯後核批家局第二案摺稿一件第三案片稿一件請簡放九江鎮片稿一件請飭抄〇諭旨隨〇硃批著下片稿一件杜滿與世霖改咨片稿一件復擬作東征局籌餉一摺久未得空清理文件數十起

廿六日

早飯後圍棋一局旋清理文件寫李寓信一件見客三次擬作摺稿未成中飯後核批件山秋浦蔡室中飯飯後與楊堂卷談又與尚齋圍棋一局作東征局籌餉局摺稿至夜始畢二更又作覆奏請調劉調元金國琛一摺近且畢情一片二更四點睡五更二點醒近日辦事較多作兩摺後常能成寐身體較往年略倦

廿五日

早飯後圍棋二局，旋清理文件。作借運粵鹽片稿一件，見客三次，清理文件。中飯後又圍棋一局，清理文件極多。夜選李杜二家七絕，莫抄之。又選放翁詩二卷。是日苦雨一日，天氣甚暖，不似冬間氣象。夜竟夕不能成寐。張戈什值日，久未接沅弟信，寸心怦怦。

廿六日

早飯後圍棋一局，旋清理文件，核改信稿十餘件。閱淮南子原道訓。午刻，發報摺三件、片二件、清單一件。接沅弟信，係十三日專人來者，為之稍慰。然猶惜其到營太遲也。中言余下棋太多，勸我戒棋。未初至城內張侍山、姚秋浦、劉韞齋、李申夫諸處。中飯申初散，拜客二家，至楊朴庵處久坐。歸營已天黑矣。夜閱淮南俶真訓，未畢。接家信、澄弟一件，紀澤一件。夜二更四點睡，五更二點方醒，亦近日難得之事。

廿九日

早飯後圍棋一局，旋清理文件。接沅弟十九日信，巳刻又接沅季廿一日信，為之大慰。見客四次。中飯後又圍棋一局。清理文件甚多。寫沅弟信、雪琴信。夜閱淮南子俶真訓，言有道之士亦須遯附，為之增感。又閱天文訓，未畢。九弟信中附有澄弟及紀澤兒信，知霞仙之令弟四月七巳死，王錱牧亦死，為之感嘆。

卅日

早飯後清理文件，旋圍棋一局。寫沅弟信一件，胡宮保信一件，左季翁一件。見客甚多。寫對扁四件。中飯後圍棋一局，見客尤多。楊重來，久談。閱淮南子天文訓、地形訓，粗圍一過，至是日完畢。傍夕清理文件，至更初畢。見客甚多，皆本營文武行辭歲禮。夜二更看申夫與魯秋航下棋，四點睡，竟夕不能成寐。是日接鮑春霆信，以賊太多

請調漁亭四壁赴洋塘閱之大為不怡

咸豐十一年正月初一日

五更三點起，至城內萬壽宮拜牌行禮，黎明還營。各文武員弁來賀新年，巳正始畢。清理文件。寫告示一張，旋觀申夫與魯秋航下棋，余亦與少荃圍棋一局。中飯後閱陸放翁詩，選七言絕句發鈔，並選七律。余在京時曾將放翁七律選鈔一編，七絕則選而未鈔。今因鈔七絕，又將七律再選一編，恐與在京時所選多不符也。傍夕又觀申夫與人下棋。寫沅弟信。夜再閱陸詩。二更三點睡，五更三點始醒，為近日所僅見。是日細思立身之道，以禹墨之勤儉，兼老莊之靜虛，庶於修己治人之術，兩得之矣。

初二日

早飯後清理文件。旋與少荃圍棋一局。寫左季高信一件。出門拜年數家，至樹堂處小坐，忠義局小坐，午初歸。寫雪琴信一件。中飯後又圍棋一局。選放翁七絕，至夜選第七冊畢。

剳清理文書百餘件 眼蒙特甚殆因近日下棋太多之故夜睡頗成寐放翁每以美睡為樂蓋必心无愧怍而後睡夢恬坦古人每以此自課也

初三日

早飯後清理文件 与尚齋圍棋一局閱選放翁詩習字一張中飯後再圍棋一局閱選放翁詩是日共選八本 清理文件頗多 夜因鮑超請調漁亭四營会剿心為不怡又因夜飯時多內丁呼喚不應心為恚怒復看放翁詩已不能入其睡不甚成寐

初四日

早接奉 廷寄 即前覆奏普承堯劉運漕一案 飯後清理文件寫澄弟信一件 言戒驕字以不輕非笑人為第一義戒惰字以不晏起為第一義寫紀澤信一件 言文章之雄奇以行氣為上造句次之選字又次之 旋閱選放翁七絕 中飯後又選陸詩

夜又選之，共選八本。放翁胸次廣大，蓋與陶淵明、白樂天、邵堯夫、蘇子瞻等同其曠逸，其於滅虜之意、養生之道，千言萬語，造次不離，真可謂有道之士。惜余備員兵間，不獲於閑靜中探討道味矣。夜睡頗成寐，當由玩索陸詩，少得裨補乎。

初五日

早飯後圍棋一局。旋閱陸放翁詩，清理文件，見客三次。中飯後又閱放翁詩，將七言絕句選畢。又閱七律一本。寫雪琴信一封。習字一葉。夜寫零零字。余生三十以前作字，未能盡心，閒架不穩，手搖不穩。四十以後雖略有長進，而手搖時靈時鈍，鈍時則如古人所謂莖草凍蠅幅者，亦自咲也。閱唐宋詩醇中所選陸詩一遍畢。稍觀言養生之道，以目光為驗。又言忿慾二字，聖賢亦有之，特能少忍須臾，便不傷生，可謂名言至論。

初六日

早飯後圍棋一局，旋清理文件，習字一張，溫易經二十葉，乾卦畢。係湖北新刻本，程子傳、朱子本義、呂東萊音訓，未竟。進城至糧台，張伴山、姚秋浦等談，吃中飯。飯未畢，接信，賊破大洪嶺而入。旋又接信，賊破大赤嶺而入，副將黃惠清守卡未能堵住，死傷百餘人。余為營經理一切，寫信與左季高，在寫信與凱章、子久及婺副將等，調漁亭霆字營多帶三哨來祁門救援。二更三點睡，竟夕不能成寐。苦雨達旦，風聲亦惡。起看天色，二次黑暗，愁悰向所罕見。張龍仟值日，令其起問訊兩次。

初七日

早飯後圍棋一局，旋寫季高信、凱章信。見客四次，皆唐桂生等洪營之官來稟剿赤嶺之賊者，令其至西門外亂看打仗之地。本日午刻，查得前右營在赤嶺僅死傷二十六人，陸續

四營中飯後閱得江軍門帶隊將大洪嶺之賊逐出略為
寬慰 圍棋一局 口占寄信三葉 夜寫零字數十 睡不成寐
惟多夢魘耳 是日亥刻閱大赤嶺之賊業經退出 二更
又聞其復入

初八日

是日恭值先光祿大夫星岡公冥誕 營中未及設祭 早飯後
圍棋一局 旋商出隊之事 唐桂生定計於本日出隊赴歷口
勦賊 余許之 巳正出隊 僅行十八里至石門橋地方即遇賊
匪前來撲犯 老營因與接仗 幸獲大勝 追殺二十餘里直
至歷口方始收隊 回札小路口一帶 午刻聞賊蹤甚近 滿城
驚慌 遷徙 余寫胡宮保信一件 九弟信一件 左季
高鏡書達信一件 申刻 鄧寅皆信一件 下半日閱勝仗
信 又寫唐桂生信二件 左鏡信一件 鄧寅皆及朱雲
慶多信一件 是日天色黯慘 人民驚慌 憂心如

樊鍾樓勝仗而終夜未嘗成寐

初九日

早飯後清理文件 旋見客四次 閱唐桂生等今日進勦歷口不能得手 惡甚悶悶 寫郭宮保信 沅弟信 唐桂生信 左總信各一件 中飯後圍棋一局 習字一紙 寫凱章信 清理文件 夜閱易經坤卦屯蒙二卦 傍夕閱賊已全出赤嶺 為之少慰

初十日

早飯後清理文件 旋與尚齋圍棋一局 派人至歷口等處驗數賊尸 閱實殺賊一百八十六人 寫唐桂生信 左季高信 溫易經需訟師比小畜履六卦 至申刻畢 與尚齋圍棋一局 寫凱章信一件 傍夕閱以前李芋仙所送唐宋四大家文中之歐文 清理文件

十一日

早飯後圍棋一局，旋清理文件，溫易經泰否同人大有謙豫六卦，至申刻畢。寫胡宮保信、李希庵信、九弟季弟信、唐桂生信。是日巳末刻請營務處各委員吃飯。午後又與尚齋圍棋一局。日來時心鬱鬱不樂，因左龍在石門衢等處與賊相持，久未開仗，恐另有他變也。夜將易經彖辭、文辭中相同者分類編出，以資互證。夜睡不甚成寐。張以升值日。燈時接九弟信，係初八日所發，知北岸軍事平穩，為之大慰。

十二日

早飯後圍棋一局，旋清理文件，習字一葉，出外看豫字營操演，約一個半時辰閱畢。歸見客二次。中飯請忠義局委員、糧台委員凡兩席。便飯後又與尚齋圍棋一局。唐桂生等自歷口凱旋，與之久談戰事。是日又閱龍熙查洋塘大樓勝仗，賊已全數潰遁，在彼壘

与余閒談意氣頗盛語次大相齟齬為之不歡者久
之睡不甚成寐五更初即醒

十三日

早飯後清理文件 与尚高圍棋一局旋見客四次接左季
高信知總軍眾已獲勝鄱陽之賊遂退 清理文件寫
沅弟信陳作梅信 中飯請夏謙甫等便飯之後添陳俊
臣李筱泉信各件 清理本文百餘件 賀年之字
居多在与尚高圍棋一局 倦甚思睡 竟能成寐日內
閱多處勝仗之信心為開爽 閱胡宮保病勢頗重大以
為憂灼

十四日

是日值 宣宗成皇帝忌辰念庚戌年 龍馭上賓（國藩承乏禮部與治喪事）今滿十一
年矣而英夷之猖獗圓明園被燬 聖駕出狩灤陽現聞有
西遷之議滄桑之大戚臣子之至痛愴然不知所以為懷

飯後寫家信二件，紀澤一、澄弟一；又寫胡宮保信一件、左季高信一件。清理文件。中飯後圍棋一局。習字一紙。溫易經隨卦、蠱卦、臨卦、觀卦、噬嗑卦、賁卦，至更初畢。溫古文論著類、詞賦兩類。是日辰刻接盛將派作碉卡提調之札，繳還。傍夕鮑公報初九日勝仗之字，禎竟夕不能成寐。念養生家之法，莫大於懲忿窒慾、少食多動八字。

十五日

早，眾員弁賀節。飯後來賀者尤多，心中不爽快，與尚齋圍棋一局，旋覺不快之至，大作嘔吐，吐向外廳內房皆滿，因出外稍看閱行，眾客皆不能見。小睡片時，午正起，清理文件。中飯禁食油葷。飯後溫易經剝、復、无妄、大畜四卦，至日落畢。燈中多請官玩龍燈，至刻起二更散四點。余以去冬以來危險萬狀，今甫得安穩，以後宜戒導滯，亦不之禁。但睡難成寐，五更二點始醒。寫少荃信一件。

十六日

早出外巡墻子　飯後圍棋一局　清理文件　見客三次　件山及隋龍淵江良臣坐談頗久　余身體不安　竟日禁葷油　并不吃茶　以水飲停滯　胃腸之間時時作嘔吐也　小睡時許　中飯後習字一紙　溫易經頤　大過　坎　離四卦　傍夕剃頭一次　閱漁亭官軍是日進攻上溪口　心為懸懸　夜清理公文百餘件　與申夫尚齋談軍中戰狀　雖同見同聞同在局中之人　而言人人殊　不足憑信　古來史傳之不足憑信亦如是矣　[illegible]睡不甚成寐　蓋并值日三更後北風大雨并作

十七日

早大雨　出外查墻子　飯後清理文件　寫左季高信　核寫胡宮保信　習字一張　身體不好　仍禁油葷　見客三次　中飯後清理文件　溫易經咸　恆　遯　大壯四卦　傍夕清理文件　至二更止　約

百餘件 是日雨雪交加 室中寒冷異常 四眼花並未知
大亂何日可平 二更續閱放翁七言絕句 實能道得吾胸
懷 是睡不能成寐 張升值日 是日閱漁亭官軍於十六日進
攻上溪口 獲勝 早飯後與尚齋圍棋一局

十八日

早出外查牆子 飯後與尚齋圍棋一局 旋清理文件 寫裕
時卿信 陳季牧信 王人樹信 沅季弟信 雪琴信 鮑春
霆信 中飯後再圍棋一局 清理文件 習字一紙 溫易
經晉卦 明夷家人睽四卦 在清理文件數十件 續寫
劉共遂不理會 晡時接澄弟信 澤兒信 知家中
五宅平安 本日仍禁食油葷 在因家中寄臘雞肉
丸之類 略食少許 服藥一帖 皆茯苓半夏厚朴炮
姜之類 睡尚成寐 是日牙痛數次 老境日增 深知
飲食清淡之妙 濃厚者斷非老年所宜

十九日

早出查閱墉子飯後圍棋一局寫季高信一封見客數次清理文件中飯後見客二次朱雲崖自家中來與談頗久習字一紙溫易經蹇解損益四卦至朱雲崖帳內久談傍夕倦甚與申夫談夜清理文件是日仍禁油葷 接九弟十三日信及各處探報知賊分兩股一股由建德下竄青陽一股在彭澤者繞出追之至牯牛嶺日內或可出建德而下竄為之少慰夜因去年楊令與鄭榮互訐之案頗為鬱悒不平繼思謹抑之道心事須力戒爭勝之心痛自懲艾

廿日

早出巡查墉子飯後圍棋一局清理文件寫毓中丞信見客四次中飯後圍棋一局清理文件 習字一紙 凱章自漁亭來與之久談至傍夕夜清理文件 百餘件 又與凱

章久談 夜不能成寐 張升值日 是日仍禁油葷一

廿一日

早出巡查墻子 飯後圍棋一局 清理文件 寫沅弟信 雪琴
信 習字一紙 旋出門至城內閱碉卡局 午正歸 與凱章
敘談 小睡片刻 中飯 請凱章 雲崖 桂生便飯 飯後與
尚齋圍棋一局 天雨淋漓不止 頗為愁悶 晡時清
理公文 夜核改信稿十六件 與凱章敘談頗久 睡不甚
成寐 鄧升值日 大雨徹夜不止 是日聞廣信解圍之信
為之喜慰 又聞逆匪李秀成等從婺源入北樂平
等處 為之憂慮

廿二日

早飯後清理文件 與尚齋圍棋一局 寫左季高信 能書
璽信 清理公牘甚多 至未初畢 中飯後核改堅守景
德鎮及洋塘勝仗摺稿 晡時畢 至朱雲崖等處

少荃說添觀兵之事在渡大赤嶺勝仗摺稿至三更畢

倦甚。是日霖雨，竟日夜間雨彌大，氣象殊不佳。接沅

季弟十八日信，亦以南岸為慮。是日休寧望全福四送

右軍帖一本，王夢樓跋，斷為淳化祖本，且定為唐刻

考核未必確鑿，而神采奕奕，如神龍矯變，亦不可方

物，實為希世至寶。余縱年五十百一得見此奇，可為

眼福。望令文送趙侍御仲穆所畫飛白竹，上有楊遷

山、沈繹堂諸先生題跋，亦可寶也。余以世間尤物不敢妄取，

審玩片刻，仍亦璧還。去年黎令福疇送劉石庵所

畢溪之公左閣中所書手卷，余亦璧卻。此三件可稱都

門三寶

廿三日

早飯後清理文件，與尚齋圍棋一局，後寫沅弟信一件，寫宮

保信一件，作片稿一件，清理文件頗多。中飯後閱子白

信一片 復李季高信一件 宋子久來久談 在寓寫鯤中丞信一件 又作摺片一件 在睡殊不成寐 張升值日 是日巳刻接奉
由 內交出手賞福字荷包之類 其南棗桂麵奶餅之類 驛站竟將包拆開偷竊十分之七八 無此向來所未曾見 紀綱廢弛 下無忌憚 日甚一日 廿六日 陰雨竟日 氣象愁慘 念鮑軍在牯牛嶺 不知無疏失否 為之懸懸

廿七日

早飯後清理文件 旋下象棋一局 見客三次 與隋龍淵太守談頗久 閱廣信之賊竄至鉛山之吳坊 湖坊 該處可直入撫州 建昌 亦恐其徑犯省城 憂灼之至 因寫信與李輔堂 屬其以省城防務自任 又札催魏喻義至江省協防會城 又札雪琴派水師一二營協防省河 皆手作稿 寫家信一件 示澤兒 將福字寄歸 寫左季高信一件 中飯請宋子久 隋龍淵 頫文甫 程可山便飯 胡名絡勳 績溪拔貢 宿學之士 年七十三矣 申刻核批

二摺二行一單 清理文件 至傍夕畢 習字一紙 夜寒殊甚

近四日陰雨不止 本夜見星光為之豁然一爽 夜睡殊熟 今日

讀子由謂東坡晚年以文章為鼓吹 茲知文章中之樂境

余亦漸知之 惜無寬閑歲月竟其所學耳

廿五日

早出外巡查墻子 飯後因賊竄江西腹地 謀以重兵一支

回援 接蓮擬以左季高一軍回剿 寫信與左商之 又

寫信與錢張二公商之 又寫胡宮保信一件 毓中丞

信一件 見客三次 下棋一局 清理文件 至營門外

踏看修碉地基 接家信 澄弟一件 紀澤一件 中

飯後見客二次 清理各文百餘件 至朱雲崖處 以

坐夜倦閱溪莊林中 巡哨作論由瑣記 睡不甚成

寐 張升值日 深公言養生之道 不特食宜少 眠亦

宜少 可謂名言

夏朗齋 谨甫三父

舒 谨 蕉谨 皆秀楼翹先生之弟

廿六日

早出巡視營墻飯後圍棋一局旋寫李高信一件清理文件、習字一張溫易經咸姤萃升四卦中飯後又圍棋一局寫掛屏八幅至朱雲崖處小坐清理文件夜閱信稿六件溫古文辭類夜睡頗熟鄙弁值日念余於古文一道十分已得六七而不能竭智畢力於此雖為世務相擾然亦未聞實志亦未專也此後精力雖衰官事雖煩仍當篤志斯文以卒吾業

廿七日

早出巡視營墻飯後清理文件圍棋一局見客三次午刻至外看新兵營操演未初歸來中飯後習字一張清理公文百

餘件 接九弟信鮑春霆信知建德現尚有賊幸到 〇〇砵
批條十二月十三日所發之摺外附一箱〇〇黃楊軍門荷包
四匹 對白玉搬指一個白玉翎管一枚小刀一把係摺中所請者
傍夕至朱雲崖處小坐 莅溫甫丹華處 四卦 習字之字
數紙 睡頗成寐 核寫胡宮保信一件

廿八日

早出巡視營牆由北門外進沖行二三里許 飯後圍棋一局旋清理文件 作解散脅從歌未畢 中飯後再圍棋二局作歌至二更始畢 共六十八句於被擄難民久陷賊中者足以達其心中之苦情 旋清理文件數多 睡不甚成寐以用心稍過也

廿九日

早出巡視營牆飯後圍棋一局清理文件旋寫胡宮保信一件 并送祁門 求六兩燕菜一斤 又將渠去冬所送人參

一函，璧還專人送去。寄厚庵信一件，將○○御賜厚庵之荷包四對及小刀、搬指、翎管等件專人送去。又寄九弟信一件。接鮑春霆等稟，廿六日大勝，殺賊五六千人，追奔四十五里，將建德克復，為之大慰。自十一月初至今，風波為之稍平，人心為之一寬。中飯後清理文件，甚多，約二百件。圍棋一局。夜溫易經震、艮二卦。睡亦不成寐，嘗鄧弁值。

十二月初一日

早飯後賀朔，至辰刻畢。飯後見客三次。圍棋一局。清理文件。寫季高信一件。接沅弟信，係正月十四日所發者。中飯後圍棋一局。神思困倦甚，將陸放翁詩中可為對聯者圈出，付鈔。晡時寫對聯二付。夜習字百許。日內於作字之道，若有所會，惜精神疲乏，目光眵眵花，老境日臻，不克竟其所學。古人所以貴及時力學也。溫

易經漸歸妹二卦意思昏慵實無所得夜思作書之
法劉石庵善用偃筆鄭板橋善用蹲筆王夢樓
善用縮筆惟努筆近人無善用者古人惟米元章
最擅勝場吾當於此自極其思耳

初二日

早出城外看碉堡地基飯後清理文件旋寫解散歌
字約一寸大圍棋一局中飯後再一局見客二次隋
龍淵來言各營口糧僅發至九月止而委員彭水臣
蓋至正月不足以贍兵余深韙其言寫畢解
散歌至申正畢口占作修碉告示凡四條夜寫左信
一件凱章信一件本日聞賊破大洪嶺而入黟
縣並聞偽侍王已至休寧二路來攻祁門之
說又接建昌府黃守等稟極危極險竟日皇皇不安夜
倦之已極不甚成寐

附記樺桕嶺外賊目

譔天福　何良壽

文天燕　張永壽

武天燕　黄永福

崇天燕　蔡加意

戴天安　周化鎔

休寧城内賊目

禪天豫　李

遴天安　陳

駿天安

祿天安

初三日

早至北門外看修碉地基飯後清理文件寫鮑春霆信將放翁詩句可為對聯者圈出付抄中飯後圍棋一局旋清理文件陳霓臣來久談寫對聯條幅數

件。清理公文。夜又清理數十件。日內公牘甚多，幾於逐日清釐，而積壓尚有二百餘件。精神疲困殊甚。本日雨後甚寒，身體若若重滞，不自在。散步。夜二更後眼痛腰痛，幸時時以蘇詩、陸詩諷詠自娛。睡稍減寐。潘升值日。是日與唐桂生定保攀攀多次。湘前營中前左營些保二成，前右營一成七分，親兵營一成四分，墨字畫字營八分。擬分作兩次開單。三月出糧一次，五月一次。

初四日

早出外巡視相度修碉基址。飯後清理文件。寫家信澄弟一件，沅季一件。見客三次。旋寫季高信件，毓中丞信一件。中飯後清理文件。圍棋一局。至朱雲崖處小坐。談。寫對聯二付，挂屏四張。出外看技勇人，徐東海所帶發石機。旋至西門外出觀修碉基址。傍夕歸，接申甫皇甫

黃印山太守請兵之事，及去歲佔一事，涕泣求救等情，
目不忍睹，耳不忍聞。又聞休歙之賊已竄婺源，將竄
犯江西腹地，憂灼之至。兩次抽兵回救江西，饒寧瑞
皇不知所以為計。與朱雲崖商撥將黟縣漁亭
棄而不守，令凱章守祁門，抽出朱唐一軍援
剿江西之撫建等處，寸心憂焦，不能復治一事。
用兵之難，莫大於見人危急而不能救。

附記

豐生續 撫陣已請卹。

曹子錫 花翎守備 益陽人

初五日

早出看修礮工程，飯後清理文件，圍棋一局。念建昌
被圍許久，因寫寄憂灼，寸心如焚。昨日係先大父（夫）忌辰，
今日係玄宰閣 先妣江音之辰，內念家中骨肉之多，
城外彭戰氛四路之環繞，殊深憂慮。見寄三次隋龍

淵曾為建昌知府，聞余將派人赴建救援，渤涇請隨
營支應，血性人也。是日清理積壓文件，至夜方畢，
共二百餘件。午刻寫黃印山太守信一件，申刻凱
章來，忽係聞建昌已危，思所以救之。未刻寫對聯
五付。夜選陸詩可為對聯者，至丑刻睡。蓋未成寐，
連年救援建昌，於是日大獲勝仗，為之一慰。

初六日

早至城外修碉處勘視。飯後圍棋一局，旋清理文件。凱章
來營談。習字一紙。選陸詩可為對聯者，見余祖述蔡源
輩人。工部司員李〇〇自四籍辦團，久談，近二時許。接部堂
保信，知霆山余際昌軍敗潰，蓋山吃緊，調鮑軍北渡
救援。中飯後清理文件，旋寫挂屏四幅，旋寫胡宮保
信、鮑春霆信，言霆軍不可北渡，寫派老湘營及
湘前張中等營攻勦上溪口，與朱雲山、石唐、桂生等

邑誤夜圍棋一局接左季高信言近日進攻婺源
清華街之賊比即覆之還陸請可為對聯廿眼
蒙殊甚殆於枯坐近日老態眼蒙齒痛二事最
為著驗

初七日

早出因下雨未出查營朱唐等至漁亭將進勦上
溪口也飯後圍棋一局清理文件寫沅弟信左季翁信見
客二次中飯後再圍棋一局寫郭雲仙遠城信寫對聯
條幅數件清理文件自來因建昌被圍懸念萬分而又因
賊竄婺源左軍之勢難強又因北岸霆山師潰恐桐
城安慶各軍難當大敵憂灼之至焦思無聊精神疲
倦不能辦一事夜改蕭麥鋪大獲勝仗摺稿又改向
賞福字恩摺又改自作一片接胡宮保信聞希庵放安
徽巡撫為之喜慰惟皖事太壞殊不易辦耳

附記

王光東　王隆四所保

廖楚軒　湘鄉廿四都人住白沙　已保外委

張凌益　桂東人住江西　二人皆沅弟親兵極善走初六酉刻自安慶動身初八日二更到祁門　已保藍翎外委

初八日

早至城外修碉處查閱飯後圍棋一局旋寫胡宮保信沅弟信雪琴信鮑春霆信劉印渠信中飯後又圍棋一局寫李輔堂信見客數次清理文件剃頭一次旋清理文件頗多倦甚接胡宮保信知英山失守為之憂灼不已復知所以為計申刻寫對聯四付發摺二件片一件

初九日

早至城外碉卡處飯後清理文件旋寫李希翁信胡宮保信張愷章信沅弟信春霆信申夫信中

飯後圍棋一局，寫毓中丞信、黃印山信。摺弁黃達貴自京中歸，閱京信及邸抄多件，又詢魏河情形甚悉。夜清理文件，頗覺困倦。二更四點睡，三更四點接信，知凱章、雲岩、桂生本月五上溪口大獲勝仗，為之喜慰，以後即不能成寐。是日未刻請任星元、彭山屺中飯。

初十日

早飯後圍棋一局，旋至城上周歷，相度修碉地勢，巡陟頗勞。午初歸，寫左季高信一件、朱雲岩信一件，清理文件。中飯後，曹禁張鎮湘自安慶歸，問及一切。圍棋一局，寫對聯三付、掛屏四幅，清理文件，溫易重旅巽兌四卦。接胡宮保信，知希庵全軍回救英山、蘄水等〔雲嶽〕楚壺亦可保全。閱經義述聞，如其過過之、其過防之等過字，深昌所含。余於本朝經學、小學諸家，稍服膺王懷祖先生父子之精核，蓋以其於經文之虛神實訓體味曲盡也。

十一日

早，至修碉處巡閱一切。飯後圍棋一局，旋清理文件。寫左季高信一件，張凱章信一件，胡宮保信一件，沅季兩弟信一件，雲嶽信一件，申夫信一件。少息片刻，旋接左季高初九夜信，又寫復信一件。寫陳舫庵信一件，僅之赴景德鎮。中飯後圍棋一局，清理文件。溫易經渙、節、中孚、小過、既濟、未濟六卦，至更初畢。申刻寫對聯七付。一更四點至二更四點清理文件，續寫到甚遲，不復清矣。本日各營進攻休寧縣城，心為懸系，睡不甚成寐，屢次遣人出問信息。至四更四點，聞後尤為焦灼。因近日偽主將洪國宗、偽輔王、偽侍王、干王等麕集於休寧、上溪口及思口、清華街、婺源等處，左軍縻之於婺源、清華，極婺華隔，而祁門、漁亭之兵亦殊單弱，不敷調派也。此

外又至偽忠王圍攻建昌偽善王上窺湖北之蘄水二處

之可危大局之能否稍有轉機在此一月上下之間

十二日

早蓋修碉局查閱飯後圍棋一局旋寫左宗棠信一封沅弟信一件胡宮保信一件凱章信一件倦甚小睡中飯後圍棋一局旋清理文件寫對聯條幅十餘件閱休寧之賊於十一夜遁逃縣城克復外間紛傳謠因與朱雲岩等商定大局致陳餘庵信鈍書雲信見客四五次皆道喜者旋清理文件頗多二更三點睡瞰寐四更一點即醒不復能成寐日來曾無莫以前未之有不敢服鹿茸丸反得安睡或近日服藥太燥轉礙於酣寢耶未正寫字一紙

十三日

早蓋修碉局查閱飯後圍棋一局旋寫左宗棠

信一件　凱章信一件　唐桂生信一件　宋滋九信一件　見客五六次，唯因休寧克復道喜者。中飯後圍棋一局，寫沅弟信一件，清理文件，鈔多。至朱雲岩處談。夜寫雲岩字甚多。悔筆意太少之法，專用渴筆以使（極）其縱橫收轉之力，但少雄直之氣。余當以渴筆寫雲岩直之氣耳。是夜又寫凱章信一件　陳舒庵信一件　睡略成寐　是夜補更時溫繫辭上傳

十四日

早出城至硐局　飯後圍棋一局　旋清理文件　寫家信澄弟一件　兩兒一件　沅弟一件　左季高一件　寫核批目斯部呈滔一單　口占作稿一通　行多雲處推寫凱章一信　妻雲慶一信　中飯後再圍棋一局　又（寫）信二李　與朱雲岩等商討大局　是日早戈什哈解係猾山旌至未殺

鄉霞此次營盤被賊圍住寸心焦灼是夕與順字營
馬勇親至見王家以鄉霞桂遠之勇若覺可慮焉之
至是在不能治一事通宵不寐蓋恐景鎮若失營
後路被賊占據則糧路立斷　　酉正二三鼓

十五日

早飯後賀翔見客數多至巳正畢　黎明接左季高
信知王家卿等桂遠之實情又接湖北信知黃州失守焦
九十 情之至旋圍棋一局寫左季高信一件核宮保信一件一無
中丞信一件　凱章信一件　沅甫信一件　中飯後圍棋
一局餘改克復休寧摺稿見客三次清理文件數
多念各路大局決裂寸心憂灼之至在清理文件寫
春霆信一件　申夫信一件　睡不成寐

十六日

早至黃惠清營內看病飯後圍棋一局旋寫胡宮保信一

件鮑春霆信一件　右李希庵信一件　清理文件見客三次
中飯後圍棋一局習字一張　因寄毓中丞信李輔堂
信一件　清理文件　是日定計以鮑春霆進援江西
省城安固根本決援撫建閱撫州建昌危急之信實
深憂灼夜清理文件

十七日

早至湘前彭營查閱　飯後圍棋一局　清理文件　旋寫李少
荃信一件　寫鮑春霆信一件　宋滋久信一件　中飯後天雨
綿綿不勝鬱悶　旋與隋龍淵太守圍棋二局　夜閱甲路
之賊未跟蹤追犯景鎮心略舒暢　寫信與張凱章唐
桂生屬其妥為預備　恐婺源之賊由保出徽郡并犯休寧
凌亭溫易經繫辭下傳至雜卦傳畢　是夕睡頗成寐
前擬於十七日拔營至東流建德　業已通札各營　因左軍
至甲路之挂瑤軍心驚慌故本日未移營　發摺一件

接克復休寧信一件 接軍門緩移營

十八日

早至碉局查閱 飯後圍棋一局 旋寫左京堂信 毓中丞信 胡宮保信 沅弟信 彭雪琴信 見客二次 中飯後圍棋一局 見客三次 寫竟苑屏一張 習字一紙 寫挂屏四幅 是日聞景德鎮等處無賊 心為少舒 夜間聞李軍至巴河無船可渡 又聞狗逆直上漢口 不為少停 尤以為慮

十九日

早至碉局 飯後圍棋一局 旋寫江西省司道公信一件 鮑春霆信一件 唐桂生信一件 清理文件 習字一張 中飯後圍棋一局 寫左季高信一件 清理文件 倦甚 竟日雨不止 寸心鬱鬱 夜清理文件 日來因黃州失守後 漢黃危 又接建危急 憂灼萬分 坐臥不安 公牘尚遲

清釐信件，陰霾竟日，外感積壓不清爽。

廿日

早出查修碉，飯後圍棋一局，旋寫胡中丞信、毓中丞信、李希庵中丞信、張凱章信、唐桂生信、沅季二弟信。中飯後再圍棋一局，旋清理文件。寫掛屏一幅，匾字數個，倦乏殊甚，日寫字太多，神若為之竭，可見精力之不足。習字一紙。申正刻打辮子，新換一剃頭，其舊者在此三年，告假回家也。夜習曾字數多，溫古文詞雜類，將西征雜詠與雜著、城雜、宣江南雜等篇恬吟一遍。是日接家信，信閱，賊在上巴河孫家嘴黃狐一帶，去漳十二三日，當無可慮，心為之少舒。

廿一日

早雨，未及出外巡查。飯後清理文件，圍棋一局，旋寫左季高信，約千餘字，寫鮑春霆信、凱章信，寫匾字數

午中飯後圍棋一局 寫沅弟信 紀澤信 習字一張 清理文件 數多 夜復清理文件 歷覽為之一歎 閱古文傳誌類 睡難成寐 是日陰雨泥濘 氣象愁慘 又閱官秀峯制軍不肯守湖北省城 帶兵出防要隘 又臨警招勇 恐召賊匪溷跡其中 為之懣懣不樂

廿二日

早出外至修硐局 飯後圍棋一局 旋寫胡宮保信一件 沅弟信一件 紀鴻兒信一件 中飯後圍棋一局 寫掛屏四幅 倦甚 不能治事 連日案上積牘頗少 惟信稿多未核改 每日除親筆信稿數件而外 餘俱聽積不復之信多矣 閱戴東原文集 夜閱黃傳誌類

廿三日

早出至硐局查閱 飯後圍棋一局 旋寫九弟信 紀鴻兒信 左季高信 張凱章信 清理文件 与朱雲岩等緣移

畢與谷中飯後與圍棋一局清理文件旋閱禾戍嶺被賊破卡而入櫸根嶺亦被賊破卡而入寸心憂灼習字一張寫挂屏四幅申刻歐陽小岑來與談至更初始去寫申夫復信一件閱古文辭類纂下編

廿四日

早至朱雲巖營查墻子飯後圍棋一局旋寫澄弟信一件言星岡公之八个字余之八本之說屬家中子姪謹記沅弟信一件厚庵信一件清理文件習字一張中飯請小岑便飯飯後圍棋一局與小岑談至夜是夕聞櫸根嶺之賊由竹箬坑竄至歷口朱雲巖定於次日出隊與劉寫江軍門信一唐桂生信一婁峻山信一鮑信一鄒信一楊豫庵信一是日聞賊過建昌府已解圍之說為之少慰

廿五日

早朱雲巖出隊往援歷口飯後圍棋一局旋寫李

高信凱錄中函信李輔堂信清理文件 中飯時小岑來批畫電字一件 飯後與曾高明圍棋一局天雨不止與小岑談甚久傍夕又與小岑圍棋一局夜溫古文閱本念韓公因情孔思四字非李漢知之極深而能道得出為文共要須窺得此四字乃為知筆下外此皆枝葉耳 習字一張余往年在京深以學書為念苦思力索幾於困心橫慮但胸中有字手下無字近歲在軍不甚思索但每日筆不停揮 除寫字及辦公事外每習字一張不甚間斷專從間架上用心而筆意筆力與之俱進十年前胸中之字今竟能達之腕下 可見思與學不可偏廢

廿日

早出城至營修碉處飯後圍棋一局旋寫沅弟信敬

宮保信朱雲岩信王霞軒信習字一紙中飯後圍
棋一局清理文件接信知雲山右本日在歷口獲一勝
仗寫信告知唐桂生見客數次夜寫雲字甚
多日來於書法若有所會故每寫雲之字動
至數百之多戈什哈曹廣澤自歷口打仗回據
稱手刃十餘賊言賊實怯懦莫能不禁打也
睡不甚成寐

廿七日

早出外看碉飯後圍棋一局寫左季高信鮑春霆信江軍
門信朱雲岩信二次清理文件未初小岑來坐談至夜始去
中飯後見客二次楊朴庵來久談大雨如注自午至夜未
嘗停刻因少傳夜溫古文辭記類清理文件甚多睡不甚
成寐

附記

一 王 二 主將 佐將 總提 義 安 福 燕 豫
侯 丞相 檢點 指揮 將軍 總制

偽英王 陳玉成 四眼狗

偽輔王 楊輔清 七麻子

偽忠王 李秀成

偽侍王 李世賢

偽幹王 洪仁玕

偽贊王 蒙德恩

偽（定南）主將 （整天義）黃文金 正總提 胡鼎文 （檢天義）李繼遠 （提天義）林世發

偽（右軍）主將 （通天義）劉官方 （正總提）賴 （佐將天義）古隆賢 聰天安 劉勝起 麟天豫 古得金 提天福 古福興

偽（陛衛）主將 許茂才 偽（前軍）主將 吳如孝

偽（中軍）主將 林紹璋 亦加封璋王 偽（征討軍）主將 陳學禮 宣天義

偽主將 洪春元 偽（征北）主將 張洛行 即捻子頭 偽（討逆）主將 范汝增

廿日

早出門至修硐處飯後圍棋一局 旋請理文件 大雨

如注不止 習字一張 旋寫零字甚多 寫杜詩五律

十餘首中飯後見客數次朱雲岩易昀黃等在
歷口打仗歸來與之久談雨大愁悶不能作事案牘
歷積數日矣擬仍寫零字余往歲好黃魯
直書近日未嘗厝意山谷深得晉人真意而逸
趣橫生當更致力溫古文序跋類倦甚每至
燈下輒困乏故入古不能精深

廿九日

早出城外查閱右營飯後圍棋一局旋寫沅弟信一
胡帥信一圭覆信一清理文件中飯後習字一張
寫一葉字甚多皆寸大楷書會客三次陳亮臣談甚
不隨龍潤圍棋一局又朱雲岩處久談擬溫古文情
緒頹是日因說話太多神思倦乏睡多夢魘余少
時每遇困乏即夢魘道光十二三年間先大夫數
數呼喚不醒每以為憂今三十年矣而此病如昔精

神亦似未甚衰減。共日內思作字之法，險字和字
二者缺一不可。本日閱王篛林賸語，亦於此二字三
致意焉。

廿日

早出外查閱修碉工程。飯後清理文件，寫進兵攻徽路徑
摺一、札稿。旋習字一紙，寫零字甚多，寄凱章信一件。
飯後寫九弟信、季高信一件，與歐陽小岑圍棋一
局，又與之暢談甚久。清理文件，積牘一清，惟未核各
信稿耳。夜又寫零字甚多。日內頗好作字，皆寸
大字，每日或寫三四百不等。溫古文傳誌類，思作書之
道，寓沈雄於靜穆之中，乃有深味。雄字須有長劍快
戟、龍拏虎踞之象，鋒鋩森森，不可逼視者為正宗，不
得以劍拔弩張四字相鄙。作一種鄉愿字，名為含蓄
深厚，非之無舉，刺之無刺，終身無入處也。作古文古

詩亦無作人之道亦無治軍之道

二月初一日

早未出外各員弁來賀朔應酬甚久飯後寫左季高信鮑
春霆兩信先後自批清理文件見客三次中飯後與小岑
圍棋一局寫九弟信胡宮保信雪琴信習字一張寫零
字甚多清理文件夜又清文件因明日將至漁亭高
雲山一看故將積牘一清睡不成寐張弁值日天氣燥熱
殊甚

初二日

是日派祁門漁亭各營進攻徽州余以其釋祁
門太遠亦親赴漁亭與休寧等處俱多營文報易
通早飯後啟行行六十里午正至[illegible]漁亭見客
三次即各營官也寫零字百餘中飯後清理文
件旋至唐桂生營小坐飯又寫零字甚多與各

營論進兵之路徑夜倦甚睡後成寐四更初接
信知景德鎮已失左軍於三十日敗挫焦灼之至不復
能成寐

初三日

早飯後自漁亭起行六十里午初至休寧城見凱章即在凱章
公館內傳駐與之久談卯刻至漁亭寫雲岩信一件江軍門
信一件未刻又寫雲岩信一件中飯後倦甚因聞景鎮失守
心緒煩亂之至小睡寫雲字百餘個燈下又寫百餘個早睡
焉四更接雲岩申刻來信請余撤攻徽之兵回顧祁門心事
繁亂幾不能自主天雨又作方寸如焚屢轉以待天明乃與
凱章及唐桂生商仍以攻徽為是

初四日

早自營出隊進攻徽州飯後寫家信一封與澄沅洪三弟又寫
雲岩信凱章信一桂生信一旋寫對聯九付中飯後倦甚寸

心憂悶悶至傍夕申聞凱章進兵破一賊卡夜守雲山石信一桂當
信一晝日巳刻至午正出外查城由休寧東門出城至南門下城約
騎馬行十一二里周圍實只十五六里余尚未能走東南隅也夜來
憂灼殊甚睡不成寐至四更接左季高三十日信知渠軍廿九日獲
一勝仗三十日因陳餘庵軍敗景鎮失守渠亦退至樂平矣

初五日

早飯後寫信左季高一件鮑春霆一件朱雲巖
一件清理文件與舒墨林下象棋竟日五八局之多又寫
對聯于餘付因本日各營進攻徽郡寸心懸系之至旋
登樓看天色至午刻忽下大雨心緒焦灼不安傍夕接信
唐桂生等未以午刻因雨致敗尤用憂憤蓋此舉關
繫甚大能克徽郡則祁黟休三縣軍民可通接
濟不能克徽則三縣亦不能保是以憂灼特甚竟夕不
成寐口枯舌燥心如火灼殆不知生之可樂死之可悲

乐是日接紀澤兒信將通鑑寄來 夜黃弁值宿

初六日

早飯後寫朱雲岩信并酌定近日局勢變更之策 旋與舒墨林下象棋二局 凱章自徽州出隊拔來與之談目下全進攻徽州別無生路 渠與余意見相同 因定即日再攻徽州 下午見唐桂生各營官 天氣略為開霽 寸心亦稍舒暢 夜睡稍得成寐 張弁值宿

初七日

早飯後清理文件 旋寫左季高信一件 沅弟信一件 胡宮保信一件 鮑春霆信一件 朱雲岩信一件 旋下象棋二局 中飯後清理文件甚多 又寫對聯七付 夜與舒墨林對下象棋二局 寫零字百餘 是日天氣清明 晴光可愛 寸心亦覺舒暢 二更睡 甚甜 將明始醒 為近日所僅見之事 鄧弁值宿

初八日

早飯後清理文件。旋口占作一公文令鮑鎮由鄱陽進攻景鎮。又寫鮑信一件，朱雲岩等四人信一件，毓中丞信一件。与舒墨林下圍棋三局。中飯後寫雲字甚多。接左季翁自樂平專足來信，係初四日所發；復信一件。接鮑春霆初五自下隅坂來信，當即批發。与墨林下棋二局，夜又二局。寫雲字數十个。睡頗成寐。羅弁值宿。

初九日

早飯後清理文件。旋批雲岩稟，与墨林下棋三局。中飯後清理文件頗多，旋又下棋一局，夜又二局。是日定派各營於初十日再攻徽城，屢見各營官再三叮嚀。夜溫蘇子瞻各策，姚公以謂蘇氏學莊子外篇之文，實則詼詭處不逮遠甚。睡頗成寐。王弁值宿。

初十日

早飯後各營營務再改撤卸清理文件於寄四信雲岩一季高一韞台一春霆一與墨林下棋是日共九局之多蓋天氣甚長心緒鬱悶故為此戲午刻至南門城一看中飯後清理文件頗多夜溫古文蘇子瞻數篇睡頗成寐黃弁值宿

十一日

早飯後清理文件旋寫左季高信胡宮保信九弟信朱李劉信凱章信與墨林下棋二局又寫春霆信一件李少荃信一件午刻移寓公館係汪氏宅在休寧東門內後街中飯後寫許仙屏信與之論古文之道酉刻又與墨林下棋二局夜寫九弟信胡宮保信九弟派二勇於初九日自安慶來十一日申刻已到休寧可謂神速之至溫古文書說類睡不甚成寐張弁值宿是日未刻戈什哈徐兆熊自樂平歸言左軍於初六日獲一勝仗為之少慰

附記 江北賊情

偽英王統下五大隊五小隊

五大隊
前大隊則天豫梁成富　右大隊翁天安卜占魁
右大隊垦天安唐正才　中大隊格天豫陳時永
後大隊已散

五小隊
前隊裁天福黃　左隊監天安馬
右隊諧天安劉瑲林 即精忠主將　中隊循天安羅正舉
後小隊已散

守安慶　張潮爵　葉芸來　陳時永
守廬州　宏天豫陳學禮　功天豫陳得才
守廬江　永天豫鄒林係
守桐城　宣天安張仕才
守三河　亮天豫藍成春
守無為州　閎天豫藍大豫

十二日
南山岸守太平府　秋天豫黃盛爵　底天安李長青　似皆黃文金之統下

早飯後清理文件 旋寫與左宗棠信 批朱雲岩稟 与
墨林下棋二局 中飯後又二局 寫零字頗多 溫古文
序跋類 心頗靜 細睡至四更 聞攻徽官兵於二更時被
賊放火偷營 官軍驚潰 已棄休寧城下 憂灼之至
即披衣起 因坐達旦 四處問信 竟無確耗 浩然長嘆 不
知天意如何 情緒似四年十二月十二日聞湖口水師之敗 而
老懷尤覺難遣

十二日

早起 頗聞徽郡敗挫情狀 洎無確信 至辰正聞老湘營一二三
旗及左右翼完好無恙 侍壯勇無營 霆字 禮字 峰字 寶字及親兵營
無恙 凡完好歸來者共十四營 驚潰挫損者共八營 謂張
中三營 湘前一營 震字一營 及老湘之四五六旗也 多
營陸續歸來 余見至午正漸畢 大約傷亡不滿百人 惟
八營軍械間有遺失 鍋碗被鋪則全失 士氣日耗 賊氛

日長耳。未刻後寫信與紀澤兒兄弟，似寫遺囑之式，蓋軍務不振，且多愁蹈不測，故將格言預先訓誡也。至夜寫畢。凱章來久談，睡稍成寐。

十四日

早飯後清理文件，旋寫朱雲岩信、王霞仙信、吳竹莊信、沅甫信、鮑春霆信、李申甫信。天大雨約三時之久。中飯後寫凱章信、張伴山信，作札稿二件，寫下隋坂轉運事。傍夕至山凱章公館暢談。夜又閱雲岩、申夫信，渠二人函請金田都門，詞意肫切，余令其修一壁壘乃發也。凱章來久談，睡頗成寐，將明始醒。王升值日

十五日

早各員弁賀望。飯後與舒墨林下棋三局，清理文件。凱章來久談。午刻徽賊踐至東城外窺伺，約馬六七十匹、步隊一二百而已，在營安街之北山上窺探，至未刻始去，大約來探官軍之

動靜其操誠之志也中飯後清理文件因賊勢環偪嚴

莊迫寸心憂灼之至殊不能治一事夜寫左季高信一件劉

毅齋信一件漁亭各營諭單一件睡時夢魘以心緒不

寧之故黃弁值日

十六日

早飯後清理文件旋寫吳南屏信陳寬臣自祁門來接

余回祁与之暢談極久中飯後与墨林下棋二局寫鮑春霆

信吳竹莊信又与寬臣暢談夜閱圭六失守九江戒嚴心緒

為之不寧溫古文之序跋類是日將南屏寄到之毛西垣詩緒

讀一過信為朋輩中所不可多得宜南屏之亟稱之也夜睡不

甚成寐張弁值日

十七日

早飯後清理文件旋寫沅弟信鄧官保信鮑春霆信左季高

信是日接左君十二夜信知於初六初十大獲勝仗為之少慰未

刻朱雲巖來休寧接余回祁門与之久談中飯後与陳寅臣久談与舒墨林下棋二局旋凱章來送行又与久談傍夕至凱章處辭行旋寓与寅臣鬯談一壁靜之理寅臣所論多与余相合 出睡不甚成寐 鄧弁值宿

十六日

早飯後起行回祁門 行三十里至岩脚 因便遊高雲山 肩輿行六里許至洞天福地中 有石岩 相傳張道遥修鍊之所年百八十歲羽化登仙 步行里許至一天門 羅漢洞 二天門 三天門及正殿等處 又步行二里許至紫霄岩 高雲山即白岳也 結構甚小 而羅漢洞實為奇特 正殿後有五峯前立 皆壇峰亦秀拔天成 名山固不虛傳 在道院吃飯一碗 下山至申刻抵漁亭 与劉馨室陳寅臣鬯談 閱景德鎮已克復之信 似不甚確

十七日

早飯後雨甚大少停由漁亭起行三十五里至篁溪樓許家小坐約
半時之久陳雲臣秉同吃中飯飯後行三十里至祈門老營約申刻
与文武各員弁相見再吃飯一次接鮑春霆信知將赴樂平与左
軍会剿 李世賢股匪又接九弟信知[illegible]賊已破黃梅宿松
日內即可至集賢關 弟因南岸轉運可派彭盛南表弟来
東流建德經理余以盛南係弟營之得力之員作緘止之又
批鮑春一件寫左信一件 倦甚睡數咸寐潘弁值日
是夜陰雲殊甚對深靈九弟處正值賊來圍逼之時僅難
防禦

附記

○景鎮陳軍失利一摺 張秉鈞字 旋鳳鳴字 廿二日核稿 廿四發

○左軍甲路須出兵伙一摺 渠洛 廿六核稿 廿四發

○兩次攻徽一摺 自摺黃底 廿四發

○攀梘嶺打仗一摺 廿一日核稿 廿四發

○參王令一件 串經歷附 三月廿四發

保建昌守城一件

○右軍保舉一摺 四月初二發

廿日

早飯後見客四次 旋清理文件 寫九弟信 彭盛南信 僅其四 安慶是早大霧迷漫 要深慮安慶守濠之不易 圍棋一局 清理文件甚多 中飯後又清理文件 并寫九弟信 圍棋一局 習字一紙 申正二刻出門 看兩條碉 一曰敦仁碉 一曰敦昆碉 又至西門看新條石壘 又至南門看余之新墉 于燈後歸 清理文件 至三更始睡 不能成寐 王弁值日 是夜接霞仙信 不接渠信一年餘矣

廿一日

早飯後寫沅季弟 沅弟於十九早專六人送信 勸我速移東流建德 情詞懇惻 令人不忍卒讀 余復信云 讀出師表

而不動心者其人必不忠讀陳情表而不動心者其人必不孝讀弟此信而不動心者其人必不友遂定於廿四日移營東流以慰兩弟之心旋寫鮑中丞信甚長清理文件圍棋一局中飯又一局再寫一信與九弟專卒帶去清理文件甚多改摺稿一件係摺二月共歷之勝仗習字一紙小岑自歷口歸與之鬯談一切是日接扈信言景德鎮之賊寔已於十八日退淨為之一慰以未得左鮑信不敢深信睡頗成寐黃弁值日

附記

葛與陶　五年四月九日保藍翎六品
曾祥麟　六品

此二人十九早在安慶起行廿夜至祁門各賞翎一支銀兩將來歸此保案

張茂林　六品
譚明山　六品

此二人廿早在安慶起行廿一夜至祁門各賞銀四兩錢一千將來歸此保案

羅彩太　五品軍功

謝集林 六品

劉芳庭 六品 右三人葉先岳所開附入親兵營保舉

廿二日

早飯後接九弟信，知十九日賊未出隊，旋寫沅弟信，是日共寫三信与九弟，一次文甫來人，二次專親兵送去，又寫凱章信二次，清理文件，圍棋一局，習字一張，改摺稿一件，中飯後圍棋一局，改摺稿一件，与少荃久談，夜作摺稿一件，口占令人繕寫，睡不甚成寐，張升值日

廿三日

早接九弟信，知廿日四眼狗已在菱湖中段扎營，將九弟与季弟營盤東西陽通為兩截，而援賊与城賊通為一氣，不勝憂灼，適石刻閣景德鎮及鄱樂浮梁一律肅清，因定計以鮑軍渡江救援安慶，寫左季翁信、鮑春霆信一、九弟信二、胡宮保信一，余定計以廿四日拔營，作片稿一件，札稿

一件，均口占令人寫之。中飯後見客三次，清理文件甚多。申
刻朱雲岩自建至安慶救援，因令帶五百人往援。又寫一
信令雲岩專人送去，倦甚。夜清理文件頗多，睡尚成寐。
鄧升值日

廿四日

早飯後圍棋一局。旋寫九弟信、楊軍門信、彭雪琴信、
陳季牧信、吴竹莊信、吴子序信。又改行稿一件，清
理文件。中飯後清理文件尤多，圍棋一局。寫九弟信一件，
鮑公批一件。本日辰刻派朱雲岩帶五百人前往幫同守濠。
又請鮑公帶八千人渡江救援。往日沅弟每日一信，本日未接
來信，憂灼之至。申刻接厚庵廿二日信，得知沅、季等廿一
日平安也。酉刻後望信甚切，寸心如焚。夜間獨在庭中
往來，又寫一信專二人送去。睡不成寐，至三更四點，始接沅
弟廿三日信，為之一慰。惟媪季弟派隊出濠勦賊，廿二日

小挂被賊竊破枝俩耳 是夕徹曉不寐 但將安慶之事
層轉紫旦 是日發批四摺二件 又發家信 僅澄弟一件
其交人一件寫成未寄 忘未入也

廿五日

早飯後寫沅弟信 責沅與季之閱歷太淺 見客千
餘次 營來送行 與清理文件 甚多 中飯後見客數
次 清理文件 寫左季高信 凱章信 料理一切 次日將
拔營也 巳刻剃頭 疲倦甚 不耐見客 因謝絕一切 應
核保舉單 不耐煩碎 鮑營略加核定 左營單則
不核 夜又改左營三月各仗摺稿 困倦不能畢 睡數
成寐 五更始醒 問沅弟處覓信否 無人來 為之懸懸

廿六日

是日由祁門拔營赴江濱 飯後清理各文件 旋寫信件
與官胡李毓四人 巳刻起行 行三十里至小路口 少坐 吃飯一頓 又

行三十里至歷口住沈寶成營內沈與楊張三營深濬高壘山環水抱良可慰也飯後寫左季翁信一沅弟信一春霆信一添胡宮保信二葉添希庵信一葉 夜佳甚睡頗成寐是日接沅弟廿四日信營內平穩為之一慰

廿七日

早飯後在沈營內改摺稿一件約一時之久旋即起行行三十里至大橋頭小停又行五里至石壁下因大雨歇息片刻又行十五里至閃上駐宿去年六月初八日亦宿此處接九弟信知多公於廿三日打仗大勝寫鮑春霆信一件吳竹莊信一件 夜睡頗成寐五更即醒是日接竹莊信知饒州於二十日失守憂灼之至

廿八日

早自閃上起行行四十里至潘村小駐中飯旋又行三十里至桃樹店駐宿寫鮑春霆信九弟信吳竹莊信與姚秋浦暢談是日陰雨竟日午刻雨頗大夜三更大雨如注私念安

慶軍可菱湖水漲我水軍之利也 夜与小岑圍棋一局
得沅弟廿六七日二函 知安慶防守平安

廿九日

早飯後起行 行四十五里至沙灘地方 小岑孝達来会 与之
暢談極久 旋又行 三十里至利步口住宿 孝達亦来共飯
共宿 寫鮑中丞信 官制軍信 胡宮保信 沅弟信 李
少荃信 夜与少荃圍棋一局 倦甚 睡頗成寐 是日接
沅弟二信 安慶軍事平穩 因与孝達面訂 安慶急
則援安 九江急則援九 維舟以待聽船之確信

附記

劉見堂 二十五日午刻在祁門領文 廿七日巳刻到安慶
游玉林 記名並賞翎

卅日

早飯後与孝達暢論一切 旋起行 卅里至道德橋

因雨大而船未到，即在建德縣札寄沅、季弟信一，寄宮保信一，書雲信一。與小岑圍棋一局。見客六次，皆水旱自東流來迎接者。倦甚，偏久睡，夜睡亦成寐。

四月初一日

早，各員弁賀朔。飯後行五十里至東流縣。雨氣泥濘，行人甚以為苦。卯初出城門，未初始到。中飯後寫致宮保信、沅弟信，批稟各件。夜與小岑圍棋一局。本日接沅弟信，安慶尚平安。夜又批稟件，令其速渡江北救援安慶。

初二日

早飯後與小岑圍棋一局。旋寫左季高信一、吳竹莊信一、易明黃信一、姚秋浦信一、鮑春霆信一。中飯後復李希庵信一、吳竹莊信一、九弟信二封。又批丁家方、金万泰等各一。夜與小岑再圍棋一局。是日見客，頗多風雨竟日，援兵不克渡江，為之不怡。

附記

〇劾鄭陽和一片　以鮑評文為底　五月廿六發

〇劾張榮雲一片　六月初八發

〇陳金鼇到任一片　五月廿六發

〇嶽案湘勇請卹一單　朱雲岩字　六月初八發　又彭字湖口案內守城出力員(?)　又彭雪琴字黃國光歐陽靜　又左季高擬保把總任維高、守備衛世興、翎千總黃體堂　又彭吳保湖口守城　又建德克復案

〇張朱唐禮峰保舉一摺　親兵及各員　六月初八發

〇劾惠鎮一片　以六安州字為底

保黃蘆山等一片　以建昌紳士黃家駒等公字為底

〇代奏唐鏡海先生遺摺一件　以唐左奠及其世兄信為底　五月十八發

初三日

早飯後圍棋一局，旋寫胡宮保信一，九弟信一，雪琴信一，春霆信一。中飯後寫凱章信，圍棋一局。是日雨大風，湖水念霆營援皖之兵不能渡江，為之懸懸。東流公館極小，余與幕客四人各住一間，不足容膝，而各路音耗不佳，寸心

惘惘若有所失。夜睡不甚成寐。曾弁值宿。九弟將余所選古文簡本另抄一編寄來，請余圈點校對。是夜約看二十餘篇，但未過半。

初四日

早飯後圍棋一局。旋寫九弟信，又寫澤兒信、春霆信一，胡宮保信一。午正又圍棋一局。中飯後又一局。寫九弟信。清理文件，數多，至夜二更始畢。又寫九弟信、信多都護信。睡不甚成寐。張弁值日。近日因安慶官軍被賊圍撲後路，又湖北、江西腹地多有大股賊匪蹂躪，寸心焦灼。初一、二、三、四等日風雨陰寒，氣象尤覺愁鬱，未知天意竟何如耳。

初五日

早飯後與小岑圍棋一局。旋寫鮑春霆信、胡宮保信、左京堂信。清理文件。中飯後與尚齋圍棋一局。習字一紙。本日天氣黯淡陰森。念狗逆至桐城與多禮堂開仗，不知勝

負何如心為懸懸 坐臥不寧 傍夕寫唐桂生信 批鮑從記
名揭帖之字 夜又寫九弟信 因本日辰刻午刻已發兩信
此信遂未發 閱古文數篇 求余校對圈點 然心緒不靜
僅圈兩篇 睡難成寐 鄂弁值宿

初六日

早飯後與少荃圍棋一局 旋寫胡宮保信一件 吳竹莊信一
件 毓中丞信一件 彭長人 左季高信一件 沅弟信一件
因天氣雨泥陰森 寸心為之焦灼 接沅弟信 知初五日午
正未與狗賊開仗 稍為開懷 中飯後再寫沅弟信 習
字一紙 與少荃圍棋一局 清理文件 夜核各稿 批二
更五點睡 不甚成寐

初七日

是日開用欽差大臣關防 早起拜印 接見各文武來賀
者 飯後圍棋一局 旋寫左信一 胡信一 沅弟信一 鄭章信

一雲岩信一清理文件中飯後傳甚圍棋一局清理
文件日內意思懸悶天氣陰寒殊乏意緒本日天初
開霽稍覺軒豁而公事積閣太多亦乏閑靜之
趣習字一紙夜早睡尚能成寐黃弁值宿

初八日

早飯後見客二次旋寫九弟信一寫宮保信一劉霞仙
信一清理文件中飯後與尚齋圍棋一局申刻閱九
弟昨日察看地勢賊情楊鎮南馬隊小挫為之不怡
旋寫信專人送去言帶隊看地勢及約期打仗二者最
易誤事宜切戒之習字一紙清理文件甚少夜寫一諭
單諭文案上半日核稿分為三束一曰奏咨札稿二曰信
稿三曰擬批稿於早飯後送上未初領下歸卷下半日
打到分為三束一曰軍務新到文書二曰地方新到文
書三曰信函於中飯後送上燈初領下歸卷核稿畢

雜前數日之舊事也，打到去閱本日之新事也，各占一半。此刻應逐日清理，只係不除，故又清理文件，至二更三點畢。洗擦上身，睡不甚成寐，羅弁值宿。

初九日

早飯後与小岑圍棋一局，旋清理文件，甚多。寫沅弟信、邸宮保信、偶儕、庸庵信。中飯後又圍棋一局，清理舊文件。自三月在休寧住十七日，及移營在途六日，諸文牘積壓較多，自此心緒稍定，補行清釐，偽多，惟城批閱。夜間盛四自安慶歸，查問一切，接各路信數件。睡不甚成寐，潘弁值日。

初十日

早飯後与小岑圍棋一局，旋清理文件，寫沅弟、季弟信一、易略黃信一、竹莊信，書日移批甚多，至午正畢。中飯後清理文件，封劄較多，至酉初畢，懷城一望。夜復沅弟信一，清

理文件 溫古文數首 睡不成寐 曾弁值宿 是日懸念鮑公與
賊開仗 不知勝負何如 心中耿耿不能少安

十一日

早飯後移寓舟上 旋清理文件 見客十餘次 寫九弟信 胡宮保信
竹莊信 凱章信 習字一紙 因安慶本日開大仗 懸系之至 迄中
飯後清理各處文件 打到甚多 傍夕未接安慶信 寸心焦
灼 夜溫古文一首 又打到十餘件 睡不甚成寐 張弁值日
竟夕口不接安慶開仗之信 實深憂惶

十二日

早飯後圍棋一局 旋清理文件 因久不接安慶信 憂灼之
至 繞屋彷徨 又圍棋一局 寫九弟信一件 中飯後圍棋一局
是日巳刻天雨 午未間大雨如注 不知安慶戰狀何如 殊深憂惶
清理文件 頗多 寫竹莊信一件 酉刻接沅弟十一夜二更信 知
十一日攻菱湖四壘 受傷至三百餘人 陣亡三十餘人 未能得手

蘭歇在船後寫季弟小岑宇九弟信數長夜閱古文數首二更末
潘文質自安慶歸接九弟信知鮑軍十一日攻赤岡嶺四壘陣
亡百餘人受傷者七八百人為之憮然久之未知大意竟何如耶

十二日

早飯後圍棋一局旋寫九弟信清理文件寫吳竹莊信信中
飯後又寫沅弟信胡宮保信申刻寫楊厚庵信宮保計
以鮑成進扎高橋嶺扎定後一二日又以成軍進扎羨湖四戰
壘之後是日反復籌思苦無妥善之策惟此信略覺平
穩若不進一步則將來必須進不得羨湖賊壘一併以大圍
之則九弟之圍師將來必受困於中也倦久寫劉攀
處信夜閱古文一二首以眼蒙不敢多看

附記

柴樹霖 號雨村

陳 號墨谷 行三

十四日

早飯後寫信與沅弟，旋圍棋一局，寫厚庵信、胡宮保信一件，左季高信一件，澄弟信一件，夫人信一件，清理文卷。申正接沅弟信，知弟十三日親至東路一看，與季弟又騰出六營札於菱湖賊壘之後，并城外之賊壘十二座皆以大圍包之，計速而氣壯，為之欣慰。中飯後圍棋一局，旋清理文件數多。傍夕於亭上眺望，念九弟處移六營於菱湖賊壘之後，地段太長，兵力太單，因作[illegible]片信成大吉七營進剿，應催其蓋天棚，而日長故也。寫厚庵信一件。睡不甚成寐。黃弁值日

十五日

早各員弁賀望。飯後寫沅弟信一件，朱雲山石信一件，旋將船中移於城根，湖淺而溜窄，僅移四五箭之遠，而處處擱淺，行至申未刻始到天棚，熱異常。請岑藻舫魏

蔭亭、王待聘、石世兄、周志圃便飯。移船時寫胡宮保信一、毓中丞信一、李少荃信一。申刻，黃副將化林自建德歸，知該郡本日失守。余船泊城根，太逼窄，因復再移江濱，至日入始泊定。夜作書告九弟。是日天氣暴熱。余本畏熱，加以手足生瘡，作癢鬱悶異常，在船頂睡，久尚不能解煩，在通夕不成寐。羅升值日自二更四點起，大雨如注，及至次早未停。

十六日

是日狂風大雨，竟日不休，傍夕風尤大。早飯後圍棋一局。旋寫九弟信、左季高信、吳竹莊信、張凱章信、劉馨室信。中飯後又圍棋一局。雨太大，風飄入艙，船亦搖蕩不定。清理文件，習字一紙。申刻即困眠不能治事。燈下雜寫零字甚多。是日午刻接九弟信，知十五日夜濠台新四壘皆平安，用以為慰。

是日接奉 廷寄諭旨三月廿日所發係因王雪軒中丞
奏防婺源 另諭令酌籌辦理

十七日

是日仍風大不止 飯後圍棋一局 旋寫毓中丞信 清理
文件 午刻又圍棋一局 寫九弟信 批鮑公稟 寫胡宮保
信 中飯後又圍棋一局 清理文件 習字一紙 閱經義述
聞爾雅疏 又寫左宗棠信 楊厚庵信 眼蒙殊甚 不能久治
事 曾舟值日

附記

蔡東祥 都司 赴都昌 後營 四圓
王東華 游擊 赴臨河 彰左營 亡屆

十八日

早飯後圍棋一局 旋寫鮑春霆信 胡宮保信 沅弟信 李少
泉信 清理文件 甚多 中飯後清理新到文件 習字一紙

寫對聯數付挂屏一幅夜又清彭劉文件是日閱經義述聞
中爾雅一冊夜溫古文論辨類竟夕不甚成寐張弁值日
三更接九弟信知安慶平安為之欣慰

十九日

早飯後圍棋一局旋寫沅弟信江軍門信厚庵信易畇
芝批胡宮保信清理文件遍身瘡癢〻異常不能多辦
事中飯後大雨申至夜間雨如傾盆清理文件數多寫
對聯七付夜因瘡癢困臥不起日內習豐〻字數多念
余老年始略改書法而筆〻一定規矩態度仍偏於
一貫所成合定以間架師歐陽率更而輔之以李北
海丰神師虞永興而輔之以黃山谷用墨之鮮秀
師徐季海所書之朱巨川告身而輔之以趙子
昂諸種天冠山庶乎其為成體之書

廿日

早飯後圍棋一局 旋寫沅弟信 胡宮保書 李少荃信
李希庵信 楊厚庵信 中飯後圍棋一局 清理文件甚
多 倦 夕坐船後亭子 眺望良久 瘡癢殊甚 常覺意趣蕭
索 蓋體氣衰頹 日少歡悰也 夜寫姚秋浦信一件
仍在亭上獨坐 睡頗成寐 王升值宿

廿一日

早飯後圍棋一局 旋清理文件 寫官中堂信 胡宮保信
九弟信 請假因瘡癢 悶甚 晝睡甚久 中飯後圍棋一
局 習字一幅 寫竹莊信一件 在船頂亭子上久坐 夜寫九
弟信 希庵信 雪琴信 睡不甚成寐 二更末大風起 巨
浪撼船 聲如雷霆 夢孫蘭檢病重垂危 家人惶恐
之狀 是日親兵營左哨哨官周良才 曹仁美訴其營官
陳玉恒辦事不公 又哨官段清和 何映文亦來陳訴 偏
夕接九弟公牘 洋船送米鹽接濟安慶城賊 費盡

移山氣力圍困安慶城賊，始令糧盡援絕，今忽有洋船代為接濟，九仞功虧，前勞盡棄，可嘆可恨。天意茫茫，殊不可知，抱撼久之。

廿日

早飯後圍棋一局，旋寫沅弟信，接官保信，風浪甚大，內銀錢所船只損沈。辰巳間南風，至午刻忽轉大北風，天地黯慘，氣象可怖，且大雨如注，船上震撼不寧。中飯後再圍棋一局，寫周子佩信、何筱之信，清理文件。因風雨太大，又徧身瘡癢，意趣蕭索，竟日高臥床。又與小岑圍棋一局。寫李筱仙信一件。習寫字數紙。睡不成寐，以日間睡太久也。日內因洋船接濟城賊，安慶無復克之期，憂憤之至。又以連狂風苦雨，氣象陰森，四月之季而寒甚，可著重綿。東南大局殆無可挽回之理，此心茫茫，不免自揣大任在身，絲毫無所補益，愧悚而已。

附記
候補知府胡鏞 開復原官免繳捐復銀兩仍留浙
南補用 曾捐指錢一百捍 多錢一千捍 保財即敘
功不敘捐 七月初八發

廿三日
早飯後圍棋一局 清理文件 是日公牘甚少 寫九弟信 胡宮
保信 官帥信 大風苦雨 黑雲密布 氣象慘澹 習字一紙
又圍棋一局 中飯後与尚齋圍棋一局 寫毛寄雲信 默
長溫蘇詩至暮 夜又 默放翁七絕誦日 因連雨不止 江漲
丈餘 恐尺黯漢 寸心憂灼之至 睡時成寐 遍身瘡痒殊甚
寡懽

廿四日
黎明拜發萬壽摺 早飯後與尚齋圍棋一局 旋寫梅
小岩信 寫澄侯信 冉閱拼信部 寅皆信 胡宮保信中

飯後寫沅弟信 清理文件頗多 寫朱雲岩信 調其西
祁門 傍夕與申夫久談 夜寫零字甚多 睡不成寐 張
升值日

廿五日

早飯後圍棋一局 旋寫左季高信 胡潤帥信 沅弟信 清
理文件 中飯後又圍棋一局 清理文件 是日陰寒微雨
氣象愁慘 全不似首夏天氣 接中丞信 請自行帶隊西上
游勦賊 詞意頗憤 余以書答勸慰之 又見六安州牧稟
言苗沛霖與紳士孫家泰練總徐立壯仇殺之案
徐請助於捻匪孫葵心之黨黃體元郭明洞等 苗請助於
髮逆廬州賊黨 又有袁帥營中運米之船 張臬司親自
護送至抹河口 為徐立壯及其邀請之黃體元等所攔阻 互
相攻鬬 又有黃鎮台營鑼所帶之炮船 亦在河中攻鬬 云云
苗沛霖本文生 自為練首 此次 放川北道 加布政使銜 陰

懷叛志，遂至圍壽州城，攻孫家泰、徐立壯等，而并攻翁中丞，
此天下之大變也。孫家泰本壽州富紳，刑部主事，呂鶴田侍
郎奏帶出京，徐立壯為壽州練總，以善守著名，乃因與苗
沛霖仇殺之故，反引捻匪孫葵心之黨黃、郭等匪以為同類，遂
至攔阻袁帥營中米船，並與張臬司開仗，此變中之變也。黃鎮
台鳴鐸所帶砲船，本奉袁帥之令至壽州正陽一帶，助
孫紳、徐練以攻苗沛霖者，乃孫、徐攻其阻米船之際，黃鳴鐸
之部下忽不能戰陣，與張臬司開仗，此變中之又一變也。李
世忠本捻匪之最著積最殘民者，其罪惡百倍於苗沛霖，
二人皆為勝帥所招撫，李世忠於接誠之後，洊升江南提
督，苗沛霖於叛跡未露之先，簡授川北道，其居心則皆不可
問。聞此次苗沛霖攻圍壽州，袁帥奏奉　諭旨令李世忠
審留格殺，後復職，除此變中之又一變也。為官兵為團練者，
捻匪與髮逆為先叛後官之捻，為撫叛官後叛之捻，至

相廝殺竟莫辨其孰是孰非孰順孰逆世變至此如何收拾余以徧體瘡癢兩手作痒不能作一事終日愁悶而已夜睡略成寐夢升值宿

廿六日

早飯後圍棋二局旋坐三板至湖口內踏看地勢因移船至東流縣城之東南隅清理文件寫胡中丞信沅弟信吳竹莊信姚秋浦信中飯後又復沅弟信暢言祁休黟三縣不可棄去清理文件頗多剃頭一次夜復胡中丞一信甚又圍棋一局陰雨竟日淋漓不止自二十七日至今已滿一月中無一日晴霽世之氣象愁慘不知天意竟何如也睡頗成寐是日接奉 批摺係三月廿四日所發者

廿七日

早飯後圍棋一局旋寫胡中丞信左季高信沅弟信清文件與筱岑暢談即在渠船上寫聯字甚多中飯

後園棋一局　天氣陰森竟日淫雨不止　余遍身瘡癢甚
臥不安　寫挂屏四幅對聯二付　清理文件　傍夕出坐船尾
亭上与中丞鄂談　苦雨十日　是夕漸有晴色　夜寫零
字甚多　近來軍事甚利　諸務展弛　惟書法略有
長進　大約書法不外羲獻父子　余以師羲獻不可遽幾
則先師歐陽信本　師歐陽不可遽幾　則先師李
北海　師獻不可遽幾　則先師虞永興　師虞不可
遽幾　則先師黃山谷　二路并進　必可合虞及杜陵言
書貴瘦硬　乃千古不刊之論　東坡駁之非也　夜通
夕瘡癢不能成寐　手不停爬

附記　傅彩鳳搜獲偽文

慶天福蔡富財　与靈天安劉指福　一件　四月廿六日自馮村發
懋天侯任庭玉与灘天福秦　一件　四月十四日自懷安發
劉永忠与其父劉指福　一件　四月十九日自池州發

杜天薩林勝福与其弟林彩發等 一件 四月十六日 自池州發 杜病危

鮑天俟張秉琛与莊天薩黃 一件 四月十七日 自青陽發

姚(秦)成玉与其姪維天福姚 一件 四月十二日 自非安發

孟德善与劉振福 一件 四月十九日 自池州發

楊天安趙金福與甫天安楊 一件 四月十七日 自殷家匯發

以上皆不要緊此

游天安劉與才與劉官方文 一件 四月十二 自桐城發 此劉官方派拔 (皖北)

劉官祿与其姪劉成福文 一件 四月十二 自桐城池州發 成福現守建德

趙金福与劉官方文 一件 四月十七 自殷家匯發 云陽水難渡

劉官祿与其兄官方文 三件 四月廿二 自池州發 二言池州危困難守 一言江北軍情

林紹璋与劉官方文 一件 四月初七 自桐城發

楊輔清(即七麻子 輔王)与劉官方文 一件 四月十一 自寧郡發 飭釋放取宣南兵輩

以上皆要緊者

廿日

早飯後圍棋一局 旋清理文件 鄉間生員傅彩鳳投稟
條文十六件 細看一遍 寫沅弟信 李少荃信 李輔堂信
中飯後圍棋一局 寫雲琛信 厚庵信 黃昌岐信一
封 清理文件 習字一紙 朱雲岩自安慶回 與之久談 又與申
夫久談 夜寫胡宮保信一件 寫零字頗多 是日得信
知乃雲琛彰 授廣東按察使 為之喜慰

附記

左哨什長曹玉盛 保都司銜守備

前哨什長彭光緒 保藍翎千總

廿六日

早飯後圍棋一局 旋清理文件 寫沅弟信一件 張小浦信一
件 劉印渠信一件 見客二次 習字一紙 中飯後圍棋一局 寫
對聯五付 掛屏一付 請雲岩便飯 徧身瘡癢 意思蕭索
念湖北江西腹地糜爛如此 不可收拾 為之悒悒 又以久不重寫寸

心內疚歉，執筆改奏稿而又懶於從事，屢寫雲字以寄其抑鬱無憀之概。燈後又寫雲字數張，近日書法略有長進，然亦以寫雲字多手指稍熟耳。二更後與諸友圍談，睡頗成寐。潘弁值宿。

五月初一日

早，各員弁賀朔。飯後圍棋一局，旋清理文件，寫沅弟信、胡中丞信，意思倦怠，即在船上小睡，不作一事，但習字兩張，寫雲字各一紙而已。中飯後圍棋二局，寫雲字多張。傍夕厚庵來久談，二更去。日內因瘡癢，三夫常又以安慶之事竟無克復之期，而腹地糜爛，寸心悒悒，終夜寢之事亦延閣，久未出矣。夜睡不成寐。張弁值宿。

初二日

早飯後圍棋一局，旋至厚庵船上小坐，清理文件，寫沅弟信一件，未刻又一件，寫胡中丞信一件，申刻又一

辰刻閱赤岡嶺四賊壘被鮑成苦攻已有一壘投
降至巳刻接沅弟信已有三壘投降僅劉瑲林
一壘未降揣之難以強克是日天氣乾燥熱遍身瘡
癢不能作字竟日高臥中飯請厚庵便飯申刻
寫對聯五付稍清理文件見客四次吳貞階等來談
頗久習字一紙又寫零字甚多清理文件夜在厚庵
來久談二更後清理文件頗多身上奇癢實常睡
不成寐因設於外間艙面睡覺開船窗以引涼風本
日閱赤岡嶺四賊壘已破其三又聞建德之賊心緒略
舒惟久患疥瘡瘡癢難忍心中仍不自在

初三日

早飯後至城內看修新屋旋清理文件寫九弟信
江西委員解張光照至光照係李金暘之營官四月初二日瑞
州太陽墟之敗光照未戰先逃遂至臨江省城等處告李金暘

降賊李金暘已經夏委員解到，余傳審良久，未刻派
程學啟、彭九峰會訊，自寫手諭宣示，由張光照來對質
不服主將，又誣陷主將於大辟，情罪尤重，應即正法。李
金暘前在建昌見賊即敗，在吉安不能堅守，且以致失府城，
失陷瑞州，全軍潰敗，不能殉節，屢次失律，偷生賊中，
厥咎甚重，應即正法。均於酉刻處決。清理文件頗多。
是日午前睡良久，倦甚，寫毓中丞信，夜寫胡宮保信半。
剃頭，與尚齋圍棋一局，夜清理文件頗多，睡尚成寐。
黃昇值日

初四日

早飯後圍棋一局，旋清理文件，寫沅弟信一、厚庵信一，瘡癢，
久睡。寫沅弟信一，中飯後圍棋一局，清理文件甚多，寫沅弟
信一件，閱法言，因瘡癢假寐良久，習字一紙，夜圍棋一
局，寫季弟信一、黃南坡信一，睡頗成寐。

初五日

早，各文武員弁賀節。飯後圍棋一局，旋寫沅弟信一件，清理文件。寫季弟信。中飯後圍棋一局。黃翼升自湖南來，與之久談。寫叢介唐信，清理文件甚多。夜又清文件。傍夕寫挂屏四幅。日內瘡癢異常，幾與道光二十六年癬盛時同，一苦況。治官事深以為苦。二更在船後亭子久坐。

初六日

早飯後清理文件，圍棋一局。旋寫九弟信，閱一清單。至南坡處看銀，倦甚。〇屢次小睡。習字一紙。中飯後接厚庵信，知劉璐林某已被擒支解，而後喜可知也。清理文件甚多。瘡癢異常，至船後亭子小坐良久。夜寫復厚庵信、潤帥信。睡後通夕不能成寐。張升值日。天氣漸熱。本日陳舫仙湜帶新兵二營，新自長沙來接祁門急信餉米俱缺，懸系之至。

初七日

早請黃翼升便飯，陳舫仙恰到，一同吃飯。飯後圍棋一局。清理文件，寫沅弟信一，又寫休祁江張朱唐等公緘甚長。中飯後圍棋一局。寫雪琴信、毓右坪信。接江軍門、唐桂生等知潭嶺失利，黟縣被陷，憂灼之至。用藥水洗瘡，稍淨。夜寫凱章信一、雲岩信一、胡宮保信一。夜睡不成寐，瘡癢異常，與道光二十六年之癬癢相似，而又過之，徹夜兩手不停。又念休祁黟三縣自去歲以來用費百萬以外，今將失之，深為憂慮。

初八日

早飯後圍棋一局，旋清理文件，寫九弟信、胡宮保信。瘡癢異常，竟日在床上小睡，看二蘇陸二家詩以自遣。中飯後圍棋一局，寫鮑春霆信一，習字一張。天氣陰雨，水大信於當筆。李雨蒼來，言彭禮堂操隊之法甚詳，因令以棋子擺列作陣式。瘡生腳上，不便行走。至船後寫字小半張。接家信，係四月廿二日所發。夕清理文件。睡頗成寐。

舟值宿

初九日

早飯後清理文件。接祁門信，知黟縣業經克復，為之一喜。覆寫姚秋浦信、朱雲岩信、沅弟信。瘡癢不能作字，但小睡。閱蘇白二公詩。中飯後羅圍棋一局。習字一紙。清理文件。與之談後，氣不暢。讀古文。寫掛屏五幅，對五付。瘡癢，爬搔不能少停，片刻函新到之陸營一處巡視，約步行二里餘。夜至船後寫字歐涼寫厚庵信一件。是夜通夕不成眠，瘡癢迥異尋常。

羅舟值宿

初十日

早飯後清理文件。旋寫沅弟信一件，擬官保信一、姚秋浦信

八一八

寫李少荃信一，癬二癢二，睡，中飯後圍棋一局，寫李輔堂信，癬多煩燥異常，在船後再子乘涼，夜寫郭雲仙兄弟信，眼蒙未寫畢，睡不成寐，癬癢異常，自四月初十至今共一月，水長一丈七尺三寸，已成災矣，買一月久雨未晴，麥收歉薄，不知下半年餉項更從何出，深為憂灼

附記

○克復黟縣一摺 廿八發

○李金暘正法一片 五月十六發

○厚庵請假一片 廿八發

○保皖南鎮道一片 廿八發 唐鎮姚

保水師總兵二三人一摺

保道府一摺

十一日

早，王臨三外甥自安慶來，身邊久無款屬，賜來為之一慰，與之久談，旋寫沅弟信、胡帥信，習字一紙，將雲仙兄弟信寫畢，倦甚，睡一時許，清理文件，中飯後寫仙屏信，清理文件，極多，與臨三久談，旋同至船後再子乘涼，即

叢事中夜宴至二更後略清文件 睡不成寐 張弁值日
本日炎熱異常 今年初熱之日也

十二日

早飯後圍棋一局 旋寫沅弟信 胡宮保信 清理文件 炎熱
殊甚 午初小睡 中飯後瘡癢 不能作事 剃頭一次 清理文件
甚多 日內來下江文六百餘件 料揀頗不易易 口占信稿復左
季高京堂奉命臨三寫之備 夕寫胡宮保信一 夜又寫一信 言
明日至香口與之相會也 寫九弟信 本日天熱 瘡癢 奚爬破之
夜作疲 夜不能成寐 王弁值日

十三日

早飯後寫厚庵信一 故帥信一 旋因天大北風 以大船
上至香口 迎候胡帥來此面議一切也 巳刻即到 行五十
里 泊於港內 今年水大 常市店水皆平簷 不止半排而
已 倦甚 小睡良久 中飯後清理文件 又睡一時許 寫胡宮保

信沅弟信　閱杜詩　夜間瘡癢異常不作一事　睡後
燥癢不停　爬搔悶之至　午正　未正與小岑圍棋二局　申
刻習字一紙　是日又竟日陰雨　夏至日寒而蕭緒　不知
是何祥也

十四日

飯後圍棋一局　旋寫家信　澄弟一件　夫人一件　又
嚴中丞信一　瘡〻癢異常　愁悶　小睡　習字一紙　中飯後
又圍棋一局　改摺稿四件　一代朱雲岩咨8四　一代鮑春
霆咨ココ四　一破赤岡嶺四壘捷仗　一代唐鎮主遽遺擢
傍夕春霆來久談　移正春來久談　向來在京稍
一用心思　癬〻癢愈甚　本日略用腦與鮑移久談　遂
覺癢不可耐　二日因北風甚大　故中丞之船不能出湖至華
陽鎮　雪琴亦候之未到　彼此焦灼

十五日

早飯後寫沅弟信一，見客數次，皆賀望之省弁。清理文件，習字一紙。午正赴潤之宮保之船，劉青亡與之相會久，至未正始歸。拜衛靜瀾、張仲遠、邢星槎、文任吾、周壽珊，皆隨胡帥來此。旋又與胡公久談，至更初散。閱本日來文，知祁休之軍於初六日獲一勝仗，初九日獲大勝仗，踏賊營十五座，驅賊出嶺，為之一慰。夜不成寐，張弁值宿，瘡痒異常。近日吃熟地蒸肉二三次，頗覺熱氣平減。

十一日

早飯後清理文件，旋寫劉馨室、姚秋浦信，江軍門信。至胡帥船上久談，渠昨夜吐血甚多，委頓之至，為之憂懼。旋小睡片許。未初，請邢星槎、張仲遠、衛靜瀾等便飯。天熱異常。申刻與胡帥久談，旋清理文件甚多。天熱異常，徧身奇癢，因以藥水洗之。在船後亭子納涼，夜約張、邢、衛等同來納涼，至二更三點散。余仍在亭子後樓，不寐已，夜稍成寐。五更值日蝕。

十七日

早飯後清理文件 作摺片一件 旋寫九弟信一封 令臨三甥常至安慶 与小岑圍棋一局 安徽彭學政禹君來久談 至胡中丞船上久談 天熱殊常 在船上久睡 遍身奇癢 中飯後圍棋一局 至胡中丞船上久坐 寫左季翁信一 又在船板上久睡 余向來怕熱 近年尤甚 今年遍身生瘡癬熱毒 本日踏熱錢若草以自存活 胡中丞北日內吐血極多 而余之瘡癢反更甚焉 夜在船後亭子久睡 竟夕手不停爬搔 悶殊甚

附記 左軍彭添 楚軍兩旗 老湘兩翼

左旗 睦金城 副將銜

右旗 韋榮光 都司

左翼 羅瑞山 參將銜

右翼 鄭德馨 參將

十八日

早飯後清理文件對摺子午刻拜發計三摺一片一單內
赤岡嶺破賊四壘摺一江南不能舉行鄉試摺一代唐
鑑遺疏摺一敘李金暘張光照片一外餘趙朱品隆各謝恩
摺一唐鑑遺摺一與小岑圍棋一局寫李少荃信一四點甚
久睡命人扇涼至故宮保船上久談未刻精此風送雄師
開船余與小岑圍棋一局至船後亭子久坐乘涼至正清理
文件至二更止睡稍成寐羅升值日

附記

軍務人員　軍事
地方文武　吏治
委紳員士　餉項
見聞賢材　文藝
採訪　惠愛　教化　察看

體氣條理　綱目要　敏作　考成

十九日

早自香口開船西東流，老營已刻到，見客六七次。午刻至營內看新修之屋，不甚合意。中飯後瞌睡甚，小睡，令人扇涼。習字一紙，閱杜詩及文選詩。遍身奇癢。晚船後亭子小坐，与小岑圍棋一局。夜清理文件。念凡用之筆未能十分合手，共維之見小毛病不稱人意。善書者於每用一筆能先識其病，即因其病勢而用之，或筆之病次日又見小變，又因其變症而用之，或者因病成妍，則善於用筆者也。

廿日

早飯後清理文件。旋至營盤看起新屋，約半時歸，与小岑圍棋一局，習字一紙。接唐桂生十四夜知徽郡之賊果已遁去，張凱章之軍至徽收復郡城，為之喜慰。是日天氣亦熱，遍身之瘡癢不能作事，因欠睡不起，令人之扇涼。中飯

後溫睡將杜詩七古閱一遍畢申刻寫對聯三付
由大風暴天色晦冥至正王昆八外甥來與之久談在
口占寄姚秋浦信一張伴山信江良臣信一睡不甚成
寐張弁值日五更瘡痒殊甚

廿日

早飯後清理文件旋寫李高信一件 移至陸營內新
屋居住見客五六次後清理文件中飯後清理文件極多
寫沅弟信一件潤帥信一 瘡痒異常天氣寒冷迥
不似盛夏光景習字一紙習篆字數頁遍身痛痒甚
無完膚意甚鬱悶若不自得者徹夜不能成寐王弁值
宿三更痒甚四起坐強忍耐之

廿一日

早飯後清理文件與尚高圍棋一局 瘡痒異常行坐不安
竟不能作一事 中飯後清理文件寫湖口了諭言碑文一

通小睡閱古文詞雖類瘡癢已不復可耐與道光初年生
風單子道光廿七年生癬苦況相似乃皮膚之瘡
乃似更甚於膏肓者以事積壓深以為愧夜以荊芥
銀花熬水洗四深徹夜不能成寐焦燥之至

廿三日

早飯後口上寫凱章信一桂生信一秋浦信一自寫九弟信一
一冊寫湖口碑文一通燥熱殊甚中飯後讀理文件與尚
高圍棋一局遍身皆汗申初後風驟雨漸有涼意讀理文
件數多習字一紙夜寫對字二更用藥水洗瘡旋就寢
瘡癢為之少愈閏生舟值宿睡不甚成寐至五更末疾
風驟雨通屋漏溼幾無立足之地蓋新屋太高屋太平
此風太大故也　是日聞建德之賊於廿二早退淨

廿四日

早飯後圍棋一局旋寫澄弟信一王枚村信一瘡癢屋溼

滿屋幾無可坐之處不能作事鮑春霆等來請便打黃梅宿松余因批准中飯後寫九弟信一姚秋浦信一溫蘇詩高聲朗誦習字一紙習隸字數行溫古文朗誦甚久寫凱章信一二更末不脫衣而睡即能成寐黃昇值日

廿五日

早飯後與尚齋圍棋一局辰刻又與小岑圍棋一局習字一紙清理文件小睡甚久 天雨極大竟日不止今年大水恐成奇災實深憂灼中飯後又圍棋一局清理文件頗多寫九弟信一鮑中丞信一溫古文序跋類雜記類夜睡不成寐半夜左脇爬搔不止日內因遍身瘡癢誤為瘧痢又因苦雨大水天氣陰寒寸心憂灼之至 天意茫茫不知今年下半年作何變態為之惘然

廿六日

早飯後圍棋一局 旋清理文件 陳寶臣來談甚久 寫胡宮保信一通 雨不止 倦甚 在床久睡 中飯後圍棋一局 改作楊軍門請假摺一 保皖南鎮道摺一 夜與申夫久談 改克復黟縣收復徽郡一摺 未畢 睡不成寐 竟夜作痒 本日乞得京師方應齊膏於手上臂上貼用 而痒不少減

廿七日

早飯後圍棋一局 旋將克復徽州一摺改畢 又改左宗棠何子恩摺 又作陳金鰲到任一片 又口占作賊勢軍情一摺 行已正畢 旋在床上久睡 瘡痒〻實常 中飯後瘡〻痒 不克作事 天雨不止 深為愁悶 圍棋一局 作勸鄭陽和等四員行一星回 到文件極多 愁甚 不能多看 僅將要緊者繙閱 尚未畫到 夜徹睡不成寐 張升值日

廿八日

早飯後圍棋一局 旋清理文件 寫九弟信一 希庵信一 核對各摺件 倦甚 小睡 頭暈 因曲肱在案上小睡 中飯後再圍棋一局 發報四摺三件 李公牘甚久 粗窺大意 不能妥辦 寫對聯五付 瘡癢異常 寫 覆習字一紙 剃頭一次 夜瘡癢 兩手不停爬 睡徹曉不能成寐 王升值宿

廿九日

早飯後清理文件 旋寫九弟信一 口上 右季高信 姚秋浦信一 寄凱章信一 清理文件 中飯後又清文件 極多 見客四次 瘡癢痛且疥 深以為苦 幸天氣西南風 房中不甚熱耳 極在外廳歇涼 不能作字 睡不成寐 [illegible]升值宿 四更三點起 出乘涼

卅日

早飯後圍棋一局 核清理文件 寫九弟信一件 馬
學玫送藥 臣謂余於藥上可醫余板瘡 因閱門生
於藥上約一冊半之久 午初出 梅小岩移入營內與
之談 隨將清理文件 中飯後因瘡痛不能治事 即在
廳上歇涼 心緒煩悶之至 傍夕在後院久坐 與梅小岩
談 夜睡不成寐 並弁值宿 四更起 坐中廳 隨時手不停
爬 兩手兩臂皆爛而痛

六月初一日

早多文武來賀朔 因瘡癢止之 飯後在廳上久睡 令人搓
扇 手上瘡爛 不能作事 寫九弟信一 竟日倦睡 至未
刻 請馬學玫與孫省齋中飯 申正散 下半日仍在
廳上久睡 所至公牘僅一閱其可由而已 傍夕至後院
乘涼 二更盡散 睡不成寐 以終日睡故也 巳刻圍棋
一局

初二日

早飯後券至馬學政處道喜以渠本日接印也歸時
吞正天氣已熱甚至流金爍石〻象因在竹床上竟日久
睡令〻人搖〻扇是早接沅弟信知菱湖西岸賊壘大塵
於三十初一日一律踏平殺賊近八千人城外已無一賊矣未
刻後沅弟信一仍在竹床上睡臥蓋臂〻痛不能生手鮮
不能動故請客廣閣僅寫對聯數付傍夕在外坐
與梅山岩久談睡不成寐臂〻瘡奇〻癢

初三日

早飯後因瘡癢不作一事即在〻廳上困臥直至未刻
未起中飯後沒睡旋寫對聯五付即在外廳上歌坐默
誦蘇詩至傍夕附楊名聲來以藥搽兩手愈不能治
事矣二更未就寢用藥搽兩臂尚頗成寐

初四日

早飯後因手上搔癢不能作字，旋勉強寫澄弟家信一件，沅弟一件，與小岑圍棋一局，在廳上久睡。中飯後再與小岑圍棋一局，在廳上温蘇詩，高聲朗誦至二更末。睡不能成寐。張丹值日。瘡癢二次，常四更起搔藥一次。

附記

正月初五至九江　三月十二至白鹿洞　四月初七回省

初五日

早飯後寫答信三函：一凱章，一胡潤帥，一桂生，一江良臣。旋與小岑圍棋一局，瘡痛不能作事，即在上廳甜睡。中飯後又圍棋一局。天大南風，燥熱之氣艱難著身，瘡癢[illegible]殊甚。傍夕寫信與沅弟。夜因瘡癢不能作字。

初六日

早飯後將本營委員應行保舉者分作

西後又當摺撤字後自核一遍 手上瘡已疤已大愈
云亞竟日睡臥不起 中飯後與小岑圍棋一局 申
刻李少荃自江西來 與之久談 傍夕將手上藥
洗去 夜與少荃談至二更末 睡不甚成寐 黃弁值
宿

初七日

早飯後清理文件 旋與小岑圍棋一局 作夾片一件 改
摺稿片稿三件 午後久睡時許 中飯後改霞奏
摺稿 至二更始畢 是日天氣亦熱 余因病瘡 兩手撫
藥久未作字 本日洗手始能寫多摺稿 申刻李
芋仙來坐 與之暢談良久 夜遍身瘡癢甚 不甚
成寐 黃弁值宿

初八日

早飯後與小岑圍棋一局 旋清理文件 瘡癢甚不耐

煩至竹床久睡二时许 中飯後再与小岑圍棋一局
寫李季荃兩信一楊厚庵信一皆口占代繕料理
廳屋為明早敬賀萬壽之所與少荃芋仙等久談
清理摺件 亥刻發報計 三摺二片二單外寄璨
函月恩一摺 夜用茶水洗腳洗澡多一次睡竟成寐
羅弁值宿五更即醒未登賀8萬壽出已到矣

初九日

是日恭逢 皇上三十一歲萬壽五更二點起敬賀禮畢即
黎明矣留馬雨農等吃麪飯後與小岑圍棋一局熱
甚日內睡中飯後尤為炎熱有添無減鑠石之象余近年
畏熱之處今年生瘡尤覺遍身如火炙矣圍棋一局
寫信与沅弟命盛四送去并送銀壹萬五千兩与少荃久
談是日李芋仙所送書百元遺山詩集因繙閱七律數十
首夜在床後搽瘡藥四更時大風雨

初十日

早飯後清理文件 旋寫九弟信 天氣鬱熱 瘡癢略愈 目光蒙

二次 旋即在竹床上久睡 自午至未始起 中飯後習字一紙 天

大風雨 屋瓦皆飛 處處漏壞 幾於無地可避 申刻與小岑

圍棋一局 寫姚秋浦信一件 寫厚庵信一件 閱古文四首 即沅弟

所抄者 夜不甚成寐 張升值日

十一日

早飯後清理文件 旋寫九弟信 萬篪軒信 擬中丞信

在竹床上久睡 葉介唐來久談 魏蔭亭來久談 中飯

後 魏召亭之子雲卿來 與之談 又選對一首 與少荃

久談 酉刻寫對聯數付 倦乏極熱 即在外久坐乘

涼 至二更三點始入室 睡尚成寐 王升值宿 五更以瘡

癢醒

十二日

是日慕遠 先妣江太夫人忌辰未敢設祭 飯後清理
文件 旋寫李少荃信一 沅弟信一 胡潤帥信一 在竹
床上久睡 辰刻出外拜孫省齋觀察 又拜馬學政 拜
李申夫 中飯後天氣鬱熱 遍身作癢 旋與
小岑圍棋一局 習字一紙 又寫零字數頁 倚久 大
風稍涼 夜溫霍光傳 睡不成寐 蓋兵值日蝕四更
奇癢 三更常與道光二十六七年之癬疾相似

十三日

早飯後清理文件 寫鮑春霆信一件 吳竹莊信一
件 沅弟信一件 中飯後袁國祥來 其部下千總
黃勝林去年八月在徽州鬧餉 張小浦臨行聞軍 請將
黃弁正法 余未遽允辦 昨五月初三日在潭嶺不戰
自退 又縱勇搶掠 袁國祥等請以黃弁補把總缺
余批令來東流 本日申刻袁國祥帶黃弁來轅

一自數袁國祥之罪而令吉讓營縛黃滕林正法
并將罪狀揭示營門　見客四次　旋寫對聯數傍
夕觀勇夫種菜　在與少荃邑談　睡不甚成
寐　黃昇值宿　四更瘙痒殊甚　是日習字三百一
草摹書譜　乃知藝之精　其致力全在微妙處　善
人之共見共聞之處　必筆通微合莫之詣　若一向在浮
名譽上措意　豈足是處

十四日

早飯後清理文件　旋圍棋一局　寫厚庵信一件　沅弟
信一件　石經生先生避難來此　與之談　中飯後清理
文件　頗多　因半月以來瘡疾之後　手上甫方之藥以續積閣
本日稍一清釐　至刻寫對聯四付　扁一幅　夕再清理文
件　天氣奇熱　燈上將溫習蘇詩　更初復清理文件
案上尺雜籍之一清　睡不成寐　潘升值日　起坐竹床上

睡令人搖扇亦不甚涼快徧身瘡痒異常竟夕
手未停爬

附記　閱訂賬目

朱亦點　黃秀成　李加勝　黃益先
董宏海　汪學森　袁夢元　杜大祥
汪花班

十五日

早至貞弁賀壁見客七八次至居正畢旋清理文件
寫凱章信江軍門信九弟信小睡中飯後圍棋一
局旋清理文件頗多暑氣亢熱異常溫蘇詩數十
首朗誦一遍後清理文件傍夕申夫來暢談至二更二
點夜睡不成寐張弁值日至四更始得甜睡

附記

訃南壽　羊本翁死　東鄉　五月初二
張經畬　峰八　局紳　呂石和

楊布顏 正旗 順德人

十六日

早飯後清理文件 旋寫沅弟信一 布庵信一 見客四次 圍棋一局 午刻睡一時許 中飯後清理文件 旋又清理稍久 將日舊寫未了者習字一紙 天氣亢燥熱 呈旱象 遍身瘡癢 傍夕與少荃在外乘涼 旋溫蘇詩 朗誦三四十首 日內於蘇詩似有新得 領其沖淡之趣 洒落之機 二更三點睡 稍能成寐 四更五點瘡癢 不復能睡

十七日

早飯後改摺稿一件 至午初方畢 旋寫沅弟信 小睡約二刻許 中飯後改片稿一件 清理文件 然後旋寫對聯一付 再清理文件 傍夕溫韓詩蘇詩 旋寫零字 是日大西風 日暮與學政馬雨農尊久坐 看劉文清

公請愛畫帖略得其沖淡自然之趣方悟文人技藝之佳境只二曰雄奇曰淡遠作文然作詩然作字亦然若能合雄奇於淡遠之中尤為可貴睡不甚成寐

罕升值日

十八日

早飯後作各路軍情行稿一件圍棋一局寫致中丞信一清理文件午刻睡一時許中飯後茇擬一摺二更圍棋一局清理文件至戌初方畢陳舫仙來言探卒至宋口一帶經賊行之處并未栽種亂草沒人家〻皆已餓斃僵尸或口吐舌數寸或口含草根而死經行百里無蹤跡亦無百姓一行荒涼之景積尸臭穢之氣蓋大亂之世凋瘵如此然亦不忍聞也夜與申夫談二更閱文選雜詠雜擬睡尚成寐天氣新涼

十九日

早飯後圍棋一局旋寫沅弟信一件左季高信一清理文件午刻小睡時許中飯後圍棋一局清理文件甚多條批四五之陳件習字一紙又習篆字若干寫扇一柄傍夕至茶園散步夜溫平準書未畢睡不甚成寐久未作小楷下筆輒窒而不入是日筆輕稍能入紙乃悟輪扁甘苦疾徐之況

廿日

早飯後圍棋一局旋清理文件見客三次後清文件頗多午刻小睡添李少泉信一件中飯後圍棋一局旋清理文件寫沅弟信一封寫宮保信甫一神氣蕭條若不克自振也傍夕至菜園散步夜溫陶詩二更三點睡不甚成寐張弁值日四更入後始能酣睡是日身體若有病者晝晝思睡或以積閱文牘太多此心鬱然若有所負疚者然與

附記

○[illegible]牧雲[illegible]　○寫科九三篇　○閱科三叢　○寄說文逸字　○要百三家　○補聖叢二·五一

廿一日

早飯後清理文件，旋寫季弟信，核改信稿數件，寫紀澤信。中飯後習字一紙，見客四次，清理文件，皆初七日之陳案未閱過者，至此正畢。是日大雨如注，所住之屋到處漏溼，幾無干土之處，夜與小岑久談，旋默誦蘇詩二十餘首，睡頗成寐。王弁值日。大雨滂沱，涼爽已秋意，而伏天寒冷如此，節候反常，又不能不以為虞。

附記

黃印山　以知府選缺即補加道銜

去鄉試展緩一摺

大美國欽命駐劄中華水師提督統理軍務署理便宜行事全權大臣印務司拜　四月十二　閏三月十九

大美國前署駐劄甯波管理本國提刑按察司宜益擒逋商司務 領事府暫充繙譯官秦某緒拜

廿二日

早飯後圍棋一局，旋清理文件，寫雪琴信一，習字一紙。大雨如注，竟日不歇，已有涼秋氣象，不似伏天也。午刻小睡。中飯後圍棋一局，寫紈扇一柄，清理文件前旬所積。閱書至昃，遂日補行清檢，至刻畢。癬癢實常，手不停爬，左腿已爬搔糜爛，皮熱作疼。夜用水晶界尺屢貼，取其寒而潤也。然床後又細意揣摩之，至三更疼略止。四更後睡，夢中又將瘡處爬破，疼痛尤甚。近日瘡漸痊而癬又作，余身業完，當意緒凋疎。飯後圈點古文數首，即沅弟所抄簡本請余鑒核者。日來閱劉石庵清愛堂帖，其起筆多師晉賢及智永千文，用逆蹴之法，故能藏鋒；張得天之起筆多師褚、顏兩家，用直來橫受之法，故不藏鋒而腰絲帶

以發其機趣二者其理本一貫特從縱與直來橫叉
形迹判然難合而為一耳
附記
長峰先生函信　莫子偲信
君梅信
廿三日
早飯後下棋一局旋寫沅弟信一紙右坪信一件清理文件
午刻小睡閱經傳釋詞中飯後清理文件寫對聯
二付扁一紈扇一橫跋信稿二件溫呂刑呂刑蓋於後世
古文家頗經竄亂近惜不能盡通其讀睡後夢魘不甚
成寐
廿四日
早飯後寫牧雲信紀澤兒信甚長作信唁唐介藻
將其父並見海先生事○○首予謚〻〻寓發扎知其家又寄黃

偕黎惲與李筱生午後小睡片刻清理文件中飯後清理本日文件補閱初九日文件至戌初始畢本日因癬癢作癢用竹去浮錫磨光揩癢取其滑而不澀滯耶不塞常用手輕輕揩拭勝於指爪爬搔遠矣傍夕至茶園小步偕與馬鍾山王子譽論詩夜溫治安策未畢用藥水洗澡睡後不甚爬亦不甚成寐潘弁值日

廿五日

早飯後清理文件旋寫李筱泉信一沅弟信一清理各稿午刻小睡片刻中飯後批札稿多約計三百件見客立談三次剃頭一次閱鮑春霆由九江坐船來東流全軍俱來實屬不知緩急江西建昌安義之賊楚兵往剿可靈之至前癬癢不能稍耐睡後徹夜不成寐張弁值日四更癬癢特甚遂爬至天明

廿六日

早飯後清理文件旋寫故宮保信一午刻作箴
言書院記久疏文字機軸太生至二更又尚未成酉
刻鮑春霆來余因其違余信中之指不勦建
昌而反來東流未與相見屬其與少荃敘議一切而
余散步菜園以避之渠係奉胡帥之函扎集賢關
恐沅甫一軍吃虧也其居心可敬而其形迹實不赦
惡故余責之而不深拒之夜睡頗成寐王升值日

廿七日

早飯後清理文件圍棋一局旋作箴言書院記畢中
飯後寫故宮保信一將渠所寄書院條約酌核一遍
傍夕至菜園間步夜因癬癢用竹摩挲二更洗腳
一次是日酷熱熱實常余本畏熱而又癬癢如黃魯
直所云火雲蒸肉山其實苦惱也春霆於卯刻來
見與之久談渠意恐安慶官軍吃虧故亦冒暑來

此余屬其速回九江即日率全部換柁西行風逆水逆來易而去難人馬坐小船之中盛暑如火深爲可憫渠言私款甚不敷用余許每月以二百金濟之

廿六日

早飯後見客三次學政來久坐旋圍棋一局自巳初至午小睡清理文件批詳中飯後天氣酷熱徧身亦痒用竹揩磨旋清理文件幾多至戌初畢在後院乘涼與少荃久談至二更三點始散論及余之短處總是儒緩與桂年周弢甫所論略同睡不甚成寐黃昇值日

附記 秋浦信 屯溪茶釐五錢一引太少宜酌增可就近問左 鋪捐可緩辦 煙土原已開禁每百觔抽稅三十兩

前士家縣知縣張仁法 進士 卽任高安縣

知縣劉奎光 舉人 幹練有爲頗知自愛 候補知縣

郭椿影 舉人 李蔚 新班 寒苦樸实

希庵信 侄箴言書院記

廿九日

早飯後圍棋一局 旋寫沅弟信 劉印渠信 李希庵信 清理文件 小睡時許 中飯後 奇熱熱異常 清坐房中 手不停爬 不能治事 申刻 清理文件 偶夕畢 西南風大起 熱少解 夜清理文件 睡稍成寐 醒 并值日 五更夢魘 天氣涼甚

咸豐十一年七月初一日

早飯後賀朔見客六七次至巳初畢 旋寫信與沅弟言方望溪從祀事 覆姚秋浦信 小睡時許 午刻清理文件 中飯後清理文件 甚多至戌初畢 夜閱望溪文集二卷 二更四點睡 潘弁值日 夢劉石庵先生與之之從敘數日 四更因癬癢殊不減 遷延至五更後成寐 又夢劉石庵彷彿若同在行役者 說話頗多 但未及作字之法 是日天氣新轉東北風 已覺涼意

初二日

早飯後清理文件 旋將箴言書院記刪改數行 小睡片時 午刻核稿 中飯後寫楊厚庵信一 旋清理文件 至酉正畢 夜溫古文數首 癬癢不止 心緒作惡 二更眠而依半个 睡不成寐 張弁值日 天氣新涼 頗宜於睡 而竟徹夜不眠 蓋半由血虧 半由心不靜耳 二日內

繙閱望溪文數十篇蓋因沅弟請以方公從祀而細審之

初三日

早飯後清理文件旋與小岑圍棋一局在竹床上久睡午刻清理文件莫子偲來久談二時許即在此便飯子偲名友芝貴州獨山人道光二十七年在京城相遇於書肆旋與劉菽雲相友善自此一別十五年中間通書問一二次而已因其弟祥芝在此渠來省視因得再晤學問淹博操行不苟畏友也清理文件至戌初畢六月初間積閱公牘至是整剔一清夜閱望溪集寫零字數紙有奇橫之趣與自然之致闕一不可睡尚成寐

初四日

早飯後圍棋一局旋寫沅弟信一胡宮保信一出外拜

寫罗家寫澄弟信左季高信一午刻少睡中飯
後清理文件至酉刻畢史懌想潘穆柱自揚州接
總督印及鹽政印酉堂細閱下游淮徐一帶情形
日趨於亂賓家甚轉機良可憂懼夜在後院乘涼
與少荃談至二更東袁帥屢保李世忠之忠
勇奮發出於至誠又不聞正苗沛霖叛逆之罪
又以秦業護理安徽布政使此數事皆顛倒是非
大拂人心言之慨然睡不甚成寐翟弁值日念古
文之道亦須有奇橫之趣自然之致二者并進乃
為成體之文

初五日

早飯後寫箴言書院記行書約徑寸大旋因房中蓋
瓦不能坐遂至小岑房與圍棋一局旋又寫書院記至未
正寫畢專一戈什哈送去寫胡中丞信一又送祁門

野术二册四本以渠有書來索取也 旋清理文件至
酉正畢 是日天氣亢熱甚不耐煩 寫箴言書院記
甚不稱意 本擬於下半日另寫一通 因亢熱煩躁
汗流不止 遂不復寫 因困橫之餘 而悟作字之道
點如珠 畫如玉 體如鷹 勢如龍 四者缺一不可 體者
一字之結構也 勢者 數字數行之機勢也 夜
熱太 意緒少佳 與小岑久談 睡不成寐 黄昇值日
民間失火 起視二次

初六日

黎明早飯後接印 印到後望闕叩○○恩 旋即拜印各三
跪九叩禮 文武謁賀 辰正畢 於小睡片時 清理文件 寫
沅弟信一 中飯後清理文件 至酉初畢 接省城信 鹽
米万壽宮等處乃賊 省垣危急 心以為憂 ○○萬壽摺
差自京城歸 接京信數件 莫子偲文出 何願船二信

内有張石洲蒙古游牧記四本又翔方備乘凡例數頁信皆當世積學之士夜亢熱殊甚在外乘涼極熳其鬱不復能作字僅寫毓中丞吳竹莊信二件 睡難成寐羅升值日

初七日

早飯後圍棋一局 旋莫子偲來与之暢談 寫沅弟信一楊厚庵信一 清理文件 寫吳竹莊信一 渠告舊事請調撥省城以信速之也 中飯後清理文件 觀莫子偲作字醜莫請渠寫歐陽功甫墓志 習字一紙 天氣亢燥殊甚 不能作字性本畏熱又加徧身癬二痒自酉刻以後不復辦事 坐後院及城上乘涼 二更洗澡一夜睡難成寐潘升值日

初八日

早飯後清理文件 旋寫沅弟信一倦甚久睡午刻清理

文件中飯後元氣非常華後聽有此風因移案
就紙清理文件至酉正畢酉刻寫李芋仙小挂屏
四幅渠求寫格言一幅寫八分一幅寫篆書皆余上
年日記冊中語也一幅言人不可以才自足以能自矜
既為小人所忌亦為君子所薄一幅言為詩古文者大
全在讀文之外傍夕至後園小步因無源至二更盡
睡不甚成寐張升值日 三更三點後乃甜睡 是日梅
小岩回江西省城 接寫厚庵信一

初九日

早飯後清理文件旋習字一帋 倦甚因在竹床上
久睡直至中飯時始起飯後清理文件 批到約二百
餘件 至酉正畢 閱步菜園 旋溫古文序跋類於文
獻通考各序若有所會 三更睡尚成寐 王升值日
是日申刻圍棋一局 日內未接紀宅保信深以為慮

不知其病體略愈否 本日接其初二日公牘 知於六月

廿五日奉到 諭旨准渠在署養病告假兩月等語

批飭之

初十

早飯後清理文件 旋習字一紙 核改信稿六件 在竹床上久

睡 中飯後得胡宮保初三日信 知渠病略已起色 廿六後

六日未甚吐血 為之欣慰 與黎壽民圍棋一局 旋清理文

件 至未刻畢 夜溫治安策出師表等篇 寫胡宮保

信一 沅弟信一 會典另寫書腳 吏繕目錄 余一一核正

又寫對聯六付 夜三更就寢 四更成寐 星升值日

連日東北風大 漸有涼意 癬亦略愈

十一日

早飯後清理文件 寫沅弟信一件 見客三次 馬學使來

久談 在竹床上久睡 午刻清理文件 至未正畢 寫對聯五

付丕剃又接公文數十件繙閱一遍即不辦理旋接九
弟信并偽文知安慶城賊慌亂之至似可期其克復
夜後沅弟信一温九歌及田賓信是日寫凱章信一閱黄
子壽淳熙殉節四川軍可不甚順手夜極疲已睡之後
三更後起坐令人搖扇至四更始睡不甚成寐黄弁值日
日內癬瘡殊盛本日夜間看書頗有靜意無煩悶之象
不料三更後仍復亢燥不知天氣之為之歟抑方寸自欠
靜境也

附記

送歐建吾五十金　傅澤鴻三十金

十二日

早飯後清理文件旋寫沅弟信習字一紙又核改信稿四
件在竹床上久睡二時許午刻清理文件旋閱会典書院叢
學可例一卷風教四卷至未正畢天氣亢熱之象常

徧身癬癢手不停爬清理文件至巳正未畢熱燥殊
甚遂不清事傍夕至後園行菜燈後熱甚因喚減食人
搖扇至三更三點始登床睡不甚成寐羅升值宿

十三日

早飯後圍棋一局旋清理文件寫胡宮保信一九弟信一
習字一紙午後在竹床上小睡接鶴仙信熱甚遍身作
癢不能辦事接吳竹莊在吳城所發信紀韋門葉蕙常
之少匯未正清理文件打到至亥刻畢日內酷熱東日自
午刻大風滿室飛沙揚塵申刻得雨稍解燥熱之
氣惜太小耳夜閱鄂小藝所寄雙梧山館文鈔溪所
作古文也共八冊二十四卷雜閱計三分之一睡頗成寐至四
四更之癬癢殊甚潘升值日

十四日

早飯後清理文件旋習字一紙寫九弟信一久睡竹

床約一時半許午刻清理文件寫毛寄雲信寫澄侯
弟信中飯請黃子偲便飯飯後微雨大風一解欝蒸
之氣清理文件　至酉刻畢　默誦蘇詩　夜溫西賈傳
畢　二更三點睡　竟夕不能成寐　張弁值日

附記

大通釐金應添鳳凰頸一卡

十五日

早間見文武員弁賀朔望約三刻許飯後清理文件寫沅弟
信一緘中丞信一　在竹床上睡一時許　習字一紙　清理文件
中飯後寸心欝悶　天氣雖不甚熱而亢燥難堪　徧身
癬癢　閱会典事例禮部風教二卷　又閱戶部錢法二
卷　至菜園閒步　夜煩燥殊甚　徧身奇癢　因至後院
久坐　三更入室小睡床後仍用竹編身搔摩　五更醒後
搔摩　日來因誠中形外　恒心生色　古來有道之士其淡

雖和潤，並不達於面貌。余氣象未稍進，豈耆欲有未淡耶？機心有未消耶？當猛省於寸衷，而取驗於顏面。

十六日

早飯後圍棋一局，旋清理文件，寫李季高信一件，姚秋浦信一件，熱甚，小睡。午刻核改摺稿一件，見客二次。中飯後作覆奏購買外洋船礮致臣勇一摺，申刻畢。天熱殊甚，余本怕熱，加以癬癢，遂不復能辦一事。將本日所當積閣未辦習字一紙，閱戴存莊所書傳補商。夜閱古文數首。

十七日

早飯後圍棋一局，旋寫沅弟信、彭雪琴信一，清理文件。午刻與客黃子偲、高碧湄久談。小睡片刻。中飯後因元熱鬱蒸，心緒煩悶，不能作事，昇間即作惡，有將嘔逆之象，因

禁食腥葷三餐皆僅食羅蔔菜少許閱書傳補商
呂刑篇余好讀呂刑而苦不能盡通其讀茲閱蔡氏之
說有愜余心者如制百姓於刑之中天齊於民俾我一日險非
終惟終等句皆犂然有當於人心欣賞無已巳正至馬學
政處賀渠新移公館余在因久亢不雨鬱悶尤甚胸鬲
間常思作嘔因嚼厚朴少許至小岑處久談二更四點睡
三更後大風大雨一解煩鬱是日接奉回硃批係六月初
八日所發者本日寫行摺四件將以明日拜發

十六日

早飯後圍棋一局旋清理文件寫姚秋浦信一見客三次習
字一紙閱書傳補商應命寫紈扇二柄與李芋仙久談
勸其不可開口嘆罵嘆由卑不可開口能詩能文居官以
勤補拙以儉養廉等語是日請萬瑨道周志甫等中
飯飯後觀莫子偲作大篆有筆力有法度旋清理文

件。至寫福畢。讀顧命、康王之誥畢。戴氏注經與金氏異

多，因惜其生前未與參詳。夜溫古文二篇。天氣鬱熱，睡殊

成寐。四鼓并值宿。

十九日

早飯後圍棋一局，旋清理文件。寫沅弟信一、希庵

信一。學後未會，談及何圓溪於六月十八日物故，其兄弟

三人，璞溪太守、丹溪觀察，俱不幸早世，其母八十餘歲，

為吾望雲南大亂，世家所僅見之，酸鼻。習字一紙。

小睡片刻，接鮑春霆信，知江西瑞州、奉新之賊皆已遁

逃，因擬令李臨江少停，聽候調度。中飯後清理文件，至

正初畢。有繼至者，遂不閱書。溫盤庚上、盤庚中。因

戴存莊兩採宋元及本朝治漢學者之說，每多當人意

處，故樂觀之。夜溫古文二篇。

廿日

早飯後圍棋一局，旋寫九弟信，清理文件，寫鮑中丞信。閱書傳補商盤庚下，溯子在竹床上小睡。午刻趙烈文惠甫住大輪船自上海來，見攜有薛中丞信、金眉生信，言以夷船拖帶民船運淮鹽至漢口上游皖鄂等處，已許撫臺頂云云，與之久談。中飯後再圍棋一局，習字一紙，閱書傳金縢、大誥，於予翼、考翼、翼等字終不能通其讀。天氣亢熱，酉刻清理文件，至燈後止。二更三點睡，不能成寐，張弁值日，四更始成寐，又以癬癢，五更即醒，爬搔不止。

廿一日

早飯後圍棋一局，旋寫九弟信，清理文件，閱書傳補商康誥，習字一紙。陳虎臣來久坐。小睡片時。中飯後閱酒誥畢，作挽聯一付，挽劉蔭渠之母，云：七級圖練使八座太夫人，愛日忽沈，鄉里二宗榮天下；接嗣名狀元曾孫彰

進士文星環繞高曾福壽古來稀　目覩曾孫成進士共尽
世所罕閱而其壽九十四歲五世同堂余聯中尚未能盡及
也　旋將聯及挽幛寫就　至正清理文件　至黃昏畢　夜
閱考工記數則　洗澡一次　睡稍成寐　王弁值日

廿二日

早飯後清理文件　圍棋一局　旋寫沅弟信一紙　寄澄信
一　與趙惠甫久談　小睡片刻　中飯後天氣亢燥　至余癬
癢極　為鬱悶不能治一事　楊達三厓配癬藥來搽　搽後
更不耐煩　幸已刻閱經詁拜村中刻閱名語所
言多愜余心　少解煩悶　寫對聯四付　戌刻至後園
散步　在左廠外乘涼　與少荃久談　癬癢殊甚　睡後
癢不止　至四更始成寐　笙弁值日

廿三日

早飯後圍棋一局　清理文件　旋寫郭雲仙兄弟信一　黃南

坡信芹子偲來與之久談習字一紙中飯後亢熱殊甚鬱悶之至閱書傳補商洛誥篇不甚愜心申正清理文件打到至傍夕未畢燈後始畢滅燈令人搖扇以清亢熱之氣二更四點睡不甚成寐四更之癬之癢久爬不止

廿四日

早飯時閱沅弟信知廿二日賊撲後濠自巳刻至五更凶悍異常鏖戰竭力擊退思之心悸於寫沅弟信紀澤兒信能書應信閱書傳補商多士篇天氣亢燥異常小睡時許中飯請趙惠甫便飯暢談二時許與小岑圍棋一局閱君奭篇天氣亢熱蒸鬱不能治事遂將本日公牘停閱不理傍夕至後園閑遊夜後寫沅弟信一件令人以竹指摩癢處二更四點睡頗能成寐

廿五日

早飯後寫九弟信一件旋寫嚴中丞信胡宮保信
見客三次與陳寬臣久談清理文件午刻小睡片時未
初請趙惠甫便飯因請黃子偲譚荔仙同飯談至申刻
散是日大東北風心以安慶守濠者為慮天氣亢熱鬱
蒸之氣未解閱書傳補商多方立政凡十七葉讀
畢傍夕至茶園散步夜因亢燥未辦事二更三點不能
成寐張升值日至四更二點稍稍成寐

廿日

早飯後圍棋一局旋清理文件寫沅弟信左季高
信見客四次倦甚小睡時許中飯後圍棋一局改信
稿六件旋清理文件至申刻畢溫書十七葉即戴
氏所著者昨日閱看畢今日諷誦一遍傍夕至後園
散步本日天東北風太大實帶而熱氣旋纏仍亦亢燥
夜睡竹床令人以竹指摩蛘處二更四點睡頗成寐

潘升值日

廿七日

早飯後清理文件　旋圍棋一局見客三次東北風大異常亢燥亦異常　小睡時許午刻寫何廉舫信一　王子懷信一周子佩信一何鏡芝李篁仙各信一至未刻畢　閱山海經至酉刻閱一半　旋至後園步小　亢燥之氣上逆於嘔殊不可耐　夜再閱山海經一半畢　二更三點上床　熱甚　起至院後廠內久睡　旋至後廳小睡　三更二點入內室　是夜寤覺數多

廿八日

早飯後遣摺差進京　旋圍棋一局　見客三次　寫沅弟信一件　閱管子牧民篇　形勢篇　權修篇　立政篇　乘馬篇　午刻小睡　中飯後閱管子七法篇　版法篇　幼官篇　幼官圖　五輔篇　申正清理文件　至傍夕畢

夜寫李高信一件 又寫對字甚多 三更接沅弟信知廿五六七連三夜賊撲後濠均經擊退為之少慰自廿六日大風斷渡三日不接信矣本日亢燥之氣仍不少減東流望雨甚切安慶軍營尤不望雨恐賊撲濠附火器難施也

廿九日

早飯後圍棋一局旋清理文件 為淩調鮑軍回援安慶見客四次寫對字一聯寫摺扇一柄再閱昨日所閱管子竊觀王懷祖先生讀書雜志所校管子各條終不如校他書之精審中飯後圍棋一局再閱管子至申正天氣亢熱殊甚有流金爍石之象寫對聯五付植在廠外乘涼不作一事三更睡頗成寐至四更未醒甚夜冷日熱秋旱之象也

卅日

早飯後圍棋一局，旋清理文件。寫鮑春霆信、沅弟信。午刻小睡。中飯後圍棋一局。接春霆公牘，知廿四日在豐城之河西大獲勝仗，殺賊七八千人，而營務處委宗國永與李申夫信，言殺賊實只萬二三千人，以鮑、熊所報之數過少，軍士憤憤不平，特另行專信聲明云云。只此一仗，忠逆一股必膽寒矣。清理文件。閱管子宙合篇，至正畢。剃頭一次。天氣亢熱，久不下雨，後園之菜皆被蟲傷。夜在廠外乘涼。是日閱欽天監奏摺，知八月初一日日月及水火土木四星俱在張宿五六八九度之內，金星在軫，亦當至三十度之內，可謂日月合璧，五星聯珠，祥瑞也。惜土火水木四星俱不見，故余更未起視耳。

八月初一日

早，各員弁賀朔。飯後圍棋一局，寫沅弟信，清理文件。見

客四次 小睡時許 午刻改信稿十餘件 所核客批不甚
何人將原寫紅紙裁去 大為怒斥 進完中飯後圍棋一局
寫李輔堂王霞軒各信一 申刻沅弟專弁來 知安慶
於本日卯刻克復 賀客紛紛 至燈後始畢 寫九弟信一
改鮑軍門奏城勝仗摺稿一 安慶克復摺稿一 清理各
事 定以明日赴安慶一行 三更睡 不甚成寐

初二日

早飯後見賀客數波 旋寫沅弟信一 季弟信 本擬即
赴安慶 因逆風太大 不能開船 寄官胡李公信一件 又
各寫私信一件 清理文件 寫毓中丞信一件 中飯後
圍棋一局 清理文件 寫左季高信一 又清文件 至酉刻
畢 竟日大風 不克開船 今年自七月以來 東北風甚
至 彌月之久 枯旱亢燥 余常作嘔吐 脑胃間似有
浮熱 不能多作事 夜在廠乘涼 早睡 頗能成寐 五

更即醒是日辰刻發叔摺一片一

初三日

早飯後圍棋一局旋寫沅弟信一清理文件習字一紙閱管子樞言篇中飯後圍棋一局閱管子八觀篇法禁篇重令篇法法篇兵法篇寫對聯六付傍夕天氣微涼在閱管子大匡篇二更後甚倦寐至二更三點睡反不成寐聖弁値日至四更徧身痒甚手不停爬是日未擬赴安慶瀛師因東北風大不果

初四日

早飯後圍棋一局旋添寫趙玉班信一葉眉生信一張小浦郎沂生各添一片寫澄侯弟信一添姬秋浦信一清理文件申夫來久談午刻厚庵來久談渠本年自請假四月回籍省親本日起程也因留之中飯來錢庵亦同席一飯申刻散清理文件与申夫久談又圍棋一局

寫毓中丞信為劉小粵改稿與少荃申夫久談清理文件二更三點睡天氣已涼而瘡癢不止不能成寐殊以為苦是日申刻至河下送厚庵之行旋至馬雨農處一談

初五日

早飯後下河將赴安慶先寫季君梅信一件中丞信一令表委員田上海帶去旋即登舟行六七里東風大作浪大不能下駛因復折回泊小南門外長龍船中兀坐竟日日前為九弟校對古文簡本因作一跋中飯後寫畢少荃來久談小岑子偲來圍棋一局未刻余至少荃船久坐燈後頭疼溫古文三首早睡瘡疥作癢不能成寐四五更爬搔不停巳刻寫九弟信一

初六日

早飯後起旱至四十里至朱家村小住吃中飯飯後行八里登舟

又行四里至黃石磯在護衛營之官由羅家拾船中寢食又
兩胡友勝之長龍船由大江中冒風趕到因風太大李少荃
仍自中途折回矣閱管子中匡篇小匡篇霸形篇問篇
戒篇地圖篇參患篇制分篇燈後閱君臣上篇君臣下篇
小稱篇四稱篇二更三點睡頗能成寐四更接九弟信知桐
城於初三日申刻克復大風尚未息用以為慮

初七日

早飯後風浪稍平即由黃石磯開船至安慶巳刻至營
與沅弟季弟相見旋接見各營官及委員等兄弟久談
至申刻出外周歷西北看後濠前濠約往返十里許濠溝
之深地段之廣援賊之悍知成功良不易之也傍夕頭痛間
兄弟瑣談至三更四點始睡不能成寐四更三點醒瘡疥
而痒手不停爬是早在船閱管子五篇

初八日

早飯後兄弟暢談旋入安慶省城隊伍排列整齊兄弟聯輿入城備極尊榮自問何修得此用為愧悚午刻回營後極小睡中飯後與沅弟久談申刻出外閱西北長濠並刻項寫紀澤信一夜与沅弟久談定派人進剿廬江英霍等處三更三點睡不甚成寐五更瘡痒爬搔至明是日午刻閱池州府克復之信遣人回東流取摺件將在安慶發摺

初九日

早飯後清理文件寫左季高信一旋至季弟東路營盤看風雨泥濘行走艱難巳刻到兄弟暢談中飯後仍回九弟營盤寫掛屏三幅夜兄弟久談瘡癢痛殊甚季弟以為肺有燥熱另立一方服之三更睡稍能成寐四五更爬搔不停幸不甚癢

初十日

發明超擢京城遞回夾板函上係用藍印內係六月十八日所發一摺二片其覆奏雖趕救援江西一摺後墨筆批云贊襄政務王大臣奉○○旨覽奏均悉其附奏近日軍情一片批云贊襄政務王大臣奉○○旨知道了又黃勝林正法一片批與近日軍情片批同外吏部藍印咨文二件一件載七月十六日奉○○硃筆皇長子現已立為皇太子着派載垣端華景壽肅順穆蔭匡源杜翰焦祐瀛盡心輔弼贊襄一切政務欽此一件載准贊襄政務王大臣咨嗣後各督撫將帥將軍都統提鎮等奏事備隨摺印文一件載明共摺幾封片幾件單幾件交摺弁處備查等因痛悉我聖主已於七月十六日龍馭上賓天崩地坼攀號莫及多難之秋四海無主此中外臣民無福膺此大變也余以哀詔未到不克遽為位成服哭臨須回東流乃克設次行禮巳刻改克復池州一摺

摺江西漕折五万一行。未刻發摺，仍用紅印。清理文件甚多。
与沅弟暢談。申刻寫挂屏對聯數件。夜寫零字，寫扇
一柄。二更三點睡，不甚成寐。伏念新主年僅六歲，敵國外
患紛至迭乘，实不知所以善其後。又思我　大行皇帝即位
至今十有二年，無日不在憂危之中。今安慶克復，長髮始
衰，大局似有轉機，而　大行皇帝竟不及聞此捷報，鬱
悒終古，為臣子者尤深感痛。

十一日

早飯後清理文件。旋寫劉馨室、李申夫信一。巳正坐舟，九
弟送至舟次，恰李少荃到，談及大喪典禮，宜在安慶省城
舉行，一面設立幄殿以便百官行禮，一面打掃公館以便余近
日移居。未刻閱《管子·勢篇》、《正篇》、《九變篇》、《任法篇》、《明法
篇》、《正世篇》、《治國篇》、《內業篇》、《封禪篇》、《小問篇》、《七臣七主篇》、《禁
藏篇》、《入國篇》、《九守篇》、《桓公問篇》、《地員篇》、《弟子職篇》、《形勢

解 立政九敗解 版法解 明法解 臣乘馬篇 乘馬數 問乘馬篇 事語篇 海王篇 國蓄篇 山國軌篇 山權數篇 山至數篇 夜與少荃暢談時事 二更三點睡 瘡癢如故

十二日

早飯後与少荃久談 旋清理文件 閱管子地數篇 揆度篇 國准篇 寫希庵信一 雲仙信一 午刻小睡 中飯後閱管子輕重甲篇 申刻沅弟來久談 至酉刻借厚庵紅船自長龍船上移居之 接鮑春霆信 知渠接廿九日調赴北岸之檄 業將撫州肅清 定於初六日拔營來援安慶 會至正九弟歸去 余將管子閱畢 寫各目於書面 夜與九、少荃談 眼蒙殊甚 接湖北官胡李信 鄂省於初六日始聞湖北安慶克復之信 胡帥病尚無起色 為之憂悶

十三日

早飯後与少荃久談，旋清理文件。九弟來，寫家信一，寫紀澤霞仙信一，專人送去。九弟久談。午刻小睡，旋清理文件，至申刻畢。与黎壽民圍棋一局，閱方宗誠存之寫來之桐城殉節諸傳誌，至日入畢。与少荃卷談至二更。又圍棋一局。日內胸胃不開，常作嘔逆，又以根本之地變故頻仍，寸心憂悶，不知所以為計。竹生不另令人在城內打掃公館，致後次哭臨倉卒不能成禮，心以為慊歉。

十四日

早飯後与少荃久談。九弟來，与黎壽民圍棋一局。見客二次。再閱管子修靡篇，殊不能通其讀。中飯後清理文件。溫古文奏議類。圍棋一局。寫毛寄雲信一，習字一紙。傍夕与少荃久談。夜仍卷談，將二更。寫零字甚多。睡不成寐，瘡癢甚劇，深以為苦。日內本以國恤大故憂悒莫極，而瘡疥作惡，竟日愁悶異常。

附記

派署司道一件

江寧布政司管江蘇之員到省 現孟署漕督
十府糧道 未管皖府蘇二府 實缺共未到
江寧巡道 實缺共未到
安徽按察司 實駐安慶省城 布政司駐潁州等處

十五日

是日因大喪禁止文武官弁賀節 飯後与少荃談 渠因彰有妻喪 將回江西料理葬事也 清理文件 与黎壽民圍棋二局 閱管子樞言篇八觀篇法禁篇重令篇法法篇 將王懷祖先生各條錄於上方 中飯後閱兵法篇 圍棋一局 九弟來与之久談 日內北風甚大 上游船隻不能下來 故公牘來至安慶者甚少 東流老營各委員皆阻風不能來 閱防亦未來 大喪應辦供帳各具皆不能辦 心為焦灼 申刻大雨 夜閱大匡篇未畢 睡後竟夕瘡癢 不能成寐 近日眼蒙殊甚 蓋因屢夜不得佳眠 而看書作字頗費目力耳 午刻習字一紙 望弁值宿

十六日

早飯後清理文件旋与黎壽民圍棋二局旋閱管子大匡中匡小匡篇沅弟來竟日久談弟辦菜數碗在此同飯申刻又閱管子霸形篇習字一紙傍夕再圍棋一局瘡癢熬悶殊甚夜溫古文詞跌類又寫零字甚多睡後瘡癢醒時爬搔數次是日与沅弟言欲得家運綿長第一禁止奢侈享用念諸周末諸子各有極至之詣其所以不及仲尼者此有所偏至即彼有所獨缺亦猶夷惠之不及孔子耳若游心能如老莊之虛靜治身能如墨翟之勤儉齊民能如管商之嚴整而又持之以不自是之心偏者裁之缺者補之則諸子皆可師也不可棄也

十七日

早飯後清理文件旋圍棋一局閱管子霸言篇問篇清理文件中飯後閱管子戒篇未畢沅弟來久談教以胸

襟宜淡遠游心虛靜之域獨立萬物之表又每日須讀書少
許以擴識見第國安慶前後皆有強寇人數甚單地段甚廣
盡在手勤勞躬親鏈踏暑大雨而每日奔馳往返常五六十里余
憐其太勞彼非其以虛靜養心也清理文件甚多至更移近
日因風大未接公文本日接百餘件眼蒙尚未看畢溫古文
序跋類三更睡瘡痒殊甚不能成寐羅研值日午間習
字一紙核寫要字一紙偏多思牧民之道以四者為最要
一日整躬以治署內一日明刑以清獄訟一日課農以盡地力
一日崇儉以與風廉讓將領之道約束以四者為最要一日戒騷
擾以安民一日禁煙賭以儆惰一日勤訓練以禦寇一日尚廉
儉以率下 是日接參名人一等云本年三月廿二日新授陝西巡
撫鄧 爾恒 被在曲靖府行轅被帶練保至協鎮之伍呈保殺鄧
先是鄧被伍呈保刻搶一次今又勒索銀二万胆敢持刀出殺擄
搶擾淨并將曲靖 知府拿去以致鄧 三日未殮身受二十八傷伍

有保與其養子何自清久有叛謀雲南巡撫徐之銘亦主
謀令其擅殺現在轉行捏參係鄧撫自帶之練丁戕殺
云云世變至此誠不堪問而滇撫徐之銘前有唆使練丁
練丁槍斃張石卿制軍之名茲又有唆使練丁刺殺鄧子
久中丞之名不必問其虛實而已決其為敗類矣

十日

早飯後圍棋一局旋清理文件即昨日未閱畢者習字
一紙午間小睡中飯清理文件孔弟來談至酉刻去寫
零字數紙眼蒙殊甚不能不用加花鏡矣夜溫古文傳
誌類下又朗誦九辯數遍睡不甚成寐夜接七月廿八日
寄諭一道係因鄧中丞之奏江西省城危急令派兵救援
又接禮部文奉到　新主哀詔日內北風不止東流文武皆
不能來不克行哭臨之禮深為憂灼又思居官之道以四
字為最要一曰習勞苦以盡職一曰崇儉約以養廉一曰勤學

問以攄才一曰戒傲惰以正俗紳士之道以四者爲最要一曰保愚懦以庇鄉一曰崇廉讓以奉公一曰禁大言以務實一曰擴才識以待用

十九日

早飯後清理文件 圍棋一局 旋習字一紙 此風愈大 東流老營各船不能下來 恐以爲慮 幸已移城內 帳殿收拾整齊 儘兩設次成禮 又聞夜業已接奉 哀詔 因定於廿一日成服哭臨 午正小睡 中飯後沅弟來久談 弟於廿日三十八生辰 因在營恐慶賀者紛紛 即來船小住二日 暢談甚久 又與黎壽民圍棋一局 夜間彭盛南來 甫弟至臨三昆八兩螺均來 暢談說話略多 徹夜不能成寐

廿日

早九弟生日 有數客來賀 早飯後彭盛南 易睦 蒼 田湘清理文件 圍棋一局 與九弟暢談 中飯後黃昌岐在此久談 習

字一紙。閱管子戒篇，與九弟久談。旋清理文件。傍夕九弟仍
回本營。夜將所定州縣最要四條，每條繫以百餘字，將以勸
誡屬員，至二更末畢。睡頗成寐，至并值日連日大北風不止，
本日卯辰間風稍息，巳刻後大作，至晡時少息。

廿一日

早飯後清理文件。旋開船至南門登岸，移寓公館，即偽英王陳玉
成之府也。一連三所，其東一所為就天燕陳時安之偽宅，連日
修整帳殿，為舉行太平禮之所，昨日畢工。余進城後即赴
府拜，文武官集哭臨。巳刻早集，午刻中集，申刻晚集。署
安慶府知府孫樹人常病，來臨，勢頗沉重。九弟在新
公館敘談甚久，弟本日忽自城外營盤移進城內。克城之
後，房屋完好，器具至用，亦從來所未有也。申刻寫左季高
信。閱管子二篇，地圖宗惠。夜將所定營官最要四條，每條
繫以百餘字，二更盡未畢。洗腳洗身，睡不甚成寐，至并

值宿至五更稍成寐

廿二日

早飯後哭臨一次，沅弟赴城外看季弟之病，午刻回，知季已〻燈。金眉生圍棋一局，見客二次，閱《管子·制分篇》、《君臣上》。中飯後高纂一次，旋習字一紙，與沅弟鬯談自修之道、涉世之法及毀譽之不可盡信。申刻晚祭高纂。燈時申夫來久談，二更後倦甚，說話稍多，便似傷神，蓋老境侵尋乎。夜不甚成寐，三更時瘡癢殊甚，五更始睡。

廿三日

早飯後哭臨一次，清理文件，圍棋一局，見客五六次，皆泰流寓貧窮。到步馬學玫來久談。午正中祭，中飯與小岑久談，旋圍棋一局，沅弟來鬯談。是日閱《管子·君臣下》、《小稱》、《四稱》、《侈靡篇》。夜溫閱《會典·大喪儀》，家中寄《漢魏六朝百三家》來，未閱《徐陵》、《劉向》兩集。睡不甚成寐，亦以說話太多之故，四更瘡

痒殊甚五更始成寐

附記

熊焰南　慕仙

廿四日

早至帳殿行禮昨日已滿三日之制因學使及東流多
委員甫臨一日故未將帳殿遽撤俟七日滿再撤廿余無
早去巡料行三叩首不舉哀中祭晚祭則不與耳沅
弟來久談寫家信一件寄銀百兩為嫁女之用午刻圍
棋一局中飯後與筱泉圍棋一局閱管子心術上心術
下篇倦甚傍夕小睡夜沅弟復來共飯閱百三家內潘
岳集二更四點睡不甚成寐三四更瘡痒爬搔不止
五更眠略熟

廿五日

早飯後至帳殿行禮旋清理文件九弟來久談午刻去

習字一幅與小岑圍棋一局中飯後見客三次時理文件與莫子偲趙惠甫久談夜溫古文辭賦類旋作茶壓呂聖耆一摺擬稿訖日昏三鼓進寢

廿六日

早飯後至帳殿行禮旋與小岑圍棋一局見客三次清理文件習字一幅午刻小睡中飯後與黎壽民圍棋一局清理文件甚多至申正未畢寫對聯六付九弟來久談更初去習字二紙添馮伯蔚信一紙溫古文奏議類劉向諸篇睡不甚成寐四更醒後更不能閉目殆陰氣不能斂藏耶

廿七日

早飯後至帳殿行禮旋將幕次撤去蓋照例止哭臨三日此次因學使及善貞在東流未到故寫集之期先後參差本日已屆七日遂撤去也旋見客四次寫條屏幅吳竹如函信

午正小睡片刻因說話太多困倦殊甚於平日吃點心
之外略飲藥酒九弟來談刻許即去核改恭慶○○聖
壽一摺中飯後習字一紙清理文件甚多至申末寫
畢旋寫對聯三付壽字四个九弟來坐改寫李
弟信件夜打到百餘件皆係當賀節賀捷之信二
更畢旋閱江文通鮑明遠二家集睡後三更甫成寐接
奉○○批摺係七月十六日所發共四更略能熟睡餘俱
不甚成寐

廿六日

早飯後圍棋一局清理文件九弟來久談與之言與人
為善取人為善之道如大河中水盛足以浸灌小河小河水
盛亦足以浸灌大河無論為上為下為師為弟為長為
幼彼此以善相浸灌則日見其益而不自知矣九弟深
以為然午正小睡中飯後清理文件頗多酉刻寫對聯

教付午刻習字一紙是日大雨至四時之久燈後清理文件
二更畢溫杜詩七古睡頗成寐雨淋漓不息申刻
寫胡宮保信一雲仙信一李筱泉信一件

廿九日

早飯後圍棋一局習字一紙旋清理文件雨大如注九弟
來久談弟去後余出門至學台處拜會又至九弟營中
即在弟處中飯飯後偕弟見客六次陳虎臣王朗山趙
惠甫三人談甚久惠甫上條陳一篇識解閎遠文筆通雅
逸才也接鮑春霆信廿二三日大獲勝仗將貴溪弋陽
湖坊河口雙港之賊悉數剿敗廣信府城立即解
圍爲之歡慰江西可全省肅清矣夜清理文件至二更
畢寫雲仙小挂屏一張洗腳一次九弟勸余煎土茯苓
湯洗腳宜洗至膝以上乃能去濕因依其法行之曾升值
宿三更稍成寐

附記 趙惠甫所開

同知左樞 湘鄉人英偉俊特剛決能斷有膽有識讀書通達雅好文筆皆雄勁

縣丞汪汝桂 江寧人 武猛縝密廬行不苟現在蘇撫營務處駐差丞江北首募勇

又附記

肅清江西一摺　鮑補缺一片

代張凱章作謝天恩一摺　李留一片

派委安徽司道一摺　陳史易署缺一片

徽撫捏銷一片　查出限來來 牢再辦　孫潤正法一片

劉錫綬揭訪一片　候莘虞軒來請渠一核再辦

九月初一日

早因 國忌禁止員弁賀朔 飯後圍棋一局 筱岑將以本日成行赴湖北診治胡帥之病因便還家 九弟來見客數三次

習字一紙清理文件午正小睡申飯後清理文件與黎壽民圍棋一局李芋仙自江西為我買書數種寄來逐一繙閱陳心泉太守來久談是日派兵五千人進攻英霍縣防守廬江明日又三千餘人繼發天氣晴明為之一慰夜溫杜詩七古寫希庵信一件

初二日

早飯後清理文件見客數次巳刻九弟來久談弟於昨日將拔營赴下游打英霍縣也午後至未申送頃見客不停申正清理文件酉正習字一紙瘡癢不止旋閱山谷集因李芋仙送大字本黃集將其題跋再看一編是日接家信澤兒所開日課單頗為勤密但恐不能有常耳接羅研生信寄詩詞一本毛中丞信言所以去裕麟之由甚有道理有力量可佩也午刻圍棋一局

初三日

早飯後清理文件，旋見客三次，寫對聯三付。巳正接信，知胡宮保於八月廿六日亥刻去世，哀痛不已。赤心以憂國家，小心以事友生，苦心以護諸將，天下寧復有似斯人者哉！寫左季高信一、沅弟信一。午刻小睡，旋寫字一紙。中飯後請劉馨室、陳心泉、魏柳南諸君便飯，申初散。接李少荃、輔堂辦江西減丁漕一案，奏甚為詳晰。清理文件，圍棋一局，瘡癢殊甚，手不停爬。夜改札稿、告示稿，清理各文件。二更後溫古文傳誌類，睡後不甚成寐，夜瘡癢。

初四日

早飯後清理文件，旋圍棋一局，見客甚多。寫紀澤信，論抄纂分類之法，因客多未寫畢，中飯後乃畢。圍棋一局，清理文件甚多，至曛黑乃畢。夜寫沅弟信一、文任吾、周壽山信一。二更後溫李廣、蘇武傳，睡後瘡癢殊甚，手不停爬，至以為苦。

廿五日

早飯後清理文件，圍棋一局，寫李少荃信一、輔堂一信，見客三次，午正睡片刻，中飯後清理文件，寫希庵信一、中丞信。申夫來談最久，至稻去，寫雪琴信一，夜寫雲最多，二更後溫古文三篇，睡後瘡癢不能成寐，曾弁值日。

初六日

早飯後圍棋一局，旋清理文件，寫毓中丞信一、江西司道信一、張凱章信一，中飯後寫沅弟信一，圍棋一局，清理文件極多，至正當畢，留待明日再辦。夜寫挂屏一幀，未稍習字一紙，二更後溫古文三篇，讀九歌、九辯，服昭明選擇之精，睡後瘡癢殊甚，四更始成寐。

初七日

早飯後圍棋一局，見客四次，陳心泉冕來談最久。是日擬作奏摺，遂不及清理文件，乃自辰至申末，將摺稿作成，俳

佃莊院之間久不下筆僅僅寫字一頁寫挂屏二幅而已蓋
早年屬文頗難竟日不能脫稿之故能復萌芽殊始
將能超茲游坊大樓賬仗一摺作數二更後溫詩經十
餘篇

初八日

早飯後圍棋一局請理文件旋與隋龍淵瑤談渠亟稱
稱周悅讓之賢簡朴儉約極耐勞苦山東膠州府萊西
陽縣人丁未翰林改官戶部與龍淵同官又同至山西辦賑餞
局故知之深也因龍淵極稱其簡簡始悟余平日亦志崇儉
而不能儉者以其不簡簡耳嗣後當從簡字上用功旋
代張凱章作例恩摺又作奏留一片又改龍超請補奏
缺一片又作安慶防派司道大員以籌簡簡成一摺中飯後
清文件打到百餘件尚未完畢庭寫零字頗多溫
按任安書二更後接部文等件三更睡尚稍成寐

初九日

早飯後圍棋一局，清理文件，旋見客三次。寫官帥信一、希庵信一、王霞軒信一、沅弟信、汪瀚信一。未刻核摺二摺三片，又代凱章核閱謝恩摺。中飯後見客四次，清理文件，核稿百餘件，約到百餘件，尚未完畢。夜溫報任安書。日中習字一紙，夜寫零字數紙。羅弁值日。

初十日

早飯後圍棋一局，清理文件，習字一紙。旋出外拜客五家：一馬學政，一申夫，一龍淵，一孫澍人，一忠義局。始歸，已未初。中飯後寫零零字甚多，清理文件，寫對聯六付。後清理文件，至鐙前止。將本日軍務各件、其地方文件已停積兩日未閱。夜溫抄本古文孟子數章。二更三點睡，不甚成寐。日內於作字之道若有所會，本日用狼毫筆寫寸以外字，並以發攄心中蓬勃之氣，為之神怡。

十一日

早飯後與龍潤圍棋一局 旋清理文件 寫毛寄雲信一 郭武元甫信一 柯筱泉信一 習字一紙 見客四次 未刻中飯後清理文件 圍棋一局 核對百餘件 將習公牘一通 傍夕若子偲來談 寫挂屏二幅 夜倦甚 不能作事 睡略成寐 黃昇值日 日內細觀孟子光明俊偉之氣 惟莊子與韓退之得其彷彿 近世如王陽明亦殊磊落 但文辭不如三子者之跌宕耳

十二日

早飯後圍棋二局 寫沅弟信一 專見客三次 令李少山山等解米糧子藥赴王家套 羅昌河接濟廬江一軍 習字一紙 清理文件 寫紀中丞信一 中飯後圍棋一局 寫單地山信一 清理文件甚多 本日地方新到之件尚未閱畢 酉刻寫閻丹初挂屏四幅 約四百字 夜溫趙廣

譚尹翁澤韓延尊傳寫沅弟信一睡後三四更不成寐
五更假成寐本日作行書能極寫胸中跌宕俊偉
之氣稍為快意大抵作字及作詩古文胸中須有一段
奇氣盤結於中而達之筆墨者卻須遏抑掩蔽
不令過露乃為深至若存絲毫求知見好之心則真氣
渫泄無餘雖小不精技藝如此即立德事功亦須將
求知見好之心洗滌淨盡乃有合處故曰七均師無聲
五和常主淡也本日接 硃批諭旨係八月初二日所發
一摺一片

十三日

早飯後圍棋一局清理文件習字一紙寫多禮堂信一見客
四次陳儁臣來暢談最久出 飯後圍棋一局清理文件約到百
餘件申正畢旋接雪琴信寄示胡潤帥挽聯二付余因
作一聯傷夕始來劉開生皆來暢談良久燈後寫聯與申夫

一閱申夫言對句未妥因又改二句云逋寇在吳中是先
帝與藎臣臨終憾事薦賢滿天下願後人補我公未
竟勳名溫張敬傳未畢睡後三更醒久後成寐五
更瘡痒異常是日接　廷寄是日西翁中丞在壽州
被苗練圍城旦夕將破飭楚師撥兵往援八月廿六日自[illegible]
行在發到皖者不遲緩

十四日

早飯後圍棋一局季弟自樅陽來與之暢談旋寫澄侯
信一沅弟信一清理文件中飯後圍棋一局與季弟暢談
寫雪琴信一張凱章信一清理文件傍夕與季弟談
稽寫雲仙字數多溫王葛傳未畢夜睡三更後瘡痒
殊甚四更稍成寐羅並值日近來夜睡常常不能成寐
往年每日大便一次近日或二三日一次且或甚乾澀殆陰虧
之故邪

十五日
早飯後圍棋一局清理文件見客三次午刻趙國香克彰來談甚
久季弟大嘔吐前此瘧疾日內又再發余因亦嘔胸膈間
亦作惡若不克自持者小睡片時中飯後圍棋一局寫挽聯
一付寫閻丹初信一多禮堂信一清理文件打到二百餘件
夜屢視季弟病夜寫九弟信一件早刻接官帥信知余
蒙恩　賞加太子少保九弟蒙恩　賞穿黃馬褂一門沐非
常之寵惶悚之至旋誦蘇詩數首寫之扇一柄二更聞城外礮
聲派人出城查詢未悉驚擾睡不甚成寐瘡癢殊甚
十六日
早飯後與隋龍淵談圍棋一局清理文件寫官中堂信嚴中
丞信與季弟久談寫九弟信一習字一張中飯後圍棋一局清
理文件申夫來言張伴山於九月初三日巳刻沒於彭澤
舟次其次子與其婿護靈柩來安慶余出城弔唁之申刻

出外晡時始清理文件，計到百餘件，接李希庵及梅生
各信。二更三點畢。睡不成寐，蓋弁值日，四更後大雨
如注。

十七日

早飯後圍棋一局，旋寫九弟信一件，剃頭一次。自遭丁
大行皇帝之喪，至今始剃頭，從二十一日成服起，本日
釋服，已滿二十七日矣。未攀登城周視，因雨大而止。寫希
庵信一件。中飯後與季弟談，季弟瘧疾今日漸癒，幸
不甚劇。圍棋一局，清理文件，習字一紙，作勸誡營官一條、
勸誡紳士一條，夜閱人咏留約半時許，至季弟處寫零
字十葉。二更後閱說文數葉。睡頗能成寐，瘡癢亦甚。

十八日

早飯後圍棋一局，清理文件，見客三次，旋出門看城，從小南
門繞至西門、北門、東門，出東門外至寶塔，登塔頂一看，旋歸

富九弟布置各法城內分段守堞去李祥和一營由東門而
南至西門止蕭開印管中軍由西門至北門止李臣典一營由
北門至東門止城外挖安扎營步勝營武一營扎西門外石壘
程學啟一營扎北門外三壘張詩日一營扎東門外寶塔石壘
出看周家午正後接九弟十七早信知泥汊賊壘於十六夜
攻克小睡片刻中飯請曹柏九曹莘田便飯飯後圍棋一
局寫九弟信一見客四次清理文件習字兩寫對聯兩
付與季弟久談接毓中丞函讀知丁漕減價之件
已會稿會印辦理矣雅溫王蔚玉章傳楊胡朱梅之傳
睡時成寐瘡癢亦不少止

十九日

早飯後圍棋一局旋清理文件道喜之客極多以恭蒙
恩加宮保銜因已接官帥咨文也 至巳刻客去畢 與
季弟久談 清理文件 中飯後圍棋一局 莫子偲來久

談學玫來同敘。申刻季弟來，久談。清理文件。寫左季

高信一件。夜又與季弟處談二更後，溫漢興以來諸侯

年表序。睡頗成寐。是日作勸誡委員第一條，約幾二三

百餘字。

廿日

早飯後圍棋一局。旋與申夫、龍潤、心泉一談。本日係上衙門

之期也。旋至季弟處敘。季以是日三十四初度，二煙二疾彰，

痊為之破壁。清理文件。寫九弟信一，習字一紙，見客三次。

中飯後寫多禮堂信一，見客二次。清理文件。寫對聯十

付。寫官相信一。夜季弟來處談。寫零字五張。旋溫漢書

敘傳。睡頗成寐，四更未醒。

廿一日

早飯後圍棋一局。旋清理文。撰勸誡委員三條。中飯後圍棋

一局。習字一紙。撰勸誡紳士二條。夜又撰一條，十六條俱畢已。

是日除見客外未作他事 作六條 每條約百三四十字 多者至百八十字而止 名曰勸誡淺語十六條 用心稍過 遍身血熱瘡癢之至 與昔年在京血熱瘡癢不能作詩文 甚苦 然亦類此 二更四點睡 屢醒屢癢 蓋日內未接沅弟信 竊以為慮

廿二日

早上城查點操諸勇丁并看新作更棚合法與否 辦畢即到城上較常日略早 歸早飯 旋圍棋一局 見客三次 寫九弟信一件 旋接九弟信 知黃梅業經克復 寫李少荃等信一件 寫多禮堂信一件 清理文件 中飯後圍棋一局 寫左季高信一件 甚長 見客五次 清理文件 習字一紙 將昨日所作勸誡淺語細修改發刻 夜清理文件極多 核改不准洋船搭帶民船營船營稿 二更四點睡 不能成寐 為舟值宿

廿三日

早飯後將親兵點名一次 旋圍棋一局 清理文件 習
字一紙 見客甚多 午刻方出 小睡半時 未久又談 中飯後
清理文件 圍棋一局 因城外所拘未經完釐金之船中有洋人
二名 一名郭羅屏 一名偉羅斯 通事一名 倪均成 求一見 余因見之
諭以現行文京中總理通商衙門與各國公使核議 如民
船不應完釐 釐卡此時業已交銀 將來亦必追還 如民船仍
應完釐 釐卡此時將船弛放 將來亦必補交 旋清理文件
甚多 至膳時畢 疲倦甚 溫陶詩數十首 睡後三更
睡成寐 至四更 醒後微睡 不復成寐 編身瘡癢熱悶
異常 是日接信 知黃為鄉於廿日克復 九弟於廿一日未
刻進城 此城一克 可富可強 此岸家為挹蒙之區 而喜
在寓寫沅弟信一 又代弟撰挽祁宮保一聯云 少壯劉豪
雄到幾年 折節讀書 但思盡忠補過 東南名將 師賴
先生苦心調護 聯為骨肉弟昆

廿四日

早飯後圍棋一局，後清理文件，習字一紙，見客一次，將紀澤
所纂說文分韻解字凡例批數條，寫澄侯信一，紀澤信一。
張凱章與李少荃來久談，許仙屏來，後久談，中飯後
後清理文件，圍棋一局，仍與仙屏久談，申正間清理文
件，夜與少荃久談，二更四點睡，頗成寐，四更醒，五更
後成寐。

廿五日

早飯後見客，現以五十為上衙門之期也，後圍棋一局，
清理文件，與仙屏久談，習字一紙，寫九弟信一，中飯後與仙屏
久談，清理文件，圍棋一局，寫李輔堂信一，打到百餘件，倦，
夕與季弟久談，夜與少荃仙屏久談，寫李希庵信一，溫
陶詩一卷，夜睡頗成寐，四更五點醒。

廿六日

早飯後圍棋一局，旋清理文件，見客三次，習字一紙，中飯後圍棋一局，與仙屏鬯談，見客二次，清理文件，寫沅弟信，瘡癢殊甚，愁悶之至。日來天氣亢熱，瘡癢，自顧意中了。本日風雨作涼，乃瘡癢不止，頗煩惱也。燈後得九弟信，知水陸克復運漕鎮，此地為南北之樞紐，賊中之臟腑，得之不易，守之尤難，因作信與多禮堂，又寫與九弟信一，又調淮揚水師賴紫光、陽利見二營前赴運漕，又調張運蘭壹一陸營前往。睡後徹夜瘡癢，不甚成寐。

廿七日

早飯後圍棋一局，旋清理文件，出門至河下拜張凱章，歸寓，見客三次，習字一紙，中飯後清理文件，與季弟久談，仙屏久談，打到百餘件，傍夕瘡癢殊甚，鐙下與季弟談至二更三點，余一面寫零字百餘個，睡後三更未成寐，四更成寐，五更三點始醒，在近日為僅見。云本日李少荃贈以姚惜抱先生所書草字手卷，書蘇公游徑山詩，中有錯脫。姚君學懷素書，不甚沈着，特字以人重耳。

廿八日

早飯後出門，看新兵操演，巳刻歸，見客二次，清理文件，圍棋一局，習字一紙，中飯後又圍棋一局，清理文件，打到數十件，傍夕溫蘇詩，夜溫韋文，高聲朗誦，旋季弟來，遂談。日內服百歲酒方，每日三飯各飲一小杯，頗覺舒筋蘇，而瘡癢殊甚，季弟勸余戒服此酒，准明日始斷。酒氣，夜睡二三更不成寐，黃弁值日，四更後始成寐。

廿九日

早飯後圍棋一局，旋清理文件，見客二次，習字一紙，姚秋浦來久談，寫九弟信一、希庵信，中飯請秋浦、仙屏等便飯，申初畢，與屺高圍棋一局，旋清理文件，臘罷時畢，溫陸詩七絕，夜溫古文序跋類，二更三點睡，三四更均能成

寐殊不甚酣

廿日

早飯後圍棋一局 旋清理文件 見客二次 善後局各員來見 寫多禮堂信一 接九弟信 言以四千人守運漕 三千人守葉爲級 一千五百人守倉頭 弟即於廿七日出神塘河將回皖城矣 中飯後圍棋一局 清理文件 申正寫對聯二付 掛屏四幅 因用狼毫寫郭宣紙 悟古人頓挫之法 撲筆之法 只是筆不入紙 攻勁撲下耳 瘡痒殊甚 寸心鬱悶 与季弟象棋一局 夜溫太白詩 旋与仙屏談 睡 三更不成寐 四更略好 五更後醒

巡弁值日

附記

志甫四籍送三十金 要壹曆

十月初一日

早飯後文武員弁賀朔，至辰正始畢。圍棋一局。清理文件。習字一紙。葛虎軒來久談。中飯後圍棋一局，未畢。史士良、韓少仲來久談。旋九弟自無為州歸來，與之久談，至二更始散。九弟此次以九月初二自安慶赴下游，甫一月歸來，經歷廬江、盛家橋、無為州、運漕等處，水陸程途將二千里，克復一州一鎮兩隘，又布置防守之方，籌餉之法，頗為周詳。二更後寫零字日甚多。睡，自三更至四更五點俱能成寐，蓋近日所僅見也。日內應辦奏摺、應覆信件，皆嬾於料理，又久未看書，蓋天氣過熱，又不免怠逸耳。作字時悟京中翰林善寫白摺者，相傳中有一絲牽貫於行間，作大字亦當知此意味。

初二日

早飯後至九弟處一敘，旋至西門外雉堞武牆子一看，進城由西門至北門，下城回公館。陳虎臣來久談。九弟來談。習字一張。

是日請客中飯姚秋浦早來等候至未正上席申正散圍碁
一局清理文件甚多至晡時畢在核改告示稿一守城委
員來告洋人已過船至小南門外云即進城面投文書
派戈什哈劉德大去查知洋船自金陵上來有英吉利
水師提督啟致書於余言英國商船自漢口赴上海行
至安慶被此間員弁攔阻特來通知逕將該商船之文來
師船署提督親領文還云云余令九弟與少荃至梅小
岩寓館查問據梅言此是英國帶兵官余因寫信復
之前此扣留之民船既稱確係英商船隻准即令還派委
員送出城外河下睡時已三更二點余四更成寐五更復醒念
夷人縱橫中原無以御之為之憂悸

初三日

早飯後將親兵營點名一次前哨病假者至十七人之多
殊不成事旋九弟來坐談聊在英國所來之兵船其頭

目為署提督，名葛勝西。又有一通事名李華達，即李子泰
國之弟也，亦進城來求一見，余許之，派巡捕去與之說明。巳刻
來見。葛勝西坐見，李華達立侍。渠以免冠為禮，以握手
為親，余拱手答之。巳正去。旋九弟與李少荃、梅小岩三人至洋
船上回拜，未初歸。中飯後圍棋一局，旋清理文件，至傍夕畢。
寫官制軍信，至二更畢。與李弟[illegible]談，二更五點溫
古文論令類，四點睡，頗能成寐，四更三點醒，五更後成
寐。王弁值日

附記　秋浦呈數事

須將捐章以便填給官階實收　已擬

通飭水師查拿游勇　已擬

擬撥郵負紳注冊獎勵　已許批准

豫章營為朱統領　已照擬

朱唐合軍出嶺　朱出唐不出

岑丞加札提抽釐買米　已辦

運字營由山內給餉　余告以山內一千　江外一千　運總
東翁一千

初四日

早飯後圍棋一局　旋習字一紙　清理文件　寫澄侯信一件　見客三次　九弟來談　至中飯後去　圍棋二局　見客二次　寫毓中丞信一件　清理文件　至晡時畢　夜寫零字頗多　與少荃談公事數件　溫杜七律　睡不甚成寐　瘡癢異常　是日余還看知縣華翼綸等三人　自上海來言下游望余大兵　情甚迫切　又上海每月可籌餉六十萬兩之多　並言紳民願出此間餉項　營上游之兵早赴江東

初五日

早飯後圍棋一局　旋出門拜客三家　先至黃莘虞軒處　與同至河下　拜史士良　勒少仲　又拜馬學使　午正歸　與九弟久談　中飯後圍棋一局　習字一紙　清理文件　至晡時畢　夜接信知東關之

賊已遁 与九弟少荃批黃昇 全今其穩守不戰 二更
後寫零字數多 是日申刻寫對聯六付 日內因有應寫
作摺件未了 寸心耿耿 若有所負 疚甚 遂至諸事不克料理
深有媿於敏則有功之語 睡難成寐 黃昇值日 明日卯
接宸諭 宿營 一禮節單

初七日

早飯後至寓內北邊所設 皇殿內迎接 大行遺詔 跪迎於
門外 安設後 行九叩禮 宣讀畢 後行九叩禮 禮畢 与學使
及司道等敘談 於圍棋一局 清理文件 出城至河下送九弟
回湘 巳正返署 習字一紙 見客二次 中飯後圍棋一局 清理文件數
多 夜又清理文件 二更後溫古文數篇 睡不能成寐 遍身
奇痒異常 實為苦境 是日九弟臨別 深言馭下宜嚴 治
軍宜速 余亦深知 馭軍馭吏皆莫先於嚴 特恐明不能燭 則
嚴不中禮耳 是日接多都護信 知壽州為苗沛霖所陷

初七日

早飯後圍棋一局，旋會客二次，習字一紙，寫希庵信一件，接希信，知雪琴已放安徽巡撫，為之欣慰。清理文件。中飯後清理文件極多，至二更始畢，約打到三百件，核稿、核批各數十件。二更溫書數篇，洗澡一次，睡後瘡痒，寅常久不成寐。

初八日

早飯後見客一次，旋圍棋一局，習字一紙，清理文件，困眠。夕人瘡痒，不寐，本日倦甚，不能作事。中飯後圍棋一局，清理文件，見客三次，表弟江佑磬、印龍三來談甚久，曹儀軒、勒少仲先後來談甚久，天已曛黑矣，夜清理文件，打到數十件，核稿數件。二更後溫陶詩，甚有所會。柯小泉錢來，將令其辦理書啓事件。

初九日

是日恭遇先大夫七十二冥壽，寓中未辦祭祀。早飯後圍棋一

局。旋清理文件。見客三次。習字一紙。中飯後圍棋一局。清
理華翼綸號篴秋，前自上海來請兵，本日令其作畫六
幅。寫雪琴信一件。專人至上游迎接紀澤妻。霆來常禮
物十六色，以余生日也，多珍貴之件，將受小帽一頂，餘
則全璧耳。夜與仙屏久談。二更後溫古文奏議類。二更
四點睡，頗能成寐，但瘙癢異常，殊以為苦。

附記

○報無為州運漕勝仗一摺
○胡潤帥蓋績一摺
○陳心泉署安慶一摺
○宋子久張伴山父子請卹一片
○徽州請免辦報銷一片
○各事改題奏案一片
○自謝宮銜恩一摺

○代鮑軍門謝 賜物恩一摺
○沅甫謝黃馬褂恩一摺
○代沅季謝升官 恩一摺
○代溫弟謝予謚 恩一摺
○張朱唐等徽州保案一摺
○外江水師及成大吉保案一摺
○鮑軍保案一摺　○程迪昌革職一片
○內湖水師淮揚水師保案一摺
○沅甫回籍招勇一片
○左軍保案一摺

初十日

早飯後圍棋一局見客三次清理文件聞雲琴舫在宿黃石磯本日將到安慶余出城迎接至鹽河座船等候數刻不到前季弟代余買一婢在座船〻偶因往一看視體

兒類重厚將近癡肥戈什哈楊龍章田言雪琴出須
下半日乃可到余仍進城田公館習字一紙探馬叔雪琴
將至矣余再出城迎接至中途則雪琴已坐岸輕裝徒步
入城ㄷ外迎候者皆不知也 余田公館雪琴已在座久坐
與之邕ㄷ談旋同中飯邀魏耘雲李申夫隋龍潤蓴便
飯ㄷ後邕ㄷ談片刻 圍棋一局寫季弟信一件清理文件
寫挂屏三幅 二幅對聯一首夜與雪琴邕ㄷ談 又觀渠畫梅
蘭二幅 二更畫睡不成寐因本日說話太多也瘡ㄷ痒異
常日內因思作字之道剛健婀娜二者闕一不可余既奉歐
陽率更李北海黃山谷三家以為剛健之宗又當參以褚河南董
思白婀娜之致庶為成體之書 是日接六安州牧鄧符
年言苗沛霖破壽州後不殺翁中丞且請翁奏明朝
廷表苗霖並非叛逆云ㄷ 天下乃有此奇事

十一日

是日為余五十一生日因 國制未滿百日謝絕諸客早飯
後圍棋一局旋習字一紙寫掛屏十二幅後六幅寫杜詩
數首稍愜意余近時作書以此為合作因仙屏函稱余書即
以贈之中飯後圍棋一局寫零零字極多晡時與柯小泉
一談旋接左季高信內寄祭胡潤帥文稿一情文并
茂殊為傑構旋與少荃久談旋改水陸各軍克復無為
運漕等處摺附件陳心泉補安慶府摺一件又作二
件三更睡四更夢澄侯弟大病嘔血驚醒後旋又
夢如此憂悸異常是日上午日陰雲晦黯申酉間
天氣開朗

十二日

早飯後圍棋一局旋清理文件見客四次中飯後圍棋一局又
見客四次楊樸庵陳虎臣皆談論甚久是日本擬寄胡潤
帥墓誌續裒著另作一摺因人客不斷終日未嘗動手至極

始起草作六百餘字尚未完畢 已三更矣 上床後因稽稿未成不能成寐展轉遂至天明

十三日

早飯後圍棋一局 旋將胡潤帥墓誌一摺撰畢 已正改信稿二件 午正改信稿二件 中飯後圍棋一局 旋出城拜彭雪琴 吏士良二處 進城至忠義局一敘 歸寓已曛黑矣 核清理文件 較多 二更末睡 不甚成寐 瘡癢 三更後四更中竟夕不克安枕 殊以為苦

附記

湘鄉縣張令 號紫蓮 一號少伯

十四日

早飯後圍棋一局 清理文件 旋核批摺六件 信四件 見客四次 寫家信 澄侯一件 鄧寅皆一件 中飯後圍棋一局 清理文件 寫挂屏一付 與黃子儒久談 夜寫雲

字數多 溫清理文件 二更後溫古文書牘類 三更睡 四更
後稍能成寐 在近日為難得也

十五日

早飯後 見客十餘次 皆文武賀朔望者 旋習字一紙 清
理文件 午正小睡片刻 未正請客便飯 李壺生 馬學使
吳竹莊 許仙屏 梅小岩 莫子偲 申初散 見客三次 圍棋一
局 與仙屏暢談 渠將以明日起行進京也 夜清理文件 二更後
溫平原君虞卿傳 仙屏來敘 三更始去 睡不甚成寐 近
日之瘡 手上漸愈 惟身上未好

十六日

早飯後圍棋一局 旋送仙屏歸去 習字一紙 清理文件 見客
三次 午正刻 江蘇上海龐寶生派戶部主事錢鼎銘來請兵
攜有書函 係龐寶生鍾璐 殷譜經兆鏞 潘季玉曾瑋
顧子山文彬 暨楊慶麟 潘馥公函 書詞深婉切至 大略請吳

中有可靠之機而不能持久者三：曰鄉團，曰槍船，曰內應是也。有僅完之地而不能持久者三：曰鎮江，曰湖州，曰上海是也。聞之係馮桂芬敘事手筆。錢君坐後哭泣，真不異申胥秦庭之請。告薛中丞亦派厲雲官來，皆與久談。中飯後圍棋一局。見客四次。至竹莊談最久。寫信希庵一件、季弟一件、黃蘭坡一件。寫對聯五付。與少荃久談。核清理文件頗多。日內公事壓閣不少，因十一二日作奏稿，未嘗治事也。二更溫古文詞錄類。睡稍能成寐。是日閱浙江蕭山、諸暨、紹興皆已失守，為之憤惋。杭州殆亦可危。世之禍變愈大，我之寵榮愈隆，責任愈重，實深憂愧。

十七日

早飯後圍棋一局。見客數次。習字一紙。清理文件。中飯後又圍棋一局。因公事積閣太多，必不見客，清理數冊，差有頭緒。是日辰巳兩時出城查閱一切。燈下仍閱公文，至二更。

誦東坡及溫李七律 三更睡 稍能成寐 五更醒

十八日

早飯後見客七次 李少山 陳心農泉 馬雨農 梅小岩 李申夫 王桂堂 程太翁 又雪琴來久談 及至午正方散 已倦甚矣 圍棋一局 中飯 請錢君便飯 旋圍棋一局 清理文件 申正與少荃談運漕防守之法 夜清理文件 自批陳湜之摺 寫多禮堂信一件 連日因瘡癢如有芒刺在背 本日開方服犀角地黃湯而參以吉林參一錢 夜癢略好 而徹夜仍不成寐

十九日

早飯後圍棋一局 寫左季高信 李輔堂信 清理文件 見客六次 鮑春霆 王桂堂 吳竹莊坐談頗久 中飯後圍棋一局 習字一紙 清理文件 見客一次 劉仲良庶常秉璋 廬江人 李少荃之門生 氣象崢嶸 志意沈著 美才也 將進京散館 來此辭行 清理各文件至亥初止 少荃商擬援江蘇之法 因錢莒

甫鼎銘來與談兵情詞深痛不得不思有以應之也 夜清理文件至二更畢 前十二三四數日積壓之件清釐已完 而本日新事尚有未了者 二更後溫書 傳誌類下 睡後頗能成寐 或服地黃之效耶

廿日

早飯後圍棋一局 旋見客二次 清理文件 吳竹莊來久談 渠請發兵六千赴江蘇上海一帶救援 蓋因錢苕甫求兵甚切也 余以新兵恐難得力 未許 午刻雪琴來 屬代改摺稿 因即為核改 寫字一紙 中飯後圍棋一局 閱樓陳舫仙信 知運漕於十三十四十五日水陸接仗獲勝 即將來稟批發 又加派淮揚水師陽利見一營 雪琴亦派陳發翔一營前往 清理文件 頗多 酉正寫對聯三付 至袁陳亮臣來久坐 夜清理文件 二更後閱古文奏議類 睡頗成寐 四更未醒 身上發癢而不似前此之係有芒刺者

殆服藥有驗耳 是日巳刻出外拜劉仲良一次

附記

遵保道府一摺　保留李粮道一片

改安慶仍為省城一摺　調周弢甫等六人一片

覆奏朱鎮不能赴衢一摺　柯小泉之母請旌一片

派曾李署司道一摺　劉芳貴訟案一片

左季高自行奏事一摺 會江西撫銜

廿一日

早飯後清理文件 圍棋一局 習字一紙 錢苕甫來久談

語次聲淚俱下 叩頭乞歸 情詞哀迫 余愧無以應之

見客數次 清理文件 因黃莘農函將湘潭東征局自去年

捐起至本年七月止收支數目開清冊 細心查閱一徧 中飯後

查畢 作信稿覆莘農 函言渠清冊與省城清摺不符

黃南坡五月一宗與八月一宗又不符云云 申刻畢 清理文件 篤

對聯數付　信夕至少荃處一談　夜清理文件　二更畢　溫古文董仲舒賢良策　睡不甚成寐　瘡痒殊甚

廿二日

早飯後圍棋一局　清理文件　習字一紙　見客罷後雪琴坐頗久　中飯後周張甫來坐極久　清理文件　至信夕畢　至少荃處與錢苕甫久談　渠請兵甚切　余以非二月決不能籌出一枝兵速赴上海　夜改謝恩摺稿二件　又代九弟作謝摺尚未完畢　睡稍成寐　四更未醒

廿三日

早飯後作溫弟予謚謝摺一件　代九弟作謝摺畢　圍棋一局　見客四次　作代鮑春霆謝賞搬指等物恩一摺未畢　中飯後張甫來坐談甚久　旋將春霆摺作畢　久不作四六　茲連改五摺　遂覺勞甚　寫對聯六付　頗為稱意　張甫移入公館來住　因與久談　夜清理文件　二更後溫蘇詩

睡不成寐，連日服藥，身上奇痒，晚愈而不能安寢如故。

廿四日

早飯後清理文件，寫家信澄沅一件，夫人一件。前季弟買一彭姓女子，於十月在船一見，未果成議。旋託韓正國在外訪一陳姓女子，湖北人，訂納為余妾，約本日接入公館。申刻接入，見尚莊重。習字一紙。中飯後陳妾入室行禮。旋清理文件甚多。酉刻與筱甫談，筱甫幫曾事務，所言亦曉暢事理。核改信稿數件。夜清理文件，寫零字頗多，寫扇一柄。

附記

劉貽文號琴舫　謝寶鏐號立夫

譚鍾麟號文卿

黃錫彤號曉岱

龔顯章號雲浦

廿五日

早飯後見客三次衙門期也旋與穆壽民圍棋一局雪琴來久談文又石新授江西臬司將赴江西自湖北來久談中飯後寫圍子佩信一件又核改信稿五件清理文件曹西垣自長沙來久坐至張甫處與之久談習字一紙夜寫零字甚多悟孫過庭書譜稍得其大含之法二更三點睡稍能成寐近日常徹夜不寐此次未夜極心氣漸靜耳

廿六日

早飯後見客二次李眉生穆海航自湖北來與談巳正出城拜文又石盧舫雪琴舟至午正歸江南五母舅來年六十八歲甚二年星來此老精神尚健中飯後見客四次清理文件習字一紙閱京報知劉霞仙以三品頂戴署理四川布政使至李少荃園張甫二處與之久談夜清理文件又至張甫處一談二更三點睡稍得成寐

廿七日

早飯後清理文件　圍棋一局　午刻雪琴來　與之久談　旋在坐假寐片刻　曼生請客　又在中飯　雪琴少荃虎軒同飯　飯後清理文件　見客二次　酉刻與弢甫暨華若汀久談　略論樂律之不可不通　以其與文章無不相爲表裏　夜習寫字數多　溫詩七月鴟鴞東山文王大雅綿等篇　二更三點睡　略能成寐　或二日服生地之效

廿八日

早飯後與黎壽民圍棋一局　清理文件　見客一次　至弢甫處敘談　巳刻莫子偲來　又與弢甫處久談　又見客二次　黃家駒陳亮臣　中飯後見客二次　洪琴西坐最久　申正清理文件　寫挂屏六幅　扁四付　夜清理文件極多　二更三點睡　略能成寐　是日午正習字一紙　坐後磕睡　即有成寐之意　或日內服生地之功耶

廿九日

早飯後圍棋一局，旋見客二次，清理文件。至筱甫處暢談。中飯後請客，致甫及李眉生、曹西垣等，申正散。清理文件，至夜二更方畢。傍夕寫挂屏三幅，與致少荃一敘。二更後溫古文奏議類。

十一月初一日

早飯後見客甚多，坐見者五起，立見者二十餘起，皆賀望朔者。巳刻畢，清理文件，習字一紙。中飯後圍棋一局，與周致甫久談。洪琴西來暢談，申正去。清理文件，至傍夕畢。夜與致甫談，旋溫賢良策第三首，自出總緩刑書。二更三點睡，終夕不能成寐，至五更醒。

初二日

早飯後清理文件，旋出門拜李眉生、穆海航、曹西垣，又至子彈局、火藥局一看，又至北城看貢院基址，因東安徽與

江蘇合闈鄉試既有長江之險雜於遠行又以號舍之
少雜於錄遺故上江深以鄉試為苦余意欲令上下分
闈考試故於五月奏摺內略一及之本日看宣武門東門
之間平為貢院基址惜高下不甚平耳 午初三刻後
雪琴來久坐未刻中飯後圍棋一局 清理文件 見客
一次 申刻後陳心泉李芋仙來久談 傍夕清理文件至
二更止 溫韓詩經正月十日之文等篇 三點睡 頗能成
寐 或是服甫閒方服生地之故 四更末醒不復成寐

[illegible]

初三日

是日恭逢 先妣江太夫人冥誕 辦祭 屆黎明行 禮 余向在
營中從未辦此祭祀 此次因江南五舅 言特叩冥
壽 故治具行九叩禮 於母舅行禮敬若拜而已 早飯後
清理文件 寫希庵信一件 見客四次 雪琴坐談久坐習字

一點半飯，請黃冠伯、李芋仙、洪琹西等便飯，飯後清理文件。吳竹莊來，久談。申正寫挂屏三幅。傍夕與少荃久談。夜至筱甫處久談，清理文件。二更二點溫孟子數章，睡略成寐，四更未醒。

初四日

早飯後見客二次，清理文件。旋出門至城外送雪琹，雪琹行。雪琹則已移營先赴下游矣。巳正歸。方子白、張廉卿來久坐。中飯後清理文件，見客二次，寫家信李洪一件，澄沅一件，夫人一件。寫對聯十付，中有壽雪〻慶求書二付，粗為稿底。傍夕至洪琹西處一坐，方子白處一坐。夜清理文件，至筱甫處一坐。二更四點睡，不甚成寐。

初五日

早飯後見客三次，以衙門重期也。旋又見客二次，吳竹莊坐稍久畢係鳌湖北蘄州人庚申庶常將進京散館來此一見清理文件　午刻至弢甫處一談　莫子偲李眉生穆海航均來坐中飯後圍棋一局旋清理文件寫扁對數事挂屏二幅　每幅百餘字　夜再至弢甫處一談　弢甫為余看脈　言之癬疾多年　其故在血熱　其風邪入氣分中　不宜發散溫補之品宜於滋陰淨血之劑　然藥俱不宜服　惟珍珠當有效驗云云　溫孟子數章　二更三點睡　三四更稍成寐　五更醒　是日接家信十月廿六所發第一件　紀澤一件　夫人一件

初六日

早飯後圍棋一局　清理文件　見客二次　至弢甫處一坐　習字一紙　閱瀛寰志略中南洋越南暹羅緬甸南掌諸國南洋諸島　中飯後清理文件　陳寬臣來久坐　因約洪琴西亦來巷談　申正三刻去　寫挂屏二幅

未畢巳睡墨會至夢茫霧一敘夜清理文件
更畢溫詩經正月十月之交雨無正小旻小宛小弁巧言
諸篇若有所會昔日內作書思偃筆多用之於
橫抽筆多用之於豎豎法宜努抽並用橫法宜勒
偃並用又首貴有俊拔之氣後貴有自然之勢又養
生之道當於眠食二字悉心體驗食即平日飯菜
但食之甘美即勝於珍藥矣眠亦不在多寢但實
得神凝夢甜即片刻亦足攝生矣又思治世
之道專以致賢養民為本其風氣之正與否則絲
毫皆推本於一己之身與心一舉一動一語一默人皆化之
以成風氣故為人上者專重修身以下之效之者速而
且廣也
初七日
早飯後圍棋一局旋讀李眉生來函又見客三次

午刻洪琴西來遂談 未刻請畢東屏程伯旉方子白張廑卿等便飯 習字一紙 飯後清理文件 至弢甫處久談 寫掛屏一幅 傍夕与少荃談 聞三河之賊已遁 為之欣慰 夜清理文件甚多 至三更二點畢 寫零字 鼓琴 下身癢甚 愁惱之至 睡後尤奇癢 異常 幾至通夕不能成寐

初八日

早飯後与弢甫圍棋一局 因遍身作癢 不耐治事 又觀弢甫与程穎芝圍棋三局 尚高之父也 張廑卿來 与之論古文之法 全在氣字上用工夫 陳心泉來談貢院事 廑卿未初去 中飯後与弢甫圍棋一局 寫毛寄雲信一件 畢東屏來久坐 傍夕清理文件 至夜二更畢 朗誦七律詩數十首 睡後癢不止 因本日未甚用心 不至如昨日之奇癢耳

初九日

早飯後曹西垣來久坐，陳寬臣來，吳竹莊來，並有多商談。清理文件。習字一紙。核改摺稿二件。中飯後將李高核批摺改畢。與徵甫圍棋一局。寫對聯數付。傍夕至少荃處略談。午刻寫雲琴信一件。夜清理文件頗多，至二更二點畢，三點後睡，不甚成寐，而徧身之癢略愈，蓋本日服徵甫之方藥，皆生地、連翹、防風等等，苦涼之品，或足以醫血熱之症也。是日與寬臣談修己治人之道，止勤於邦、儉於家三言，忠信篤敬四語，終身用之有不能盡，不在多，亦不在深。二更後與徵甫略談近世賢者，如林文忠、周文忠、鄧嶰筠之屬，平日學行襟懷甚篤。日內作書常有長進，蓋以每日臨摹不間斷之之故。接季弟信，知沅弟於廿八日自長沙起行，為壽

十日

早飯後見客二次 衙門望期也 旋又見客二次 出門拜客二三家 午初後見客二次 中飯後習字一紙 見客二次 寫挂屏四幅 与張廉卿談古文 圍棋一局 傍夕至幕府處久談 夜清理文件 二更三點睡 三更四點頗能成寐 至五更始醒 在近日為甘寢矣 殘甫所謂方中有黃連 或清心熱也 本日寫李申夫信一件 姚秋浦信一件

十一日

早飯後見客二次 圍棋一局 清理文件 午刻洪琴西來 因留之便飯 至申初去 清理文件 傍夕畢 夜改信稿八件 二更後溫孟子 熟讀孔子登東山章 若有所會 日睡後稍能成寐 是日寫多禮堂信一件 夜寫零字甚多

十二日

早飯後圍棋一局，旋見客三次，清理文件，習字一紙。至弢甫處久談。中飯後清理文件，寫扁對數件。傍夕寫左季高信一件，核摺稿二件，信稿二件，將營中委員應保者略定一單。二更後溫詩經小雅鼓鍾諸篇。睡不甚成寐，遍身奇癢，深以為苦，較之道光二十五六年初起癬疥之時，其苦似倍。弢甫為余製丸藥，內有珍珠、麝香等物，余不敢服。十九南五舅父自樅陽歸，本日至公館。

十三日

早飯後與弢甫圍棋一局，旋清理文件，見客一次。與陳心泉言目下以稽查奸細為第一義，免致賊警之日周章失措。又言一省風氣係乎督撫司道及首府數人，此外官紳皆隨風氣為轉移。此次弢甫將赴上海催餉，年餘遂談

儉勉之以維持風氣力自菲薄引疚辭事材具知識迂大
之謬句有責焉一一詳以勖之方子白張盧卿來談文
甚久中飯後清理文件與鄒壽民圍棋一局核
改信稿八件至更初畢清理文件頗多二更二
點畢寫陳舫仙信一件閱張丁籤請徵田籍疏
留之睡後頗能成寐四更二點方醒五更不成寐在
近日為甘寢矣夜閱王福波物故王君敦恩丁酉舉人
邢門訓導在余幕府辦書啟事餘年是日未刻習字
一紙

十四日

早飯後清理文件與鄒壽民圍棋一局核習字一紙至方
子白張盧卿處久坐接奉廷寄四件皆十月十六十八
廿日在京所發其中有寄諭旨一道飭余兼辦浙江軍務江蘇
安徽江西浙江四省巡撫皆歸節制權太重位太高虛望太隆

悚惶之至又抄示奏片一件不知何人所奏中有云載垣等
明正典刑人心欣悅云云駭悉贊襄政務怡親王等俱正
法不知是何日事又不知犯何罪戾罹此大戮也寫家信
澄沅一件甚長季弟一件中敘後畢隸屏事肆行久
坐少荃來道京城政東之地不能近有紛變不可為之悚反
憂又呈寫對聯數付傍夕至少荃以眾之處一談積清
理文件核改摺稿一件三更睡稍稍成寐四更二點醒
思陸放翁謂得壽如得富貴初不知其所以然便躋高
年余近浪得虛名亦不知其所以然便獲美譽古之得
虛名而值時艱者往往不克保其終思此不勝大懼將
具奏摺辭謝大權不敢節制四省恐蹈覆餗負乘
之咎也

十五日

早飯後拜賀望至巳刻止清理文件与方子白張廬

卿久談午刻出門至王福波處晤渠在余處辦書
啓將近一年昨病不起家無人照料甚可救維帝之
於至忠家局一敘午正三刻偕洪翰西處久坐至申刻
余寫對聯挂屏數幅少荃亦來余對客揮毫至
晡時畢夜清理文件至二更畢校對所寫各摺件
將以明白摺發昨日所奉廷寄八件諭旨二件與
理重大細繹一編另寫目錄以備省記二更四點至
上房温古文一篇三更一點睡五更醒甚不適少
寐矣

十六日

早飯後清理文件至方子白張廉卿處一坐核發
奏摺計摺六件片四件保舉二案凡三單寫左季高
信一件習字一紙會客一次中飯後圍棋一局寫希
庵信一件寫挂屏四幅與少荃久談傍夕又至少荃

與方元徵一談。燈後清理文件，至二更畢。倦甚，小寢。眼蒙不能作字，看書亦費。方子白一談。三點睡，不能成寐。徹夜大雨至曉。念鮑軍不能拔營進剿寧國，稍分浙賊之勢，左軍亦難成行，浙事糜爛，外無救援，殆無幸矣。余奉○○命兼辦浙江軍務，坐視其阽危而莫之救，愧負至矣。日內與張廉卿屢談，渠學問又已大進，而余志學廿年，至今無毫進步，鬢毛已及衰矣。夜寫鄂、京城信二件。

十七日

早飯後圍棋一局，旋清理文件，習字一紙，至方子白、張廉卿處一談。寫官制軍信一件，甚長。中飯後畢，又圍棋一局。寫季弟信一件。是日雨竟日不止，天不甚寒，而氣象愁慘。念浙江群賊叢集，為之憂灼。清理文件，二更四點畢。少荃來，與之縱談，因本日見閣抄移與李申夫書有云貴兼政務王大臣八人中載垣端華肅順并拏問餘五人逐出樞垣服○○皇太后之英斷為自古帝王所僅見相與欽悚久之核寫零字甚多溫劉向奏議數篇二更三點睡不甚成寐瘡癬奇癢不可耐幾於身無完膚日以為苦

十八日

早飯後圍棋一局旋清理文件 方子白張廉卿來久談習字一紙曹光漢陳寬臣先後便衣來坐敘久中飯寫左季高信一件多禮堂信一件清理文件至酉初畢核至方子白張廉卿處一坐旋核改信稿數件溫奏議類四篇鄒陽獄中上梁王書千古傳誦余竟不能其深處太史公以鄒陽與魯仲連並列余亦不知其所以相合之故是日接左季高信言浙江寧波未失杭州解圍為之少慰巳午間下雪夜寒甚自三更至五更稍能成

寐，於夢魘醒後不復成寐

廿九日

早飯後圍棋一局，旋清理文件，習字一紙，見客二次，立見者十七恩

公坐自寫改元日諭旨一道發刻，又寫功牌發刻，中飯後

清理文件，寫匾一對，聯數付，酉刻至少荃處久談，在寫學

楷字數多，二更溫古文辭類三葉，三點睡，不甚成寐，癬癢

殊甚，搔落白皮極多，五更二點醒，是夜作寫諭紀

澤兒，即交清文質帶去，派潘送江五母舅婦家也

卅日

早飯後見客三次，旋清理文件，習字一紙，出城送江母舅上

船，渠至少荃公館，明早至林屏後握別於此也，巳正歸，錢調

甫來久坐，至方子白、張廉卿處一談，中飯後清理文件

倦極思睡，閱說文斠詮馬部、廣部、犬部，至床上小睡，燈後

寫雲仙信一件，因本日車到廷寄二件，諭旨一件，迷密

中言苗沛霖可飭恭錄知照雪琴也。二更後溫古文氣勢之

類中二篇。三點後爬癢，至四點即已成寐，至四更未始

醒。蓋極癢之時，強忍之，停手不爬，忍之須臾，即渾渾甘

寢矣。是日瑞雪封瓦約二寸許。

廿一日

早於五更三點起，至公館拜牌，學政及司道後局諸君先到。

禮畢，即黎明矣。堂會後，文武員弁來賀冬者極多，巳正至

驗畢，見客立見者敘，又見客三次。中飯後清理文件，習字一

紙。至厚卿處少敘。在溫浴安寢。二更三點睡，不甚成寐。本日

冬至，天氣清明，或主明年賊氣少減。

廿二日

早飯後清理文件，接廷寄一道，仍為苗沛霖事，未及金

安清事。因函少荃處，請其作覆奏查王薛金一摺。与黎

壽民圍棋一局。接九弟在長沙所發信及郭意城、黃南坡

寄信張仲遠處 周弢甫一信發摺 閱內言京師近事日母皇
太后垂簾聽政以恭親王爲議政王如子聞載垣端華肅順等
三人肅順斬決載垣端華賜自盡穆蔭發軍台景壽
杜翰匡源焦祐瀛革職 另用桂良周祖培寶鋆曹毓瑛
爲軍機大臣 始知前日 廷寄中所抄摺片中語之瑞宗
無因與幕中諸人縱論時事旋請黃子偲甫子白張嘯卿
洪琴西李眉生穆海航等中飯 飯後申刻散 申正清理文
件傍夕步甚事談 夜寫零字甚多 溫古文集讀
類二篇 三更三點睡 三更三點以來成寐爬搔不止四更稍
成寐

廿三日

早飯後清理文件 曹西垣來久坐 至張廉卿下處久談 渠將以
今日回家也 旋見客三次 核改摺稿一件 霞襄來不能無繞澀
江軍一務請飭左寺查處一摺 洪寫畫否刻改畢 夜核改查湖

江浙各大員勞績一摺，未及改畢，睡後頗能甘寢，惟搔癢一
次，五更二點始醒。

廿四日

早飯後清理文件，見客四次，核改摺稿，久而不就，寫家
信與濟泉二弟，午正洪琴西來，久談，未正去，改好摺稿，至
傍夕始畢。夜作一片稿，約晉醉字，二更三點畢，四點睡，
然甚成寐，三更三點後酣寢，五更醒。二日因作摺將公事擱荒
未斷，古人日並令之林，余不特不能兼人之一日並治數事尚有
未逮，甚矣余之鈍也。

廿五日

早飯後見客二次，清理文件。兵部火票遞到恭理喪儀王大臣咨
文○○大行皇帝頒賞○○遺念衣物，木箱一个，內盛冠一頂，係
紅絲結頂，青狐腋袍一件，表一件，玉搬指一件，中鏤空上刻嘉
慶御用四字。木箱外用牛皮包一層，毡包一層，內用毡一層，裱花

道光三十年二月初十日在寓入賢良門外領賞　宣宗成
皇帝遺念衣物諸王大臣皆得賞件余得春綢大衫一件
玉珮一件當時羣臣在橋南叩頭謝　恩感言　遺念
衣物大內賜出者太監多以贗物易之真御用之物不可
多得此次所賜衣冠殆真者文宗顯皇帝御用之件不
似太監所易贗物鼎湖龍去遺劍依然曷勝感愴後
案恭陳望闕叩謝旋与程西高柯小泉等議余集江浙
一案是否平允斟酌久之又作片稿調常州人又細核所
擬片稿令洪琴西繕寫以其深密也与少荃久談中飯
後習字一紙清理文件頗多傍夕發摺二件片三件
夜清理文件至二更一點畢皆三月內所積閱此也旋溫
古文論著類閱勝克齋集讀　皇太后垂簾聽政諭於
遵文宗宣王中派人輔政皆識時之至言
廿六日

飯後圍棋一局旋清理文件見客三次習字一紙王少
荃來久談李眉生新搬來寓与之暢敘剃頭一次中
飯後清理文件酉刻李眉生來久談至更初去溫古
奏議類數首二更三點睡是日瘡不甚作痒略能成寐
接希庵信寄奏稿一件告示一件皆氣盛言宜可
佩可喜

廿七日

早飯後圍棋一局旋清理文件見客二次寫信希庵
一件頗長習字一紙未刻請眉生与少荃高小泉諸
君便飯申刻散清理文件酉刻賀宮動帶瀏陽
精於古樂之邱慶綸等六人來邱係穀士先生之
子六人者皆承穀士之教講求古樂帶有樂器琴一瑟
一鳳簫一洞簫一篪一塤一木虎一笙一因令奏樂以鼓
節之音節清雅穆然令人想三代之盛古昔聖王

修己治人之術其精者全存乎樂而後世之樂闕者乃並自在樂余因古人治兵之道作詩之法與音樂相通而憒然不知深以為恥思得詩數十先生之徒黨相与講求一二故招集六人者自瀏陽來皖兒子紀澤粗曉音律明年當令其來營究心斯事更約散去清理文件頗多二更後溫古文賈山趙充國數首三更睡三點成寐五更醒

廿日

早飯後清理文件 旋核改信稿十餘件 習字一紙 陳心泉來久坐 馬學使來 任星元來并久談 中飯後洪琴西來久談 寫對聯挂屏十餘件 傍夕至幕處一談 在清理文件 二更溫古文奏議類蘇東坡上皇帝書 三更二點成寐五更醒是日接家信十一月初六所發澄弟一件 沅弟一件 夫人一件 紀澤一件 沅甫

信言鼎新三婿面上有青筋疑為懸系午刻閱九江
寄來探知寧波於十一月初九日失守浙事殆不可
為又寄到京鈔知載垣端華肅順解閣〻署許
彭壽奏請查辦黨援諭旨將陳孚恩黃宗漢革職
永不敘用劉崑成琦德克津泰富績革職閱之悚畏

廿九日

早飯後圍棋一局旋清理文件 萬巖虎軒來久坐 又
見客一次 習字一紙 中飯後圍棋一局清理文件寫雪
琴信一件 至少荃處久談 徧身奇癢甚不耐煩
傍夕洪琴西來 飯後少荃來談 商調陳俊臣等
勇赴江蘇餘可件 二更倦甚不能作事因繞書壁為
精遑可寸心為之鬱屈

十二月初一日

早各文武員弁賀朔凡見客十餘次巳初畢 出外拜客至萬

子大、馬雨農處一談。午初赴雪琴處，自下游蕪湖等處
來，甚敘。於習字一紙。中飯請子大與楊朴庵、高蓮生、
季師寅便飯，申正方散，已倦甚，不能作事。夜與少
荃、省生等一談。夜清理文件頗多。二更三點與少
荃議江蘇添兵事宜。五點睡，不能成寐。腿上癬
痒殊甚，用竹揩摩少愈。是日接沅弟信，不願往
上海，恐須他人調遣，不能盡合機宜，從違兩難。

初二日

早飯後清理文件，圍棋一局，旋見客六次，雪琴與陳心泉
談最久。中飯後又屢見客，應酬甚疲。朱定藩自上海
回，細問滬上情形，閱上海各信件，內有季君梅信，寄
仙九先生年譜一本、感逝錄一本、外集二本、律賦與試
帖也，請余為墓志銘，係季師臨終遺囑。咸豐九年
季師寄余信亦以墓志為託。閱各書，倦甚，傷久至

少荃處一談，夜清理文件。二更後瘡癢殊甚，深以為苦。三更睡，四更後又極癢不可耐，夜寫左季高信一件，汪瀚信一件。

初三日

早飯後清理文件，出門至河下拜雪琴，旋至西門看鹽卡，并閱視卡外長壕。海宗臣午初至，見客二次，中飯後清理文件，與雪琴久談。申刻又清理新到文件，燈後始畢。旋寫陳舫仙信一件。二更後溫書無逸及古文奏議類數篇。是日午正改信稿數件。傍夕接信，嚴州另股賊偷越血竄入屯溪，恐直犯婺源、景德鎮，憂灼無已。桓閣上海撥蘇藩解來銀六万兩，團練局搭解銀一万，殊為可感。

初四日

早飯後會客三次，旋清理文件。寫家信澄、沅兩弟各件，沅弟密信一件，寫未畢。雪琴來久談。中飯後洪琪西來談

旋將沅信寫畢 又寫夫人信一件 是日寄家信件數極多 另開一單親自檢點邑書中刻板与程穎芝太翁圍棋二局 旋清理文件 莫子偲洪琴西來談 夜燈後琴西復來 与之言風俗移人 凡人才皆隨風氣爲轉移 雖賢者不能自拔於風尚之外 因言余老矣 雖有所樹立 但不能開壞風氣 導天下以惡習耳 旋清理文件 數多 至二更四點畢 睡後四更成寐 是日接奉〇廷寄二道 一因陳玉章王履謙奏紹興失守飭催左宗棠進兵 一因宗晉奏飭籌五省合勦

初五日

早飯後見客之次 衙門期也 接廷寄一件 因王履謙奏紹興失守革職拏問 交余查辦 出門至北城外看六營合操 巳正歸 清理文件 雪琴來久談 因与至少荃處一敘 中飯後甘子大隋龍淵來 觀渠二人圍棋一局 余

又與甘一局申刻閱各處來信甚多酉刻代雪琴核改摺稿旋清理文件極多三更睡不甚成寐

初六日

早飯後清理文件見客二次核改信稿與程穎芝圍棋二局又見甘子大與程二局寫信與雪琴中飯後見客一次清理文件至傍夕畢與少荃眉生諸人久談旋再清文件中有批護九江關蔡道之稟沈吟久之而後下筆二更後畢倦甚溫陶詩似有所得三更睡癬癢殊甚爬落白皮極多日內思家運太隆虛名太大物極必衰理有固然為之悚惶無已讀陶詩飲酒諸篇為之心折

初七日

早飯後清理文件旋見客四次有翰林院庶吉士范鴻謨杭州人自上海來此為浙請兵述及杭城被圍四十餘日與各路水息不通十一月初七日王雪軒中丞有信出城言

杭城六十万人無米可食已餓斃三万人請薛中丞代為
陳奏一日有米一日堅守米盡則已云云實為下不忍聞
習字一紙中飯後寫信与左季高催其進兵援浙
見客二次申正清理文件 傍夕洪琴西来久談清理文
件至二更畢 温陶詩飲酒諸篇 夜念浙中浩劫
去年死人十三万之多今年圍困杭城中亦多至六十万
人生靈何辜降此大戾天欲救之則如勿生憂[illegible]（偪）
又至孫深愧負

初八日

早飯後清理文件 見客一次 旋与甘子大圍棋一局又觀甘子
程穎芝一局 見客一次 核改信稿 復江蘇紳士龐寶生等
公函 請范儀常錢調甫等便飯飯後再改信稿三件 傍
夕与少荃等談 夜清理文件 二更畢 閱津逮秘
書中東坡題跋一種 三點睡 頗能成寐 癬不甚痒

在近日為僅見也

初九日

早飯後清理文件 旋見客二次 又甘子大來久談 習字一紙
核改奏稿信稿五件 見刻單 中飯後清理文件 接袁午
橋、毛寄雲等信 均極有關係也 傍夕至少荃處久談
夜清理文件 二更畢 溫蘇詩 倦甚 早睡 頗能成寐
戈什哈自徽州回 聞老湘營不甚得力 為之焦灼 韋臣借
民間之米二千石搬入城內 或足以資固守

初十日

早飯後見客二次 旋清理文件 溫小秋世兄來 馬學使來
久坐 習字一紙 中飯後寫作梅信 又寫郭意城信 燈上始
畢 接江軍門書 中有浙江告急帛書二封 一王中丞十一月
廿二日所發 但有鵠候大援數字 蓋用閩防一水師參將黃忠
十一月廿五日所發 余將原帛書寄左帥處 自寫一信 僅

之二更盡矣又接唐桂生信徽州三面被圍祗西門尚可通接滬信為之憂灼無已清理文件至二更四點畢念浙江徽州事急如此而鮑春霆在青陽聞來拒之賊亦復不少實深焦慮

十一日

早飯後清理文件旋至少荃眉生處一敘與程穎芝圍棋二局又觀程與甘子大圍棋一局雪琴來久敘首和甫少敘習字一紙請雪琴便中飯飯後送之至少荃處久坐清理文件至二更初始畢寫閻丹初信一溫杜詩五律數十首若有所會是日接姚秋浦與李少荃信知徽州郡城危急南城若已為賊占據憂灼之至繞室彷皇恐皖南江西自此多故矣

十二日

早飯後清理文件旋見客三次羅少村朱久香坐談李希庵在

湖北頒劄附上海委員張德解銀二万来接周弢甫信知
杭州省城於十一月廿八日失守 王中丞殉節 浙省自九月廿五日被圍至
中丞即以登陴固守城中兵民六十萬人十一月初已餓死三万餘人
乃敢死捧去內變不生延至廿八日乃以食盡而破 堅守之功浩
劫之慘 閱之傷心酸鼻 旋至少荃處談 寫信與左季高
中飯後清理文件 至夜二更三點方畢 早睡不甚成寐
念浙中賊多於坂嚴州又危急如此 天意茫茫 莫知所屆 耳又望
廿七巳是夕接 廷寄二件 十一月十二日所發 又係 廷寄一件〇〇
諭旨三道 係十一月十一日所發 因余十月十四日發摺批回也

十三日

早飯後清理文件 至夕看生雲伋請張申夫與寫信邀尹杏
農來此作奏 旋見客三次 清理文件 午刻黃開廣軒
縣少村來 先後久坐 洪琴西久坐 申刻核改毛寄雲
信稿 又自寫三葉信 夕至少荃處 燈後清理文件

影多二更三點畢讀杜詩五言律若有所得右腿癬痒搔爛後至痛甚行坐不便至以為苦睡不甚成寐時有呻吟之聲

十四日

早飯後清理文件 旋見客二次寫家信澄沅一件 紀澤一件 日前所分 文宗顯皇帝遺念衣冠搬指表四件用黃木箱盛寄家派趙清益以東征局提餉之便送至（家改）信稿三件 午正与甘子大圍棋一局中飯後聞徽州老湘營於初八日獲一勝仗為之少慰 清理文件 至傍夕畢 夜寫季弟信一寫李希庵信一 倦甚又以癬痒之故寸心鬱鬱 十月廿四日送信回家至今未還營甚為懸系

十五日

早飯後文武員弁賀望共十餘起 至巳正方畢 旋清理文

件核改摺稿午初倦甚小睡摺差張鎮湘年長貴自京回七月
二十八遣去共也李芋仙寫信並寶名堂買廿四史該賈僅寄唐
書一套去作樣書將銀四百扣留而全書卻未帶來可惡可恨又
賫回坐名勅書一道即設香案望闕叩頭祗領申夫來久
談中飯後核改摺稿二件至二更畢清理文件二更四點睡本
日腹泄三次因服周弢甫所寄丸藥中有牛黃也巳刻接九
弟家信一次未刻又接家信一次內澄弟一沅弟一夫人一件附
黃紙刻疏式紀澤一件是日大雪約四寸許

十二日

早飯後清理文件旋改浙江紳守自請議敘覆摺稿見客
四次中飯後洪琴西來久談寫周弢甫信彭雪琴信
中飯後核改信稿寫對聯楹聯五付與少荃尚齋等論
皖南軍情夜清理文件二更畢溫杜公五律接家信
澄侯二件紀澤一件睡三更後床不成寐四更稍成寐

五更腹泄

十七日

早飯後清理文件隋龍淵來商發餉事余議以五万發營為運漕各營以三万發鮑軍各營以一万發內江水師以一万、發淮揚水師下留三万餘分發城內各營及徽休買米之用今冬過年竟不甚艱窘亦初念所不料共也見客四次派張蓀丞上海押解何根雲前督進京面囑一切午刻倦甚小睡請勒少仲甘子大歐陽名亨羅少村便飯申初散圍棋一局清理文件夜清理文件二更畢寫雲渠信是日申刻拜發摺二件片一件附雲渠摺一件酉刻接廷寄二件又接日心極喜詒睡頗能成寐四更腹泄

十八日

早飯後清理文件旋見客三次寫官帥信一至少荃處久談寫雲渠雲信二次洪琴西來坐談中飯後發報二摺三片

清理文件　至萬壽宮一閱將以明早行接詔禮　雪琴亭与
之談　至夜清理文件　至二更畢　睡後三更成寐　四更起
腹泄　五更不成寐　因明早行禮　常常思念也

十九日

黎明与雪琴同至萬壽宮迎接　喜詔　辰初歸寓　飯後与雪
琴少荃等坐談　巳初雪琴辭去　旋見客二次　寫左季高信
中飯後清理文件　閱章學誠校讎通義　深愜余心　申正
与李眉生洪琴西坐談　至曛　黑夜閱文史通義　清理文件
三更睡　三點起　腹泄一次　四更成寐　五更起　腹泄一次　是日天氣
寒甚　苦不勝　步接左季高信　渠派四千人救援徽
徽約二十四五可到　為之少慰

廿日

早飯後清理文件　因腹泄困甚　見客三次　午初封印行禮
又見客二次　陳雪盧与洪琴西坐談久　中飯後腹中墜重如

常欲泄及就厠則又不能痛快不知九藥中有牛黄而致此与抑腹中自有積滞須一宣泄与將公事停閣置之不辦与少荃多眉生震峨迳談傍夕見客二次檢閱文史通義腹中重墜因与少荃圍棋一局二更四點睡三更三點腹泄一次四更成寐五更二點即醒

廿日

早飯後因腹脹有病不見客亦不治事与程穎芝圍棋二局与少荃多眉生等迳談王明山来少叙馮竹漁自廣東購寄千里鏡二具在樓上試驗果為精絶看半里許之人物如在戶庭咫尺之間其銅鐵樹木等一經洋人琢磨成器遂尔精耀奪目因思天下凡物加倍磨治皆能變換本質別生精彩何況人之於學但能日新又新百倍其功何患不變化氣質超凡入聖余志學有年而因循悠忽四十五年前之志識今依然

故我也為之悵惕業已中飯後腹脹仍不治事與李眉生莫子偲洪琴西等鬯談申刻清理文件至酉刻見客吳貞階久談夜清理文件至二更畢 三點睡三四更皆得酣睡在近日為最難得者是日早間腹泄二次有血有似痢疾未刻一次黄之爛礿一次更好五更一次水泄極多幸不甚困憊耳是日接奉 廷寄二件諭旨一件係余十一月十六日發摺奉到 批回同來者

廿二日

早飯後清理文件旋至眉生處鬯談見客四次李筆峰改名龍璋來周荇農均來久談中飯後勒少仲楊樸庵來談頗清理文件約六刻許莫子偲穆海航來省病鬯談語次有譏諷祁壽浦過於激厲退而悔之夜清理文件甚多二更畢腹脹不復能作事三更睡即成寐至五更一點方睡在近年未嘗得此甘寢也腹泄之病

已止癬癢亦略愈是日接家信澄沅各一件紀澤一件係在縣城所發

廿三日

早飯後清理文件見客二次寫左季高信一件於營門擇寫四家午正歸與少荃昌岐等鬯談中飯後見客一次清理文件頗多傍夕與程伯旉等談夜清理文件核改信稿八件二更後溫老子上經

廿四日

早飯後清理文件寫家信澄沅一件友人一件見客三次中飯後清理文件核改信稿八件夜清理文件打盹甚多至二更二點畢溫古文奏議類陸宣公二首是日酉刻溫蘇詩朗誦頗久有聲出金石之樂因思古人文章所以與天地不敝者實賴氣以昌之聲以永之故讀書不能求之聲氣二者之間徒糟粕耳

廿五日

早飯後坐見之客三次，旋清理文件，寫希庵信一件。申夫來久坐畢談，午正去。餘子材、穀甫來久坐，未初去。請周荇農、陶仲瑜便飯，申末方散，倦甚。在至眉生處閱周荇農所買趙松雪字三種、畫一種，皆贋物也，審視久之，未見其可。清理文件，至二更四點畢。而本日所到之文尚未清打到。在寫李芋仙信一件。

廿六日

早飯後清理文件，寫季高信一，接朱雲岩信，知十九日潛口獲一勝仗，廿二日萬安街一仗幾涉於危，唐桂生不能救應，尤為可惡。因與少荃、幼丹等久論徽事，深以為慮。核改信稿四件。出二門至河干，拜周荇農，并看鹽河橫濠。午正歸。申飯後清理文件，改信稿三件。傍夕至梅生處一談。夜清理文件，料至二更四點畢。睡頗成寐。

廿七日

早飯後清理文件 批唐桂生等嚴責之 函李眉生寄邕叙寫劉印渠蔣薌泉信見客二次中飯後函少荃眉生邕談 清理文件 接奉廷寄一道 諭旨一道 係因十一月廿五日之摺奉到批迴同來廿與少荃邕叙下游事宜雪大異常寒墨凍不能作事困倦 誦蘇詩數十首聲調鏗鏘自以爲適夜清理文件畢後誦名家七律 睡後癬癢不能成寐

廿八日

早飯後擬赴黃皮爽彭雪琴水營兩月前所約定也因雪太深竟不能去一面寫信告知面與少荃眉生約定派人至城外踏看路徑申刻來報然不敢單騎冒寒稍去余與少荃等遂不能成行也寫鮑春霆信一件王梓堂信一件清理文件 雪大奇寒竟日圍爐中飯後清理文

件約一冊許 至少荃眉生處暢談 雪大迥異尋常 咸豐五年臘尾在南康舟次 雪厚數寸 而不如今年之驟滿也 房中鑪火太大 兩眼皆紅癬 亦奇痒 夜間不能作事 因小睡片時 二更後風聲緊 雪聲盛 念徽州軍營之苦 憂灼無已

廿九日

早起出房 雪封無路可出 飯後至少荃眉生處 亦無路可行 清理文件 巳刻至眉生處久談 與柯小泉圍棋一局 午初申夫自黃皮來 歸匹馬馳驟於雪深三尺之中 殊不可及 陳虎臣來久談 言外間飢民甚多 思所以賑之 因令各營煮飯 從除日起放賑 徐毅甫子芳來 議廬州內應之事 談甚久 中飯後清理文件 隋龍淵來小坐 傍夕至眉生處久 夜清理文件 更初畢 雪亦止矣 凡三日兩夜至是始停 平地深逾三尺 山阿

及人家矣丹則四五尺大等十年来所未見也閱文選
離騷古人措辭之深秀實非唐以後人所可及特氣
有蹇翥駿達者亦有不盡然者或不免為詞所累
耳蓋以顏謝鮑謝之辭而運之以子雲退之之氣
豈不更可貴哉癬痒殊甚徹夜不甚成寐深
以為苦

廿日

早飯後雪止開霽見客三次傳圍繩七人出城局七人皆
官人商定救賑之法分作城內七團城外三團除日每人
一碗飯元日每人一碗飯一百錢初二日每人一碗飯派人分投
發散與柯小泉圍棋一局午刻剃頭一次雪琴来與之暢敘旋
小睡片刻請幕府諸君中飯申正散旋見客七次皆辭
歲少傷多與雪琴暢談批朱雲岩少荃又與雪琴談
二更三點睡不甚成寐